U0947438

首部全景披露二战魔头滔天罪行的绝密实录

高士振◎编著

台海出版社

图书在版编目（CIP）数据

二战首要战犯绝密档案 / 高士振编著. —北京：台海出版社,2010.9　（2019.1 重印）

ISBN 978 -7 -80141 -698 -8

Ⅰ.①二… Ⅱ.①高… Ⅲ.①第二次世界大战(1939 ~1945) - 战犯 - 史料 Ⅳ.①K831.52

中国版本图书馆 CIP 数据核字(2010)第 164855 号

二战首要战犯绝密档案

编　　著：高士振

责任编辑：刘　硕
装帧设计：天下书装　　　　版式设计：通联图文
责任校对：韩　海　　　　　责任印制：蔡　旭

出版发行：台海出版社
地　　址：北京市东城区景山东街20号　邮政编码：100009
电　　话：010 -64041652(发行,邮购)
传　　真：010 -84045799(总编室)
网　　址：www.taimeng.org.cn/thcbs/default.htm
E - mail：thcbs@126.com

经　　销：全国各地新华书店
印　　刷：三河市天润建兴印务有限公司
本书如有破损、缺页、装订错误,请与本社联系调换

开　　本：760 × 1040　　1/16
字　　数：220 千字　　　　印　　张：18
版　　次：2010 年 9 月第 1 版　　印　　次：2019 年 1 月第 3 次印刷
书　　号：ISBN 978 -7 -80141 -698 -8

定　　价：39.80 元

版权所有　翻印必究

前　言

1945年，随着德、日法西斯集团的败亡，第二次世界大战终于结束了。至今，这场人类有史以来最大的灾难已过去65个年头了。透过历史硝烟，人们看到的是一个弹痕遍地、千疮百孔、面目全非的世界。这场大战卷入的人口多达17亿！一座座城市被摧毁，一所所学校被轰炸，一群群活生生的人被杀戮……这场大战，伤亡的总人数达1亿！那些屠杀场，那些毒气室，那些酷刑所……，法西斯匪徒的残暴行径，让人回想起来触目惊心，无比愤恨。世界人民是永远不会忘记那场大战、那段惨痛的血泪史的！为了记住历史，为了警惕邪恶的滋生，我们编著了这本二战首要战犯绝密档案，控诉以希特勒为首的法西斯分子的滔天罪行。

前事不忘，后事之师。我们把法西斯分子残暴罪行揭露出来，让人们从中吸取历史教训，决不能让第二次世界大战的悲剧重演。

目　录

1. 土肥原贤二

土肥原贤二（1883—1948），1883 年 8 月 8 日，土肥原出生于日本冈山县的军人家庭。其父土肥原良永为少佐，其兄土肥原鉴曾被授予少将军衔。

土肥原 14 岁即进入仙台陆军地方幼年学校学习，后转到东京陆军中央幼年学校学习。

1904 年 10 月，土肥原以优秀成绩从陆军士官学校毕业，同年 11 月被授予少尉军衔，前往高崎第 15 步兵联队任职。

1905 年 4 月，土肥原调往第 49 步兵联队。1907 年 12 月晋升为中尉。随后进入日本培养高级军官的陆军大学学习，1912 年 11 月毕业。1913 年 1 月调到参谋本部任职。同年 7 月被派往北京坂西公馆工作，8 月晋升为大尉。1918 年 6 月担任坂西利八郎武官的助理，由此开始他在中国的特务生涯。

1918 年 6 月，土肥原调回参谋本部，同年 11 月调到齐齐哈尔，任黑龙江督军顾问。1919 年 8 月晋升为少佐。1920 年调到第 25 步兵联队任大队长。1921 年 5 月，赴欧洲考察军事。1922 年 12 月重返坂西公馆工作。1923 年 8 月晋升为中佐。1927 年 7 月晋升为大佐。期间，曾先后在第 2 步兵联队、第 3 步兵联队及第 1 师团司令部任职。

1928 年 3 月，土肥原应聘出任奉系军阀张作霖的顾问。主要任务是：指导奉军以日军为典范进行训练，以便一旦有事为日军所用；与关东军及奉系军阀所辖范围内的帝国官宦、陆军武官等保持密切联系；大力搜集奉军所辖范围内的有关军事、内政、交通、财经及资源等情报。

外表好说好笑，性格外向，善于交际的土肥原，其实是个内心阴险毒辣，两面三刀，善于玩弄权术的人。土肥原不仅熟悉中国的风土人情，而且能讲一口流利的中国话，是日本军界有名的中国通。土肥原广泛接触社会各界人士，周旋于北洋军阀各派系军政要员之间，从事谍报和阴谋活动，十分活跃。1928 年 6 月，土肥原因参与策划关东军制造的炸死张作霖的“皇姑屯事件”被解除顾问职务。

1929 年 3 月转任高田第 30 步兵联队联队长。1930 年 4 月起，蒋介石同冯玉祥、阎锡山处于交战状态。张学良借口调停，于 9 月中旬率奉军 7 万进关，1931 年以后又将关内部队增至 11 万人。为了瓦解华北张学良的势力，1931 年 3 月，日军正式在天津设立特务机关，并任命土肥原为天津特务机关长。土肥原企图拉拢阎锡山，并利用石友三排斥张学良的势力，一并解决华北与满洲问题，但以失败告终。

1931 年 8 月，土肥原调任奉天特务机关长。1931 年 9 月 18 日，土肥原参与策划的九·一八事变爆发。事件发生后，奉天特务机关成为事变的临时指挥中心。9 月 19 日日军攻下奉天，9 月 20 日土肥原就立刻被任命为奉天市长。9 月 22 日，关东军参谋长三宅光治在奉天旅馆召开关东军参谋会议，研究下一步的行动计划。会上，土肥原主张在满洲建立以日本为盟主的“汉满蒙日朝五族共和国”，获得一致通过。会后，关东军起草的“满蒙问题解决方案”也明确提出将溥仪从天津劫持到东北，在东北四省和蒙古地区建立以宣统皇帝为头目的中国傀儡政权的方案。

土肥原 10 月 15 日辞去奉天市长的职务，新市长由留学日本的华人赵欣伯担任。10 月 25 日，关东军司令官本庄繁召见土肥原，责令他执行劫持溥仪拼凑伪满傀儡政权的任务。两天之后，土肥原亲自前往天津。当时，溥仪正居住在天津日租界地的“静园”，在日本的卵翼下幻想着重新登基当皇帝。11 月初，土肥原在天津多次会见溥仪，对溥仪软硬兼施，投其所好，诱迫溥仪前往东北，充当伪“满洲国”元首。在土肥原的威胁利诱下，溥仪为了实现其复辟梦想，同意前往东北。

那时，溥仪身边很复杂：既有张学良的人监视着溥仪，也有蒋介石的人以上海安全、可以恢复皇帝生活用度为由劝说溥仪前往上海。而且，日本政府的外务省和关东军在如何利用溥仪问题上意见也不一致。后来由于土肥原的坚持和板垣参谋及驻津日军司令官香椎浩平中将的支持，1931 年 11 月 8 日，汉奸李际春等人纠集流氓、兵痞组成 1000 余人的便衣队在驻津日军的配合支持下，不断向中国军警发动武装挑衅。驻津日军司令部立即下令断绝日租界和外界的交通，并将溥仪驻地“静园”封锁起来。乘天津发生骚乱之机，溥仪于 11 月 10 日秘密离开天津。1932 年 3 月，土肥原晋升为少将。

1932 年 1 月 26 日，土肥原调到哈尔滨，出任哈尔滨特务机关长。主要任务是镇压抗日力量，稳定北满局势，为日军侵占整个东北作准备。1932 年 1 月 27 日，关东军司令部通过《满蒙问题善后处理要纲》，决定成立傀儡政权。2 月 16、17 日，所谓“建国会议”在奉天大和旅馆召开，28 日正式公布“建国宣言”。同年 3 月，溥仪开始在新京“执政”。由土肥原一手策划的伪满洲国政权终于出笼了。3 月，土肥原晋升为少将。

1933 年 2 月，关东军侵占热河，并进一步向华北和内蒙渗透。同年 10 月土肥原被调往奉天，再次出任奉天特务机关长。

1935 年 6 月，土肥原被关东军派往华北，任务是协助天津日本驻军司令官多田骏少将策划各派军阀进行所谓的“华北自治运动”。

1935 年 5 月底，4 名日本特务潜入察哈尔省境内偷绘地图，6 月 5 日在张北县被宋哲元指挥下的第 29 军扣留。日本向国民政府提出强烈抗议，并屯兵察哈尔边境进行威胁。6 月 23 日，土肥原伙同张家口特务机关长松井源之助等人同察哈尔省民政厅长秦德纯进行谈判，并于 6 月 27 日强行达成协议，即所谓的“秦土协定”。这一协定使日本侵略军控制了冀察两省。

1935 年 7 月，关东军司令部公布“对内蒙施策要纲”，鼓吹扩大和加强对内蒙的工作，企图使内蒙自治化。为此，土肥原曾多方活动，但成效不大。后来，土肥原又转到北平，做冀东行政专员殷汝耕和宋哲元的工作，策划拼凑伪政权。1935 年 11 月 24 日，“冀东防共自治政府”宣布成立。成立当天，“自治政府”在通州发布脱离南京国民党政府而独立的宣言。

1936 年 3 月，土肥原晋升为中将，被调回东京，任留守第 1 师团师团长。1937 年 3 月转任宇都宫第 14 师团师团长。卢沟桥事变爆发后的 8 月 20 日，土肥原率兵在塘沽登陆，在保定、石家庄、开封一线直接与中国军队作战。

1938 年 6 月，土肥原率领日本侵略军侵占开封，逼近郑州，并准备转攻武汉。后因蒋介石下令炸开郑州以北花园口黄河大堤，黄水南下，土肥原所部因此受阻而放弃进攻郑州的计划。

黄河决堤事件以后，土肥原被调回参谋本部，再次参与策划对中国的侵略政策。日本政府为了协调陆军省、海军省和外务省之间的关系，并在中国建立统一的伪中央政权，决定由陆军土肥原中将、海军津田静枝中将、外务省坂西利八郎预备役中将组成“对华特别委员会”，并由土肥原负责组成“土肥原机关”。当时日军在中国十分猖狂，不仅控制了华北、华中和华南地区，而且还分别在华北，华中和蒙古建立了以王克敏、梁鸿志和德王为头目的伪政权。

1939 年 5 月，土肥原出任第 5 军司令官，驻扎在佳木斯。1940 年 9 月，土肥原改任军事参议官兼陆军士官学校校长。1941 年 4 月晋升为大将。1941 年 6 月，土肥原调任陆军航空总监。1943 年 5 月，土肥原出任东部军司令官。1944 年 3 月，土肥原调任第 7 方面军司令官，驻扎在新加坡地区。1945 年 4 月，土肥原奉调回国，出任教育总监。1945 年 8 月，土肥原任第 12 方面军司令官兼军事参议官。1945 年 9 月，在第 1 总军司令官杉山元自杀后，土肥原接任第 1 总军司令官，但不久就被盟军司令部以战犯嫌疑逮捕，关进横滨监狱。

1948 年 11 月 12 日，远东国际军事法庭判处土肥原死刑。在远东国际军事法庭上，土肥原面对起诉书公开声称无罪。而在长达 3 年监禁和审判期间，土肥原始终坚持顽固立场，除辩护律师为其辩护外，始终缄默，以示抗拒。1948 年 12 月 23 日在东京巢鸭监狱执行绞刑，这个号称“满洲劳伦斯”的“土匪源”得到了应有的惩罚。

2. 广田弘毅

广田弘毅（1878 年—1948 年），日本福冈县人。

1933 年任斋藤实内阁的外相，1934 年任斋藤实内阁外相，并于任内提出“广田三原则”，加紧侵略中国的活动。1936 年 3 月至 1937 年 1 月，任首相兼外相，期间同德国缔结了《反共产国际协定》。1937 年 6 月至 1938 年 5 月，任第一次近卫内阁外相，是发动全面侵华战争的主犯之一。

广田弘毅是个积极的扩张主义者，同时又是一个十分狡猾、老练的外交骗子，他主张通过隐蔽、巧妙的外交手段来实现日本的侵略目的。1933 年 9 月，广田弘毅接替内田康哉担任斋藤实内阁的外相，此时正值日本发动“九·一八事变”侵占中国东北不久，鉴于日本政府已正式承认了伪“满洲国”并退出了国际联盟，内田康哉实行“焦土外交”所要达到的短期目标已经实现，为改变日本在国际上的孤立地位，维护并扩大日本在华权益，广田弘毅一上任便宣布开展“协和外交”，并在议会上发言：“在我充任外相期内，是不会发生战争的”，俨然是一个维护正义的和平使者。在“协和外交”的幌子下，广田弘毅经与国民党政府交涉，实现了中国与“满洲国”的通车，恢复了中日通邮，甚至使两国公使馆升格为大使馆，使“九·一八事变”后日趋紧张的中日关系一度出现某种缓和迹象。但是，广田弘毅的“协和外交”并未改变日本侵略外交的实质，其根本目的是为了维护日本在中国东北的既得利益。

然而，广田弘毅的“协和外交”未能解决英、美等西方列强同日本争夺在华利益的尖锐矛盾。1934 年 4 月 17 日，日本政府发表了《天羽声明》，申明日本退出国际联盟的理由，并警告英、美等国如果再像“九·一八事变”那样干涉日本在中国的侵略行动，“日本对此不能置之不理”，赤裸裸地表露出日本企图独霸全中国的嚣张气焰，引起英、美的强烈不满，当即向日本外务省提出质问。广田弘毅认为《天羽声明》，说得太露骨了，不利于日本侵略目的的实现。于是，他在《天羽声明》发表一周后，通知美国国务卿赫尔说，《天羽声明》的发表未经他的批准，且已在西方各国中造成错误印象，实在是一大误会，他绝对保证日本无意破坏《九国公约》的规定来觅取在中国的特殊权益。其实，广田弘毅是在大要外交欺骗手段，一方面信誓旦旦地向西方各国表示日本恪守所有的国际条约，另一方面又为废除不利于日本扩军备战的华盛顿会议中的有关条约暗中积极活动。1934 年 12 月，日本宣布废除《限制海军军备条约》和《伦敦海军条约》，为扩军备战扫清了道路。

1934 年 7 月，冈田启介接替斋藤实出任首相，广田弘毅留任冈田内阁外相。此时，日本又把侵略目标对准了中国华北。自 1933 午 5 月《塘沽协定》签订之后，日本又先后强迫国民党政府签订了《何梅协定》和《秦土协定》，使日本侵略军势力逐渐渗入华北。关东军为了把华北五省（冀、晋、鲁、绥、察）变成第二个“满洲国”，开始大搞所谓“华北自治”阴谋活动，广田弘毅也筹思利用外交手段来强迫中国屈服以配合关东军的侵略活动。1935 年 7 月 2 日东亚局根据广田弘毅的指示，草拟了一个《对华新政策草案》，并三次与陆军省、海军省合议。8 月 10 日，在广田弘毅主持下，外务省、陆军省、海军省制订了三个部门一致同意的方案，其基本内容是：一、“中国应先彻底取缔排日，并应抛弃依赖欧美政策，采取亲日政策”；二、“中国终应正式承认满洲国，暂时可对满洲国作事实上的默认，反满政策自应抛弃，华北与满洲接壤的地区应实行经济、文化融通与提携”；三、“来自外蒙的赤化是日满支三国的共同威胁，中国应依日本排除威胁的希望，在与外蒙接壤地带作各种合作设施”。这就是臭名昭著的“广田三原则”。“广田三原则”还有一《附属文书》，规定“外务省、陆军省、海军省应保持密切联系”，“操纵华北地方政府”。

从 9 月 7 日至 10 月 31 日，广田弘毅与国民党政府驻日本大使蒋作宾举行了多次会谈，胁迫国民党政府接受“广田三原则”，同时下令日军在华北地区不断挑起事端。7 月 20 日，日本特务策动香河县汉奸暴动。11 月 25 日，日军又扶植成立了以汉奸殷汝耕为首的“冀东防共自治委员会”，关东军还不断向平津地区增兵。

在日本的军事、外交双重威逼下，蒋介石采取了妥协、投降的政策。11 月 20 日，蒋介石在同日本驻华大使有吉明会谈时表示：“对前述三原则，本人完全同意。”12月18日，国民党政府迎合日本提出的“华北政权特殊化”的要求，成立了“冀察政务委员会”，可以独立处理河北、山西、察哈尔以及北平、天津的一切政务，实质上是一个半傀儡式的政府机构，它的建立标志着华北五省已名存实亡。

“冀察政务委员会”的成立，使广田弘毅深感日本的军事威逼和外交胁迫已见成效。于是，他步步紧逼，又于1935年12月22日，给有吉明大使发出训令，让他再同蒋介石会谈，敦促国民党政府承认日本在华北的既得利益，以便为日军进一步扩大侵华创造条件。1936年1月21日，广田弘毅将陆军省制订的《处理华北计划纲要》通知有吉明大使，并明确告诉他，军部打算在华北五省逐步建立自治政府，外务省已决定对华北的“新政权”加以支持和指导，要他密切配合军方的行动。广田弘毅作为职业外交官，与军部狼狈为奸、沆瀣一气，竭力玩弄软硬兼施的流氓外交手段，积极为日本扩大对中国的侵略而奔走。

1936年3月，冈田启介内阁因“二·二六事件”垮台后，广田弘毅奉命组阁。在他组阁期间，陆军以推荐寺内寿一大将入阁任陆相为条件，提出了加强国防、明确国体、安定民生、革新外交等四项要求；军部势力则抵制阁僚人选中的吉田茂等“带有自由主义色彩”的四人入阁。广田弘毅屈从于军部的压力，将吉田茂等四人排除在内阁人选之外，并发表组阁声明说：新内阁将奉行“革除以往弊政，积极主动调整国际关系”的方针。广田内阁实质上是军部的傀儡内阁。

广田弘毅上台后，采取了一系列强化法西斯体制的措施。1936年5月，广田内阁恢复了“海陆军大臣须由现役中将级以上者充任”的条例，军部势力得到进一步的加强。为了压制民主运动、加强对国民的思想控制，广田内阁还制定实施了《不稳文书取缔法》、《总动员秘密保护法》和《思想犯保护观察法》等法律法规。为了满足军部提出的削弱议会权限的要求，广田弘毅根据所谓的“庶政一新”的方针，制定实行了以充实国防、刷新教育、改革税制、安定民生、振兴产业贸易、改革议会制度与行政机构等为内容的“全面革新政治计划”。

1936年8月7日，广田弘毅主持召开“五相会议”，制定了《基本国策纲要》，其主要方针是“外交与国防互相配合，确保帝国在东亚大陆的地位，同时也向南海扩展”，将南北并进、向外扩张定为日本的基本国策，第一次具体表明了日本除了要对中国进行全面侵略外，还要向南亚和太平洋地区扩张。

在这一“基本国策”指导下，日本积极进行扩军备战活动。陆军制定了扩军五年计划，以充实空军和增加关东军的兵力为中心；海军则制定了一个庞大的造舰计划；广田弘毅还别出心裁地提出一个“广义国防”的口号；由此广田内阁从扩充军需工业、发展军国主义教育到发展对外贸易等各方面，都开始进行大规模的战争准备工作。到1936年10月2日，广田内阁藏相马场瑛一公开宣称，日本已经进入“准战时体制”。

在积极进行扩军备战的同时，广田弘毅还努力加强与法西斯德国的密切联系。1936年11月25日，日本与德国正式签订《反共产国际协定》，向建立国际法西斯联盟迈出了重要一步。为了巩固日本在华北的地位，广田内阁还加紧了对中国的政治、军事和经济侵略。1936年8月11日，广田内阁通过了《日本政府第二次处理华北纲要》，规定日本对华政策的目的在于保证华北的行政“独立”，建立反共亲日地区，取得必要的军需物资，还提出了实行这一目标的具体步骤。由于广田内阁对外不断扩大侵略，对内日益强化法西斯统治，在国内引起了强烈不满。1937年1月21日，国会召开临时会议，许多议员在选民的压力下，严厉谴责了广田内阁的内外政策。广田弘毅被迫于1月23日辞去首相职务。

广田弘毅辞职四个月后，又出任了第一次近卫内阁的外相。不久，“七·七事变”爆发，日本发动了全面侵华战争，身为外相的广田弘毅积极开展外交活动配合日军的军事进攻。1937年11月2日，广田弘毅委托德国驻日本大使狄克逊，向国民党政府提出了劝降的所谓“和平”条件，但未被国民党政府接受。同年12月底，广田弘毅通过狄克逊又向国民党政府提出了四项新的和谈条件，再次遭到了拒绝。近卫文麿恼怒于广田的外交失败，于1938年5月29日解除了广田弘毅的外相职务，由陆军大将宇垣一成接替。但广田仍经常出席重臣会议，继续为日本进行的侵略战争出谋划策。

日本战败投降后，1945年12月2日，驻日盟军总部下令逮捕了甲级战犯广田弘毅。1948年11月12日，远东国际军事法庭判处广田弘毅死刑。12月23日夜，七十岁的广田弘毅在东京巢鸭监狱内被处以绞刑，成为七名被绞死的日本甲级战犯中唯一的一名文官。

3. 木村兵太郎

木村兵太郎（1888 年—1948 年），日本琦玉县人。陆军大将。日本缅甸方面军司令官，纵兵屠戮缅甸人民，被称为“缅甸屠夫”。

1939 年 3 月，木村兵太郎晋升为陆军中将，被参谋本部派遣来中国，任日军华北方面军第十二军第三十二师团师团长，驻扎山东，对鲁西抗日根据地进行“扫荡”。木村兵太郎在给部属下达任务时说：“这次作战的目的与过去完全相异，乃是在于求得完全歼灭八路军及其根据地，凡是敌人地域内的人不问男女老幼，应全部杀死。所有房屋一律烧毁，锅碗要一律打碎，井要一律埋死或下毒。”在木村兵太郎的授意下，日军在鲁西抗日根据地内实行了野蛮、残暴的杀光、烧光、抢光的“三光”政策，有成千上万名中国老百姓惨死在日军的屠刀下。

1941 年 4 月 10 日，木村兵太郎应陆相东条英机之召，从中国返回日本，担任陆军省次官。作为陆相的助手，木村兵太郎积极追随东条英机，强烈主张日本立即“南进”，同美国、英国宣战。从 1941 年 10 月 23 日开始，木村兵太郎协助已出任首相同时兼任陆相的东条英机，连续召开陆海军联席会议，重新研究《国策实施纲要》，制订在南太平洋对美国作战策略。11 月 5 日，在御前会议作出 12 月初对美国开战的决定后，木村兵太郎秘密主持发布了任命南方军总司令及各前线司令官的命令，调兵遣将，准备进犯南太平洋和东南亚地区。1941 年 12 月 8 日，太平洋战争爆发，木村兵太郎成为追随东条英机发动太平洋战争的罪魁之一。

1942 年 6 月，日本海军联合舰队在中途岛海战中惨遭失败，使日本丧失了在太平洋地区的制海权，原来经由日本的本土向驻守新加坡的日军输送给养的海上通道也被盟军潜艇部队切断，日本被迫寻找一条可以通往新加坡和菲律宾的陆上运输线。木村兵太郎建议把泰国和缅甸的铁路连接起来，形成一条由朝鲜的釜山经中国沈阳、北平、汉口、广州、越南的西贡（今胡志明市）、泰国曼谷直达缅甸仰光的铁路运输线，通过这条运输线，可以为南太平洋地区的日军提供从中国和朝鲜掠夺来的军用物资。东条英机批准了木村兵太郎的这一建议，命令他负责筹建泰缅铁路。

泰国铁路的终点在距曼谷 40 英里的班邦，缅甸铁路的端点则在边境城市丹漂扎耶，两者之间是一块长达 200 英里的浓密、险恶的原始森林，里面只有成群结队的猴子和无数染有疟疾病原体及其他原始病菌的蚊子，施工条件极为恶劣。木村兵太郎不顾国际法规中的有关规定，竟下令盟国战俘从事筑路工程。

1942 年 10 月 1 日，根据木村兵太郎的命令，第一批约 3000 名澳大利亚战俘被驱赶到缅甸的丹漂扎耶，开始修筑泰缅铁路。到了 12 月份，又有 7000 名英国和荷兰战俘加入了筑路队。与此同时，另有一万名英、荷战俘在铁路线另一端的泰国班邦，从事着同样的劳动。战俘们只能使用斧头、大镐和铁锹这一类最简陋的工具干活，他们从黎明到黄昏不停地砍树、拖树、挖土和开凿岩石，只有到了晚上，才被允许洗刷、做饭和休息。战俘们吃的食物是最次的大米，其大部分因极度的营养不良而得了“湿脚气病”，脚趾和睾丸畸形地浮肿；或得了“干脚气病”，掉脚皮和头皮，有一些战俘因染上痢疾或腹泻而死亡。到了 1942 年 11 月份，仅仅劳动了一个多月，第一批被强迫来筑路的战俘中已经没有身体健康的人了。战俘们即使得了病也不愿意去医院，所谓的“医院”只不过是一排用棕榈树叶当房顶的潮湿的茅屋，日本医生拒绝使用药物为战俘治病，患了重病的战俘只能躺在充满粪便恶臭的“病房”中绝望地等死。

1943 年 2 月，美国军队攻占了瓜达尔卡纳尔岛，准备向新加坡和菲律宾反攻。为了挽救日军在太平洋战场上的颓势，木村兵太郎下令加快泰缅铁路的建设速度，要求比原定计划提前四个月完工。为此，关押在新加坡、苏门答腊和爪哇的所有身体健壮的盟国战俘，全部被押送到泰缅铁路工地。虽然又增加了四万名战俘参加筑路，但进展仍然十分缓慢。木村兵太郎又下令从马来亚、缅甸、泰国和爪哇抓来 27 万名劳工投入施工，并把战俘和劳工的每班劳动时间从八小时延长到十六小时，要昼夜不停轮番施工。许多战俘和劳工因体力不济而被活活累死；一些战俘被累得疲惫不堪，有时偷偷蹲在丛林里打个瞌睡，一旦被日本监工发现，就会受到严厉的惩罚；少数企图逃跑的战俘和劳工，不是被困死在森林中，就是被日本监工兴高采烈地抓回来，或砍头，或绞死，或者干脆吊在树上渴死或被蚂蚁咬死，以儆效尤。

1943 年 11 月，泰缅铁路终于建成。为了修筑这条 256 里长的铁路，木村兵太郎共使用战俘和劳工 33.1 万人，其中，6.1 万名战俘被折磨死 12568 人，27 万名劳工被折磨死 9.2 万人，平均每修筑四米铁路就要死亡一人。泰缅铁路成为木村兵太郎屠杀战俘和劳工的罪恶场所，这条铁路因此而被称为“死亡铁路”。

1944 年 7 月 18 日，东条内阁垮台，木村兵太郎也被解除了陆军省次官的职务，8 月 30 日，木村兵太郎被任命为日本缅甸方面军司令官。在缅甸，木村兵太郎强迫建立“劳动营”，驱赶缅甸人民为日本侵略军修建军事战略工程。1943 年至 1944 年，仅为在缅甸修建一条战备铁路，就折磨死泰国和缅甸劳工 25 万多人。凶残暴戾的木村兵太郎因此而被当地人民称为“缅甸屠夫”。

1945 年初，英印联军开始反攻缅甸，势如破竹，无力回天的木村兵太郎匆匆逃离仰光。

1948 年 12 月 22 日，远东国际军事法庭向木村兵太郎下达了死刑执行书。12 月 23 日夜 0 点 10 分，木村兵太郎被押进东京巢鸭监狱内的行刑室。0 点 20 分，木村兵太郎通过十三级台阶走上绞刑架，15 分钟后，法医宣布罪恶昭彰的甲级战犯木村兵太郎气绝毙命。

4. 东条英机

东条英机（1884—1948），日本法西斯军阀，日本侵华战争和太平洋战争的罪魁之一。

1899 年，东条英机进入东京陆军地方幼年学校学习，接受系统的军事训练和军国主义思想的灌输。1902 年至 1904 年，东条英机先后转入东京陆军中央幼年学校和陆军士官学校学习。1905 年 4 月，东条被授予少尉军衔。不久，随陆军第 15 师团开赴中国东北，参加日俄战争，获得了实战经验。1907 年，东条晋升为中尉。1909 年，同富家女胜子结婚。1912 年，东条被保送到陆军大学。1915 年毕业，被授予大尉军衔。

1920 年，东条以少佐军衔任驻德大使馆武官。在德国期间，东条与驻德国的武官永田铁山、冈村宁次、小田敏四郎等人过从甚密。1921 年 10 月，他们在德国南部的巴登巴登温泉饭店聚会，并订立“盟约”，立誓要刷新日本陆军体制，使日本通过对外战争称雄于世界。以巴登巴登聚会为开端，东条等人逐渐形成以改革日本陆军体制、建立法西斯总体战体制、推动日本走向现代战争为目的的“一夕会”。“一夕会”成员后来发展为所谓“统制派”，其中的水田铁山、冈村宁次、土肥原贤二、板垣征四郎等后来都成了日本军界的掌权人物，在日本法西斯的对外扩张活动中起着主导作用。由于东条效忠天皇，狂热地鼓吹对外战争，加之他精明强悍，爱独断专行，强调“闪电”效率，因而有“剃刀东条”之称。东条在日本军界的地位扶摇直上。1921 年，升任军务局的高级科员。1928 年，晋升大佐并任陆军省整备局动员课长。

1931 年，日本帝国主义者发动侵略中国东北的“九 · 一八事变”。东条充当侵华的急先锋，积极参与策划侵略阴谋。1935 年 9 月，东条被任命为关东军宪兵司令官，负责维持伪“满洲国”的所谓治安。东条充分施展其雷厉风行的铁腕，大搞“强化治安”、“整肃纲纪”，对中国东北人民实行恐怖的宪兵和警察统治。因此，东条以擅长推行所谓“宪兵政治”而臭名昭著，而他的忠实爪牙则被称做“东条宪兵”。

“九·一八事变”以后，日本军国主义者加快了推行军事法西斯独裁体制的步伐。狂热的法西斯分子在 1931 年至 1936 年间，制造了一系列流血事件和政治阴谋，企图用血与剑把举国上下推上战车。其中，1936 年 2 月“皇道派”青年官兵发动的“二·二六事件”影响最为重大。这次军事叛乱，杀死了内大臣斋藤实、藏相高桥是清、教育总监渡边锭太郎等多名阁僚。叛乱虽经平息，但却震憾了日本朝野，元老重臣及工商巨头对陆军中的狂热分子长期心有余悸。而东条及其“统制派”却得以借“整肃纲纪”为名，通过排斥“皇道派”而独揽陆军大权。同时，他们又把“二·二六”事件的重演当做一枚炸弹，对元老重臣和工商巨头施加压力，操纵日本政局。

1936 年 12 月，东条晋升为中将。1937 年 3 月 1 日，东条升任关东军参谋长这一要职，参与策划侵华阴谋。不久，日本军国主义者发动“七·七事变”，开始了全面的侵华战争。东条极力怂勇日本统治阶层出兵华北，并亲自指挥“察哈尔兵团”向内蒙一带进犯。在东条督率下，日军马不停蹄快速进攻，所到之处烧杀抢掠，很快就攻陷承德、张家口、大同、绥远、包头等地，在中国人民的血泊中建立起察南傀儡政权，为日军尔后向中原大举进犯建立了稳固的侧翼，也为觊觎苏联提供了战略要地。察哈尔兵团由于在东条指挥下“战功卓著”而被称为“东条兵团”。东条的所谓临阵指挥的实战才能也被日本军国主义者大肆吹嘘，成了他加官进爵的资本。

1938 年 5 月，东条晋升为陆军次官，6 月调任陆军航空本部长，12 月任陆军航空总监兼陆军航空本部长。东条步步高升，逐渐进入日本军界的上层，这使他愈发骄横不可一世，对外侵略扩张的野心更加膨胀起来。

1940 年 7 月，东条出任第二届近卫内阁陆军大臣，从此具备了左右日本政局的政治力量。在任期内，他主张推行法西斯战时体制，“对内应整顿国内组织，确实使战时体制臻于完善”，加速日本法西斯战争机器的运转，支持近卫推行法西斯“新体制运动”。1941 年 1 月 8 日，出任第三届近卫内阁陆军大臣的东条颁布由他制定的《战阵训》。这个典型的法西斯战争条例，宣扬狂热的法西斯武士道精神，号召全体官兵为法西斯战争卖命，不惜用生命效忠天皇。《战阵训》在日本广泛流传，毒害极深，而东条却由于对天皇制法西斯独裁政治“忠的发狂”而备受青睐。

1941 年 6 月 22 日，德国法西斯以“闪击战”方式发动了侵苏战争，并在战争初期取得惊人的战果。日本法西斯十分羡慕希特勒的胜利，急呼“不要误了公共汽车”，急于迈出南进的步伐。东条的心情尤为迫切，强硬地反对在日美谈判中作出让步，坚决主张立即对美英开战。而此时作为首相的近卫权衡美日的实力，感到立即对美英开战没有必胜的把握，因此反对立即开战。东条对近卫的表现极为不满。针对美国提出的以日本从中国撤军为条件的妥协办法，东条以陆相身份断然说：“对陆军来说，在驻军问题上决不能让步”，“撤军问题是要害，如果完全屈从美国的主张，中国事变的成果就将毁于一旦。满洲国也将难保，朝鲜的统治也将陷入危机。”针对近卫“必须谨慎行事”的主张，东条说：“有时候我们也要做点非凡的事情，像从清水庙的平台上往下跳一样，两眼一闭就行了。”十足地表现出他的赌徒心理。东条甚至公然声称“近卫只有愿意合作才能留任，否则必须下台”。在东条咄咄逼人的压力下，近卫被迫辞职。

近卫内阁垮台后，经宫内大臣木户幸一推荐，天皇授命东条组阁。在主张立即对美英开战的军国主义者的拥护声中，东条于 1941 年 10 月 18 日完成组阁工作。为强化法西斯战争领导体制，实现总体战的目标，东条获得大将军衔，并兼任陆军大臣、内务大臣等职，集政府和陆军领导权于一身。

东条上台的第二天，就公开宣称：“完成支那（中国）事变，确立大东亚共荣圈……为帝国既定的国策。”要全体国民“在皇威之下，举国一致，为完成圣业而迈进”。在东条的推动下，御前会议在 11 月 5 日作出 12 月上旬对美英开战的决定。为配合军事行动的秘密展开，东条加派来栖三郎为特使赴美国协助驻美大使野村吉三郎继续同美国谈判，以欺骗舆论，麻痹对手。

1941 年 12 月 8 日拂晓，在日本海军联合舰队司令长官山本五十六的指挥下，一支以航空母舰为作战主体的日本海军舰队偷袭美国的太平洋海军基地珍珠港，发动太平洋战争。与此同时，日本陆军以 21 个师团的兵力向东南亚和西南太平洋地区发起猛攻，将北界西伯利亚、南濒太平洋、东起中途岛、西迄印度洋的广大地区置于自己的铁蹄之下。

为确保“大东亚战争”的胜利，东条内阁采取多种措施强化战争机器。1941年12月11日，日本与德国、意大利缔结共同对美英作战和不单独媾和的联合作战协定。次年1月18日，日本又与德国、意大利签订军事协定，强化法西斯轴心。1942年11月，为加紧掠夺占领区的资源，东条内阁组建大东亚省，负责“大东亚共荣圈”的“建设”。1942年11月27日，鉴于日本国内劳动力需求愈益紧迫的形势，东条英机主持内阁会议，决定将中国劳工“移入（日本）内地，共建大东亚共荣圈”，形成“关于中国劳工移入内地的文件”。1942年2月28日，根据东条的旨意，日本政府次官会议进一步制定“关于促进中国劳工移入内地的文件”。正是根据这些文件，侵华日军组织实施“猎兔作战”，将4万余名中国战俘押送日本内地，强制充当劳工，犯下令人发指的虐待战俘罪。东条内阁为加强国内的法西斯统治，先后制定出《言论出版集会结社等临时取缔法》、《战时刑事特别法》等。在军事上，日本侵略者以建立“大东亚共荣圈”为旗号，残酷屠杀亚洲各国人民，在太平洋战场上则进行一系列新的冒险。

但是，东条内阁对内对外的种种倒行逆施并不能挽救其必然灭亡的下场。被占领土上的广大人民没有被日本侵略者的屠刀吓倒，他们奋起反抗，不断给日军以沉重打击，使日本帝国主义在侵略战争的泥潭中越陷越深。1942年6月，随着日军进攻中途岛的失利，太平洋战争发生转折。日军在随后的一系列战役中连吃败仗，走上了失败的道路。东条为挽回败局，频繁地改组内阁，企图通过把权力最大限度地集中到自己身上而加强法西斯政治独裁。东条内阁先后通过《战时行政特例法》和《战时行政职权特例》等法令。1943年10月，东条兼任商工大臣，11月又兼任军需大臣，1944年2月，又兼任参谋总长。为了压制反战情绪和倒阁势力，东条还加强宪兵和警察活动，对那些对政府和军队政策进行批评和不满的人严加监视，一经检举即予以严厉镇压，对他的政敌也进行盯梢甚至威胁。但是，法西斯独裁统治的加强挽救不了东条垮台的命运。日本帝国主义节节败退，战局一败不可收拾。统治集团内部矛盾也日益尖锐起来，元老重臣和一些海军将领积极策划迫使东条下台。广大人民对东条内阁的不满更是与日俱增，“击落英机”的双关语被广为流传。众叛亲离的东条内阁被迫于1944年7月18日辞职。

东条下台后，其战争狂热丝毫没有减退。他和陆海军的一些顽固分子大肆叫嚷“一亿玉碎，本土决战”，企图顽抗到底。

1945 年 8 月 14 日，日本政府宣布无条件投降。8 月底，在麦克阿瑟将军统率下，美军以盟军的名义占领日本。在有关国家政府和人民的强烈要求下，麦克阿瑟下令逮捕首批被指控的 40 名战犯，东条英机被列为首位。9 月 11 日，在美军实施逮捕之前，东条开枪自杀未遂。

1946 年 1 月 19 日，旨在对日本战犯进行审判的远东国际军事法庭由中美英苏等 11 国代表组成。从 1946 年 5 月到 1948 年 4 月，远东国际军事法庭对东条进行长达两年的审讯。东条顽固坚持法西斯立场，拒不认罪，竭力为日本法西斯的侵略行为辩护。

1948 年 11 月 12 日，远东国际军事法庭宣判东条死刑。12 月 23 日，东条英机被处以绞刑，受到正义的惩罚。

5. 武藤章

武藤章（1892 年—1948 年），日本熊本县人，陆军中将，侵华日军华中方面军副参谋长，参与制造了南京大屠杀。

1937 年 3 月，武藤章奉调回国，任参谋本部作战课课长。此时，日本帝国主义正加紧准备发动全面侵华战争，武藤章奉命领导作战课研究侵略中国的作战计划。7 月 7 日，“卢沟桥事变”爆发，日本侵略军点燃了全面侵华的战火。第二天，武藤章便把连夜拟订好的《处理时局纲要》报送给参谋本部。7 月 9 日，武藤章又按照首相近卫文麿和陆相杉山元的旨意，指导作战课拟订了一份《处理华北时局要领》，提出：“增加中国驻屯军必要的兵力，将与我国敌对的中国军队驱逐出平津方面”，“必要时亦可在山东方面出兵”，竭力图谋进一步扩大侵华战争。7 月 11 日，日本政府作出向中国增兵五个师团的决定。7 月 17 日，参谋本部又向侵华日军颁发了武藤章制订的《在华北行使兵力时对华战争指导纲要》，确定第一步先击败平津地区的国民党第二十九军，第二步攻打国民党中央军主力，以摧毁国民党中央政权，“通过全面的战争从根本上彻底解决中日间的问题”。在武藤章的积极参与和谋划下，日本侵华战争愈演愈烈。

1937 年 8 月 13 日，日军又在上海挑起侵略战火。参谋本部根据武藤章的建议，增派四个师团到上海，使日军侵华作战兵力达到十一个师团。9 月 4 日，武藤章又邀集陆军省军事课长、军令部第一课长和海军省军务课长，商讨如何进一步扩大侵华战争。他们一致商定，应继续向中国增兵，迅速占领上海，拿下南京，消灭国民党政权。9 月 6 日，武藤章在觐见天皇时，将他们商定的方案奏呈天皇，请求增派第九、第十三、第一〇一师团和台湾守备队到上海，获得天皇的批准。

11 月中旬，日军攻陷上海后，为了增加华中方面军的力量，调派武藤章任华中方面军副参谋长。武藤章上任后，协助松井石根指挥日军进攻南京。

12 月 13 日，日军攻陷南京后，奉命安排日军宿营地的武藤章，借口“城外的宿营地不足”，“由于缺水而不敷使用”，命令参加攻城的四个师团可随意在南京城内选择宿营地。12 月 14 日，八万余日军蜂拥入南京城后，分窜到城内各地区，开始疯狂地屠杀、抢劫、奸淫。

12 月 17 日，也就是日军在南京的大屠杀达到高潮之际，华中方面军为庆祝占领南京举行了入城式。武藤章陪同松井石根由中山门进入血雨腥风的南京城。第二天，武藤章又陪同松井石根参加为毙命日军官兵举行的“战死者慰灵祭”。武藤章逗留南京期间，至少有四周，日军的杀人、放火、强奸、劫掠等暴行仍在大规模地进行。武藤章对日军的种种暴行了解得很清楚，但他没有采取任何措施来制止，反而刻意纵容、怂恿部下施暴。因此，武藤章是制造南京大屠杀惨案的共谋和元凶。

武藤章是一个穷兵黩武、狂妄好战的法西斯战争狂人。1939 年 9 月，他担任陆军省军务局局长后，伙同东条英机等法西斯魔首，策划发动了太平洋战争。

1941 年 6 月 22 日，纳粹德国向苏联发起突然进攻后，日本军部多次开会研究日本是否参加对苏作战问题。作为军部的代表和发言人，8 月 27 日，武藤章在大本营联络会议上提出：“在决心使用武力的情况下，开始秘密准备对苏作战”。在武藤章的煽动下，日本大本营作出了加强关东军的兵力，伺机进攻苏联的决定。到 1942 年 1 月 1 日，关东军的兵力已增加到 110 万人，驻朝鲜日军的兵力也增加到 135000 人，此外，关东军还装备了 1000 辆坦克，5800 门火炮和 1700 架作战飞机。日本陆军和空军总兵力的三分之一，都集中在了中国东北和朝鲜。武藤章还指示关东军把部队调动、物资运送行动佯称为“关东军特别大演习”，以掩盖其真实企图。武藤章还参与制订了《帝国对日苏现状所应采取的措施方案》，提出：“对苏联的正式进攻应不失时机立即应战，同时迅速由最高会议决定开战”。

1941 年 11 月 5 日，武藤章等人制订的对美谈判方案在御前会议上一公布，立即引起激烈的争论。一些内阁成员认为这是有意刺激美国，表示反对。在争论最激烈的时候，武藤章提议休会十分钟，他利用休息时间和东条英机在另一个房间里说服了发表反对意见的阁僚，使此方案得以顺利通过。面对如此苛刻的谈判条件，美国政府理所当然地拒绝了日本谈判方案，日美谈判陷入僵局。武藤章终于达到了为日美谈判设置障碍的目的。1941 午 12 月 8 日，日本不宣而战，偷袭美国海军基地珍珠港，发动了太平洋战争。武藤章因此而成为协助东条英机发动太平洋战争的一名重要帮凶。此后，武藤章又协助东条英机指挥日军入侵东南亚。

1942 年 4 月至 1944 年 10 月，武藤章担任驻苏门答腊第二守备师团师团长，指挥日军同盟军作战。

在日军主力撤离马尼拉后，武藤章命令 1.5 万名海军陆战队士兵和 5000 名步兵留在马尼拉市，逐街、逐屋、逐条下水道地同美军争夺这座城市。由于武藤章下了“不许后退”的命令，留下的日军士兵自知必死无疑，于是，他们趁美军尚未到来之际，在马尼拉市四处抢劫、强奸、屠杀，制造了骇人听闻的“马尼拉惨案”。

在“马尼拉惨案”中，最为残忍的是日军在圣保罗大学里一次杀害菲律宾儿童 800 多人。日军士兵先在圣保罗大学餐厅里摆放上一些点心，然后哄骗 800 多名菲律宾儿童到餐厅里吃点心。在这些儿童的头顶上悬挂着五个巨大的枝状灯架，一名日军士兵拉动了藏在灯架内的手榴弹的导火索，只听一声巨响，餐厅的屋顶被掀飞了，餐厅里的孩子多数当场死亡，侥幸没死的儿童刚跑出来又被机枪扫倒。在贝比尤饭店，日军在光天化日之下恣意奸淫女服务员和年轻姑娘。一名菲律宾姑娘因拼死反抗而被斩首，尸体也遭到强奸。

1948 年 11 月 4 日，远东国阮军事法庭判定武藤章为甲级战犯，判处绞刑。12 月 23 日夜，武藤章被带进行刑室，通过十三级台阶被押送上绞架。0 点 1 分 30 秒，执行官发出了执行死刑的信号。0 点 11 分 30 秒，法医宣布甲级战犯武藤章气绝毙命。

6. 松井石根

松井石根（1878 年—1948 年），日本名古屋市人。

1897 年，松井石根毕业于日本陆军士官学校，参加过日俄战争。1906 年从陆军大学毕业后，入参谋本部服务。1919 年至 1935 年，历任步兵第二十九联队联队长、第三十五旅团旅团长、参谋本部第二部部长、驻哈尔滨特务机关长、第十一师团师团长、军事参议官、驻台湾日军司令官等职。1933 年 10 月，晋级为陆军大将。1937 年 8 月，出任日本驻上海派遣军司令官，华中方面军司令官，指挥日军侵占上海、南京等地，制造了震惊世界的“南京大屠杀”。

松井石根幼年时代，日本处于社会大转变时期，明治维新尚未落下帷幕，而统治集团中却已暴露出对外侵略扩张的野心。1885 年，一些旧士族在东京开办了专门培养军人的成城学校。1890 年，松井石根进入成城学校。1893 年，入陆军中央幼年学校，三年后进陆军士官学校。1898 年成为陆军士官学校第 9 期毕业生，同学中还有后来成为大将的荒木贞夫、真崎甚三郎、本庄繁、阿部信行 4 人，同年，他获得天皇赐予的银质表，被授予少尉军衔。1900 年升为中尉，翌年进陆军大学学习。1904 年，他作为第 6 步兵联队中队长参加日俄战争，在战斗中腿部负伤。同年晋升大尉。战后复学，1906 年毕业，以第一名的成绩获天皇赐予的军刀，同时因他在日俄战争中表现突出而获得 2 枚勋章。

陆军大学毕业后，松井长期任参谋本部部员，参与策划对外侵略阴谋。其间曾被派往法国、中国使馆担任武官，常驻北京、上海、天津等地，成为日本陆军中有名的“中国通”。1918 年晋升大佐，次年任第 29 步兵联队的联队长。1922 年在日本出兵西伯利亚干涉俄国革命之际，松井出任海参崴派遣军参谋，后转任哈尔滨特务机关长，他四处收买汉奸，布置间谍网，勾结清朝遗者，挑起中国内部不和，并因此受到上司嘉奖。1923 年晋升为中将，任参谋本部第二部（情报部）部长，同年，日本首相田中义一在东京召开臭名昭著的“东方会议”，制定侵略中国的方针政策。松井石根出席会议，并在会上作了关于中国政治形势的报告，积极提出侵华建议。1929 年，松井出任第 11 师团的师团长。他对曾任第 11 师团师团长的军国主义急先锋乃木希典大将十分崇拜，积极训练以对外侵略为目的的部队。1931 年，松井作为日本全权委员、陆军代表出席日内瓦裁军会议。同年参与制造九·一八事变，日本侵占中国东北。1933 年任军事参议官，参与创立“中亚细亚协会”，后任会长。松井以征服整个亚洲为己任，经常在协会的机关刊物《大亚细亚主义》上发表文章，并到处进行演说，高唱所谓大亚细亚主义，鼓吹“复兴亚洲王道文化”，为军国主义对外侵略扩张制造借口。松井还是以军人为中心的法西斯政治组织“国本社”的骨干分子，不遗余力地为策划侵略战争和强化日本法西斯体制而活动。1933 年 8 月，松井出任侵华日军驻台湾军司令官，10 月晋升为大将。1934 年，因参与和策划侵略中国有功而获旭日大绶章。1935 年，松井任内阁参议，在陆军内部“皇道派”与“统制派”尖锐对立的情况下，被编入预备役。同年 10—11 月，松井窜到朝鲜、蒙古、中国东北和华北等地，大肆鼓吹他的大亚细亚主义思想。1936 年 2－3 月，他到中国南方各地继续游说，并在南京会见蒋介石、张群、何应钦等国民党政府要人，极力拉拢国民党反动派，妄图阻止中国人民的抗日斗争。

1937 年 7 月 7 日，日本军国主义者为实现其独霸中国的野心，公然挑起震惊中外的“卢沟桥事变”，发动了对中国的全面侵略战争。日军侵占北京、天津之后，又于 3 月 13 日在上海挑起战火。8 月 14 日，松井石根接到参谋本部令他到陆军省报到的命令，次日被任命为侵华上海派遣军司令官。在离开东京赴战区之时，他就有了在占领上海之后立即进兵南京的打算。离开东京之前，松井要求给上海派遣军 5 个师团，因为他早就对上海和南京一带的地形作过调查，为进攻南京作了实际准备。

8 月 22 日晚，松井石根率第 3 师团、第 11 师团及第 13 师团、第 16 师团各一部在上海吴淞、川沙同时登陆，向吴淞、宝山、罗店、浏河进攻，遭到中国军队顽强抵抗。随着军事行动的不断扩大，日本又陆续增派第13师团、第9师团和第10师团，至9月底上海地区的日本侵略军已达10万人，战车200余辆，还有数十艘军舰协同陆军作战。

由于中国军民奋勇抗战，松井对上海的进攻并不顺利。为打开战局，日军统帅部于10月30日任命松井石根为华中方面军司令官兼上海派遣军司令官。12月4日，上海派遣军司令官改由朝香宫鸠彦王担任，统一指挥上海派遣军和尚未登陆的第10军。11月5日，主要由第6师团、第18师团、第114师团组成的第10军在中国军队设防不严的杭州湾强行登陆，乘虚而入。在上海作战的中国军队腹背受击，担心后路被切断，不得不在付出惨重牺牲后于11月11日从上海退却。次日，由松井指挥的侵略军进占上海。

松井不失时机，随即命令日军全力向南京追击败退的中国军队。同时从中国北方火速增调第16师团，归松井指挥。日军一路从沪宁线，一路从宁杭线，一路从广德、宣城、芜湖一线，扑向南京。追击途中，日军大肆烧杀淫掠，无恶不作。在疯狂武装进攻的同时，松井仍未忘记对蒋介石及国民党军队诱降，并在所到之处收买汉奸，培植亲日政权。到11月下旬，日本侵略军已经逼近南京郊区。

12月初，松井下达进攻南京的命令，叫嚣占领南京乃是国际事件，必须作周详的研究以便发扬日本的武威而使中国畏服。12月9日，松井令日军用飞机投下对南京卫戍司令长官唐生智的劝降文告，威胁说如果中国军队抵抗，则一切战争恐怖均将见之于南京，并限10日中午答复，逾期不复，即向南京进攻。松井的文告，无疑是日军在南京实行大屠杀的先声。

12月7日，蒋介石等国民党要人乘飞机离开南京。12月12日唐生智等国民党将领慌忙撤退，于是南京数十万居民以及大批来不及撤离的中国军队，就落到了日本侵略军的屠刀之下。

南京在沦陷前，曾遭到日军飞机狂轰烂炸，城市建筑炸毁无数。人民生命财产损失惨重。12月13日，日军占领南京，一场惨绝人寰的大屠杀开始。日军兽性大发，对手无寸铁的中国军民实行集体屠杀、分散屠杀、强奸妇女。南京城内外，下关和燕子矶江边，处处成了日军的屠场。大街小巷横陈着无数被害者的尸体，数万尸体漂浮在长江之上，鲜血染红了江水。大屠杀持续了数十天，到1938年2月初尚未停止。据有关方面调查，被杀害者总数达30万余人。日军还肆无忌惮地搜捕妇女，发泄他们的兽欲，被奸污者有80余岁的老人和6、7岁的幼女。据当时国际委员会统计，仅在日军占领南京后的一个月内，就发生了2万余起强奸事件。日军还四处抢劫，焚烧民宅及商店等建筑。

由松井石根指挥的日本侵略军在南京的暴行罄竹难书，其手段之残忍令人发指，为人类历史上所罕见。南京大屠杀是松井石根等军国主义分子对中国人民欠下的一笔血债。

12月17日，松井在日军前呼后拥之下，得意洋洋地从中山门进入南京城内，并亲自主持侵华日军的"入城式"。此时，正值大屠杀的最高潮，松井明知日军的种种暴行，却置若罔闻，听之任之，而不采取任何有效措施加以制止或改变事态的发展。日军在南京的暴行震惊了世界，迫于世界舆论的压力，1938年2月日本政府不得不把松井及其部下将佐约80人召回日本。

松井回国后并没有受到任何处罚，还于1938年7月被任命为内阁参议。1940年由于侵华"有功"而再次获得勋章，次年就任法西斯组织大政翼赞会下属的大日本兴亚同盟的副总裁，1943年任总裁，继续宣扬大亚细亚主义，为配合日本对外侵略战争积极活动。

1945年8月日本战败投降后，欠下中国人民累累血债的军国主义分子松井石根和其他战犯一起被押上了历史的审判台。10月19日，松井被逮捕。1946年1月，盟国在东京成立远东国际军事法庭，同年4月，国际军事法庭对松井石根等28名甲级战犯正式起诉，5月开庭审判。在军事法庭上，作为南京大屠杀惨案主犯的松井石根曾狡辩说，由于生病的缘故，他没有阻止日军暴行。远东国际军事法庭判决书认定："他的疾病既没有阻碍他指导下的作战行动，又没有阻碍他在发生这类暴行时访问该市达数日之久，而对于这类暴行具有责任的军队又是属他指挥的。他是知道这类暴行的，他既有义务也有权力统制他自己的军队和保护南京的不幸市民。由于他怠忽这些义务的履行，不能不认为他负有犯罪责任。"松井石根是罪责难逃的。

1948年11月12日，远东国际军事法庭宣布判决，松井等7名战犯被判处绞刑。同年12月23日，松井在日本东京巢鸭监狱被执行绞刑，这个南京大屠杀惨案的罪魁祸首终于受到应得的惩罚。

7. 板垣征四郎

板垣征四郎（1885—1948 年），日军陆军大将。第二次世界大战时期历任师团长、陆军大臣、中国派遣军总参谋长、朝鲜军司令官、最高军事参议官、第 7 方面军司令官等要职。

板垣征四郎于 1885 年 1 月 21 日出生在日本岩手名门望族家庭。1891 年 4 月进入沼宫内寻常小学，1893 年 9 月转入盛冈市仁王高等小学，1897 年 4 月进入盛冈中学，1899 年 9 月进入仙台陆军幼年学校，1901 年 9 月进入东京陆军中央幼年学校。

板垣征四郎于 1903 年 12 月考入陆军士官学校，为第 16 期学员，次年 10 月毕业，赴仙台任第 4 步兵联队少尉军官，随后参加日俄战争。1906 年改赴天津驻军任职。1907 年 12 月晋升为中尉。1908 年出任陆军士官学校学员队参谋。1913 年 8 月晋升为大尉，任仙台第 4 步兵联队中队长。1913 年 12 月考入陆军大学，1916 年 11 月毕业。1917 年 4 月 23 日，板垣征四郎与大喜久子结婚。

1917 年 8 月，板垣征四郎任参谋本部参谋，驻在中国昆明。1919 年 4 月，赴华中派遣队司令部（汉口）任职。同年 7 月，任华中派遣队参谋，与石原莞尔共事。1920 年 4 月，晋升为少佐。1921 年 4 月，任日本参谋本部中国课参谋兼陆军大学军事教官。1923 年 8 月，晋升为中佐。同年 9 月，任关东戒严司令部参谋、临时震灾救护事务局事务官。1924 年 6 月，任日本驻华公使馆武官助理，先后在林弥三吉和本庄繁领导下工作。1926 年 8 月，再任参谋本部参谋兼陆军大学教官。1927 年 5 月，出任冈山第 33 步兵旅团司令部参谋，同年 7 月任第10师团司令部参谋。1928年3月，晋升为大佐，出任天津第33步兵联队联队长。1929年3月率部调驻奉天，5月改任关东军高级参谋。1929年7月至1931年7月，板垣征四郎与关东军作战参谋石原莞尔在中国东北境内组织“参谋旅行”，考察各地兵要地志，计划对中国东北军“以寡制众”，得到陆军省军事课课长永田铁山的暗中支持。在此期间，板垣征四郎曾赴陆军士官学校鼓动：日本“以国家命运为赌注，坚决进行日清、日俄两次大战，才得以在大陆的一角建立特殊地位”，如果进而掌握“满蒙”这个战略枢纽，则“退而可以保卫朝鲜，进而可以牵制俄国向东发展，并且对中国掌握着有力的发言权”；“在对俄作战上，满蒙是主要战场，在对美作战上，满蒙是补给源泉”，因而“满蒙在对美、俄、中的作战上，都有最大的关系”。板垣征四郎在关东军第2师团则宣称：解决“满蒙问题”的最终目的是要把“满蒙”“变为日本的领土”，并使其对整个中国“能立于制其于死命的地位”。

1931年6月，日本参谋本部秘密制订“解决满洲问题方策大纲”，该大纲很快就传达到关东军，并据此秘密部署作战行动，关东军原计划9月28日在柳条湖炸毁铁路，进而侵占整个中国东北，但该计划却严重泄密，板垣、石原根据法西斯“樱会”的负责人桥本欣五郎的指示，于1931年9月18日直接策划制造了柳条湖铁路爆炸事件，继而板垣以关东军司令官本庄繁的名义命令关东军实施预定的作战行动。这就是震惊中外的“九·一八事变”。事变的结果是中国东北的沦陷，在日本侵略者策划成立东北傀儡政权的过程中，板垣征四郎奉命再次充当急先锋。

1931年9月22日，板垣在沈阳参加关东军秘密会议。会议炮制出“满蒙问题解决方案”，提出以溥仪为“元首”建立“新政权”，“领土包括东北四省及蒙古”，“国防和外交由日本帝国掌握”。板垣在会后秘访哈尔滨特区行政长官张景惠，促其“独立”；9月27日，张景惠宣布成立“东省特区治安维持会”并自任会长，暗中策划“独立”。在板垣派人策动下，9月28日，清朝“闲散皇族”熙洽公布伪吉林省省长公署组织大纲，宣布吉林“独立”；9月30日，板垣还曾派人去天津诱骗溥仪前往东北“复位”，因内部意见分歧而未成功；10月1日，洮南镇守使张海鹏宣布洮南“独立”；12月16日，前辽宁省主席臧式毅出任伪奉天省省长；1932年1月1日，张景惠出任伪黑龙江省省长。

1931年10月21日，板垣、石原在国际法顾问松木侠的协助下炮制出“满蒙共和国统治大纲草案”，提出全面控制“新政权”的具体措施。1932年1月6日，板垣携带关东军司令官的指示前往东京向政府汇报。裕仁天皇破例召见板垣，陆军省、海军省和外务省根据汇报炮制出“满洲问题处理方针纲要”，要求加速建立受日本控制的“独立国家”。1932年1月22日，关东军司令部召开“建国幕僚会议”，讨论建立“新国家”的有关条款和纲领。1月27日，板垣根据会议决定组织拟制“新国家建设顺序的纲要”。2月16日，板垣策划组织了筹备建立伪国家的沈阳“四巨头会议”（张景惠、熙洽、藏式毅和马占山）。接着，板垣奉命前往旅顺，以威逼利诱的手法逼溥仪就范。1932年3月1日，伪“满洲国”宣告成立，溥仪为伪“满洲国”执政。

1932年8月，板垣征四郎晋升少将，在关东军司令部兼任伪“满洲国”执政顾问、奉天特务机关机关长。1933年2月，调参谋本部任职。同年7月，出访欧洲，考察欧美、南洋、印度大陆。1934年8月，赴关东军司令部任伪“满洲国”军政部顾问。同年12月，升任关东军副参谋长、日本驻伪“满洲国”大使馆武官。1936年3月，出任关东军参谋长、日满经济共同委员会帝国委员。同年4月晋升中将。1937年3月改任广岛第5师团师团长，该师团辖第9旅团和第21旅团，号称日本精锐师团。

1937年7月7日，“七·七事变”发生，中国开始全面抗战。板垣奉命率部在华北方面军编成内参加侵华战争。板垣力主进攻山西，认为控制山西即可控制华北。板垣师团由河北分三路向山西进攻，其第21旅团一部于9月25日在平型关遭八路军伏击，被歼1000余人。10月2日，板垣受领进攻太原的任务，两天后关东军察哈尔派遣兵团亦归其指挥。板垣所部在忻口战役中再次受挫，最后于11月4日占领忻口并向太原进击。11月7日，板垣率部经过激战攻克太原。

1938年1月，配属第2军的板垣师团沿胶济铁路东进，占领潍县、青岛，战至2月，进占沂水、莒县等地。板垣以第21旅团为基干组成坂本支队向临沂方向进攻。在1938年3月至4月的台儿庄战役中，坂本支队奉命转而驰援台儿庄，结果又遭重创。板垣随后率部参加徐州会战。

1938年5月，板垣征四郎调任参谋本部部附，同年6月，板垣出任掌握军政大权的陆军大臣，兼任对满事务局总裁。陆军省下设人事局、军务局、兵务局、整备局、兵器局、经理局、医务局、法务局、调查部、新闻班和报道部等机构。板垣任内处理的重要问题包括：启用因受“二·二六事件”影响的山下奉文为军司令官，任命石原莞尔为第16师团司令部参谋；策划制造张鼓峰事件和诺门坎事件，结果日军遭受苏蒙军重创；制订并颁发“天津租界问题对策及第三国关系事件处理要纲”；参与扶持汪精卫成立南京伪“国民政府”，与重庆国民政府对抗；参与开展“桐”工作，企图诱降蒋介石。

1939年9月12日，日本在南京设立中国派遣军总司令部，统一指挥除关东军和台湾第10方面军以外的侵华日军，下辖华北方面军、第11军、第13军和第21军。总司令官为西尾寿造，板垣征四郎出任总参谋长，出谋划策，协助指挥，1940年6月24日，板垣以中国派遣军总参谋长的身份与汪精卫伪军参谋本部代理部长签订《关于治安肃清上日本军与中国方面治安机关（军队、宪兵、警察之总称）相互关系之协定》，加强了日伪的勾结。

1941年7月，板垣征四郎晋升为大将，出任朝鲜军司令官，下辖4个师团。任内将征兵令扩大适用于朝鲜，将大批朝鲜人征入日军充当战争炮灰；组织实施对警备阵地的构筑；组织开发军需资源以供战争之需；指挥朝鲜军协助关东军作战；实施所谓治安警备战。从1943年起，板垣还兼任日本最高军事参议官。1945年2月，板垣改任第17方面军（驻朝鲜）司令官。

1945年4月，板垣征四郎调任南方军所属的第7方面军司令官，指挥第16军、第25军和第29军，司令部设在新加坡。

1945年8月15日，日本宣布无条件投降。9月12日，板垣征四郎代表南方军总司令官寺内寿一携同缅甸方面军司令官木村、第3航空军司令官木下、第18方面军司令官中村、南方军总参谋长沼田、第10方面舰队司令长官福留以及第2南遣舰队司令长官柴田，在新加坡市政厅向东南亚战区盟军最高司令蒙巴顿投降并签署投降文件。

1948年11月12日，远东国际军事法庭判处法西斯战犯板垣征四郎绞刑。12月23日，板垣征四郎在东京被绞死。

8. 山下奉文

山下奉文（1885—1946），日军大将，绰号“马来之虎”。1885 年 11 月生于日本高知县的乡村医生家庭。毕业于日本广岛陆军幼年学校、陆军士官学校及陆军大学，系统地接受了军国主义教育，典型的法西斯军人。1918 年任驻瑞士军事研究员。1926 年任陆军大学教官。1927 年任驻奥地利武官。

1930 年，山下奉文任陆军第 3 步兵联队联队长。当时的山下奉文体重 90 公斤（身高 1.74 米），与 37 毫米口径 1911 年型平射步兵炮的重量相同，因此，“步兵炮”便成了山下最初的绰号。

1932 年，山下调任陆军省军务局军事课课长。1934 年 8 月，山下晋升少将，因为当时军事课课长是大佐级职务，而当时又没有少将的空缺，所以山下被暂时安排到一家兵工厂任副厂长。1936 年 3 月，在二·二六事件之后，作为事件幕后策划者的山下调任朝鲜军第 20 师团所辖之第 40 旅团旅团长。“七七事变”后，山下奉命率部到北京参战，并晋升中将。他指挥所部攻南苑，战长辛店，袭廊坊，大肆屠杀中国军民。1938 年 7 月，山下改任侵华日军“华北方面军”参谋长。1939 年 6 月 14 日，主张从中国排除英法势力、实行“中日提携”的山下下令封锁天津英法租界。

1940 年 7 月，山下被调回东京就任日本航空总监。9 月 27 日，德意日三国同盟成立。12 月到次年 7 月，山下率领日本代表团赴欧考察德意军事。回国后被任命为满洲防卫军司令官，镇压中国东北人民的抗日活动。

1941 年 11 月 5 日，日本东京召开御前会议，预定于 12 月初对美英荷开战。11 月 8 日，山下奉命回东京。第二天被任命为第 25 军司令官，负责进攻马来西亚、新加坡。

日军进攻南方的作战范围大致包括东南亚全境和太平洋西半部，其中最重要的是攻占有“东方的直布罗陀”之称的英国海军基地新加坡。第 25 军是以日本陆军最精锐的第 5 师团、近卫师团、第 18 师团的骨干编成，另有支援部队 7 万余人，共计约 11 万人。

11 月 26 日，一架日本专机来到海南三亚。为了保密，机上走出的山下奉文身穿协和服，头戴礼帽，人称“蒙面将军”。山下的司令部就设在这里。

在此之前，日美关系日益激化，日军进军东南亚可谓在英国人的预料之中。可是，马来亚英军司令帕西瓦尔中将和远东英军总司令波帕姆空军上将则对日本抱有偏见，他们认为日本人只会模仿，没有别的能力，大举进攻马来亚的可能性不大。他们制订的对付日军进攻的“斗牛士计划”是：首先以一部分兵力控制靠近克拉地峡的泰国的领土宋卡和北大年机场，阻止日军登陆，达到保卫新加坡海军基地的目的。当时马米亚守军共 8. 8 万余人。但由于英国采取了“先欧后亚”的战略，远东英军的装备很差。

从 12 月 6 日下午 3 时 30 分开始，至 12 月 7 日 5 时 30 分止，一系列重要情报显示日军已采取行动，但均被帕西瓦尔和波帕姆的轻敌所忽视。

6 时 30 分，又有一架警戒飞机称：“驱逐舰 4 艘于北大年北方 60 英里，沿海岸南下。”

现在，帕四瓦尔和波帕姆都相信战争即将爆发，但他们都认为时间紧迫而一致同意放弃实施“斗牛士计划”，同时谁也拿不出什么切实可行的措施。

12 月 8 日 0 时左右，宋卡灯塔上的青白色灯光映入山下的眼帘。巨浪拍岸的声音越来越大。3 时左右，日军士兵跳水上岸。如果英军适时实施“斗牛士计划”，这里除了浪花翻滚外，还会有弹雨瓢泼，也许别有一番风景。

9 日，帕西瓦尔接到报告：马来北部的机场受到日本飞机的空袭，158 架英国空军飞机只剩下 10 架，英国失去了制空权。10 日上午，菲利普斯海军上将指挥的英国远东舰队在马来半岛东部的关丹海面上，受到日本第 22 航空队 88 架飞机的攻击，“反击号”战列巡洋舰、“威尔士亲王号”战列舰被击沉。舰队司令菲利普斯葬身大海。英国远东舰队覆没，日军控制了制海权。

日军夺取作战的制空权、制海权以后，切断了陆上英军的增援和补给线。

12月12日，山下采取“中央突破”的战术（自称“电钻战”），一举突破英军北部防线——吉打线，尔后挥师南下。沿途英军纷纷退却。1942年1月31日，第5师团一部冲进新加坡对岸的柔佛巴鲁市。英军撤到新加坡并炸毁连结新加坡的石桥，打算死守孤城。

2月8日，山下的司令部移到柔佛巴鲁王宫高塔里，塔上可以俯视柔佛水道。军师团炮兵向对岸集中轰击，天空被烧成了红色，整个新加坡岛在震颤。当晚10时40分左右，一发蓝色信号弹在对岸上空升起，一颗红色信号弹随后掠过。这分别是第5师团、第18师团登陆的信号。一批日军4000人在新加坡西北角登陆，他们一上岸就像锥子一样直插新加坡城内部。英方守军由于判断失误，很快就撤退了。9日夜，近卫师团从北面登陆。第25军以西北角为主攻方向，从三面向岛中央进击。10日早晨，山下的司令部渡过柔佛水道，进驻天嘎机场北面的原英军高炮阵地指挥战斗，太阳旗竖到了临近岛中央的曼代、布基帖马附近。11日早晨，日军观测飞机向英方投下29份“劝降书”。但直到14日晚，不见英军作出答复，双方在布基帖马高地展开激战。日军拿下了这个高地，可是第25军将士已经十分疲劳。副参谋长池谷半二郎大佐建议暂停攻击，“敌人也很困难！”山下厉声说道。他认为疲劳的将士停止攻击后会更加疲劳，因而坚决反对。下午2时刚过，在进入布基帖马街道的第5师团先锋部队正面，出现了三个扛着大白旗的英国人（其一为帕西瓦尔），“也很困难”的英军坚持不下去了。日军拿下了新加坡，改名为昭南特别市。

在3个多月的日子里，日军千里跃进马来半岛，一举成功。“蒙面将军”又得到绰号“马来之虎”。

1942年6月，山下奉文调任驻满洲第1方面军司令官，重操屠杀中国人民的屠刀。1943年2月，山下晋升大将。

1944年9月，山下调任菲律宾第14方面军司令官。10月，山下到马尼拉就职，司令部设在马尼拉郊外约10公里的佛特·麻勤累基地。山下的任务是负责菲律宾全岛的防务，指挥第14方面军在菲律宾与美军作战。当时第14方面军兵力为9个师团3个旅团，约23万人。10月20日，麦克阿瑟指挥美军20.5万人向莱特岛反攻。山下命令所属第35军（驻莱特岛）歼灭进攻之敌。12月15日，美军又在邻接吕宋岛南部的民都洛岛登陆。山下决定停止莱特岛之战，准许第35军撤到中南部菲律宾岛屿。这时，美国完全掌握了制海权、制空权，日军的国内补给线被切断、粮食弹药奇缺，山下只好率领所属各部坚守吕宋岛。

第二天，山下作出决定：将第14方面军分成三部分，分别部署于吕宋岛北部、克拉克机场以西的山地和马尼拉以东的山地。在这三个地区构筑坚固防御据点，决心“独立抗战，永久抗战”。随后，卡车昼夜不停地出入于马尼拉，运送兵员、粮食、武器及其它物资到指定地点。1945年1月3日，山下的司令部转移到吕宋岛中西部的避暑胜地碧瑶。

1945年1月9日，美军2100艘登陆艇，20.3万人在沃尔特·克鲁格中将的指挥下向仁牙湾发起攻击。此外，麦克阿瑟还准备了约20万人的后续力量。山下下令反击，但收效甚微。1月31日，美军两个师在八打雁地区登陆。进入2月以后，日军很快就只有招架之势了。3月，美军攻占马尼拉。4月，美军进入碧瑶市。随后，山下转到班班，开延干等地，指挥其残部与美军和菲律宾游击队作无谓的“抵抗”。8月15日，广播里传来天皇裕仁的停战诏书。9月3日，山下在碧瑶的高级专员别墅里举行投降签字仪式，盟国方面的代表之一正是几年前山下的俘虏帕西瓦尔。

投降签字仪式过后，山下奉文成了战俘，被收容在马尼拉南面的新毕利毕德监狱。1946年2月23日，山下奉文被马尼拉军事法庭判处绞刑，终年60岁。3个月后，山下奉文的死讯通知了他的妻子山下久子。

9. 谷寿夫

谷寿夫（1882 年—1947 年），日本冈山县人，第六师团师团长，参加侵华战争，参与制造了南京大屠杀惨案。

1937 年 7 月 7 日，日本帝国主义发动全面侵华战争后，担任日军第六师团师团长的谷寿夫奉命率部从日本熊本县启程，入侵中国华北。第六师团的士兵大都来自九州岛的熊本县和大分县，素以骠悍残暴出名。谷寿夫指挥第六师团先后侵占了华北的保定、石家庄等地区。1937 年 10 月 5 日，日军参谋本部为加强松井石根指挥的华中方面军的力量，将第六师团所属的第十军划归松井石根指挥。谷寿夫又奉命率领第六师团从华北赶赴八浦口乘船，经济州岛、马鞍群岛前往上海，参加淞沪战役。

1937 年 11 月 4 日，第六师团作为第十军的主力，在谷寿夫的指挥下，率先在上海的东南前哨金山卫登陆，然后从登陆点向北纵深挺进。据当时的一位西方军事评论员现场描述，谷寿夫"以亚述魔王①般的疯狂暴怒，在大雾中向四面八方飞驰冲击"，到处杀人放火，血洗金山卫的所在村镇。

在倪家村，农民李友义怀有五个月的身孕的妻子患病在床，两岁的儿子睡在她身旁。日军闯进她家后，立即纵火烧房。李友义的妻子拖着儿子从火里往外逃，又被日本兵强行推入着火的房中，母子二人被活活地烧死。日军闯进杨家村农妇裴引宝家后，把她的孩子从床上拖下来一刀刺死，又割去裴引宝的一只乳房，然后把她也刺死，她怀里抱着的三岁小孙子，也被日本兵用刀劈成两半。卫东村妇女李泉宝看见日军进村后，立即抱起七个月的小女儿逃跑，日本兵发现后开枪打死。等邻居出来时发现，她的小女儿仍伏在母亲的尸体上吃奶。向阳村农民朱家和等三人，躲藏在稻草堆里，被日本兵发

---

① 亚述系公元前十四世纪亚西利亚帝国的战神，据神话传说，他是众神之主，魔法无边。

现后，把他们拖出来扒光衣服，拉到农民胡阿四屋里，先砍去四肢，将他们活活折磨死，再将他们的四肢和躯干挂在织布机上，然后又放火烧掉了房子。据统计，金山卫乡被日军第六师团杀害的无辜百姓共有1050人，遭奸污的妇女仅倪家、卫东、杨家、海光四村就达121人之多。

血洗金山卫后，谷寿夫指挥第六师团攻占了上海市郊的松江镇，又进行了一番血腥杀戮。九周以后，一位英国记者设法来到松江镇，向外界披露了他目睹的松江镇劫后景象：

“几乎见不到一座没被焚毁的建筑物，仍在闷烧的房屋废墟和渺无人迹的街道呈现出一副令人恐惧的景象，唯一活着的就是那些靠吃死尸而变得臃肿肥胖的野狗。在一个偌大的曾经稠密居住着约十万人口的松江镇，我只见到五个中国老人，他们老泪纵横，躲藏在法国教会的院子里。”

松江失陷后，日军对国民党军队上海阵地的右侧背形成迂回包围态势，迫使国民党军队从上海全线撤退。1937年11月12日，日军占领上海。紧接着，谷寿夫按照松井石根的命令，指挥第六师团沿嘉兴、平望镇、湖州、广德一线，一路烧杀淫掠，直逼南京。据当时跟随第六师团行动的日本摄影记者河野公辉记述：

“沿河把只露着脑袋隐藏在河里的妇女们拉上来打死，用竹竿插进阴部。从杭州湾到昆山道路的两旁，到处躺着这样的尸体，在昆山抓到的大批败兵，像是用机关炮打死的，尸堆如山，死者的身体被撕裂，生殖器裸露着。”

《读卖新闻》的摄影记者也有发了狂的，还有跑出去要求停止的，说这是普通老百姓啊。但是，士兵们听也不听照旧杀下去，“在苏州的抢劫更可怕。中国的财主比日本的可阔多了。就在那个时候，价值几万元的貂皮大衣等等，我也要了一件。士兵们抢来的东西，让俘虏挑着，在那些财主家里，咚咚地敲着柱子。把柱子凿开，里面装满银币，都拿出来。在墙壁里面，不光是银币，还藏有财宝，当然也都收下了。东京的部队可真坏呀！”

“苏州女人很漂亮，是美女的产地。士兵们只要弄到就强奸，奸后一定要杀死。”

从杭州湾到南京，沿途约三百公里，无处不留下谷寿夫兽军的血腥足迹。

1937年12月5日，谷寿夫率领一路烧杀的第六师团，与日军第一一四师团共同进攻南京城外围国民党守军雨花台阵地。12月11日，第六师团的日军突破雨花台中国军队右翼阵地，开始直接攻击南京城。12月12日，第六师团占领了雨花台后，谷寿夫下令全力攻打南京城中华门。在重炮掩护下，第六师团第四十七联队第一大队第三中队的几十名日军，首先攻入了中华门。谷寿夫随即指挥炮兵猛烈轰击南京城内新街口、中山东路等处，阻止中国军队增援中华门。谷寿夫同时下令用重炮将中华门附近城墙轰塌多处，命令大批日军用缆梯攀缘而入。国民党军队抵挡不住日军的进攻，纷纷败退，南京城终于陷落。

12月13日，谷寿夫率领第六师团主力由中华门进入南京市区后，当即宣布"解除军纪三天!"唆使、纵容部下在南京城内肆意地劫掠、奸淫、屠杀。第六师团日军入城时，有大批逃难的市民拥挤在中华门附近的主要街道上。谷寿夫指挥日军一边追赶这些难民，一边下令用机关枪对着密集的人群射击，数以万计手无寸铁的中国老百姓当即扑倒在血泊之中。

第六师团第四十五联队的步兵中队长田中军吉，进入南京城后，手持一把名叫"助广"的大军刀，像发了疯的野兽似地冲着街上四处逃避的难民横劈竖砍，竟连续砍杀中国男女老少300多人。

对于放下武器停止抵抗的俘虏，谷寿夫也命令部队一律加以杀害。日本随军记者铃木二郎就亲眼目睹了日军屠杀中国俘虏的暴行：

"12月13日，在中山门附近城墙，见到极其恐怖、凄惨的大屠杀。俘虏们在25公尺高的城墙上排成一列，许多日本兵端着插上刺刀的步枪，齐声大吼，冲着向俘虏们的胸部或腰部刺去，（俘虏们）一个接着一个被刺到城外去了。只见飞溅的血雨喷向半空，阴森的气氛使人汗毛直竖，浑身战栗。"

日军的屠杀是有组织、有计划进行的。12月15日，日军在司法院难民区搜捕中国军、警、民2000余人，集体押解到汉中门外护城河堤上，用机枪射杀，复用汽油、木柴焚烧尸体。12月16日，日军又从华侨招待所搜捕难民5000余人，押至下关中山码头，用机枪射杀后，弃尸江中。在这场惨绝人寰的南京大屠杀中，中国军民被害总数达30余万人。其中，仅在中华门一带，谷寿夫的第六师团制造的有案可查的杀人事件即达378起，杀害中国军民10万余人。

更令人发指的是，谷寿夫还纵容部属大肆奸污、杀害中国妇女。12日13日，在中华门东仁厚里五号，第六师团的几名士兵轮奸了民妇陶汤氏后，又惨无人道地将她剖腹焚尸。怀孕九个月的肖余氏、十六岁的少女黄桂英和陈二姑娘，还有一名六十三岁的老妇人，同在中华门地区遭到日军奸污。在中华门堆草巷，第六师团的十三名兽兵轮奸少女丁小姑娘，丁小姑娘因不胜狂虐，厉声呼救，当即被日军用刺刀刺破小腹而死。12 月 17 日，在中华门外，日军轮奸了一名少女后，又强迫一名过路的和尚去行奸，在遭到和尚的拒绝后，恼羞成怒的日军竟使用宫刑将这名和尚残酷折磨死。在中华门外土城头，有三名少女因遭日军奸污，羞愤投江自尽。

谷寿夫在纵容部下屠杀、强奸的同时，还唆使、指挥部下四处纵火，抢劫财物。在第六师团驻防的中华门一带，钓鱼巷、湖北路、长乐路、双闸路等处数百幢民房均被日军焚毁，贪婪成性的日军还大肆抢劫牲畜、粮食、器皿、古玩、衣服等财物。据统计，12 月 12 日至 21 日，第六师团在中华门一带制造的烧、杀、淫、掠等暴行，有案可查的即达 459 起。12 月 21 日，第六师团奉命调防芜湖，离开了南京。

第六师团在南京期间，正是日军杀人最多、暴行最烈的高峰期。

日军在南京大屠杀的暴行，激起了全世界的公愤。日军统帅部被迫将松井石根、谷寿夫等制造南京大屠杀的罪魁调回日本。但是，谷寿夫并未受到任何处罚，反而在 1937 年 12 月 28 日，升任日本中部防卫军司令官。1939 年 9 月，谷寿夫转入预备役。1945 年 8 月 12 日，谷寿夫应召重服现役，被任命为第五十九军司令官兼中国军管区司令官，但没来及赴任，8 月 15 日，日本即宣布无条件投降。

1947 年 3 月 10 日，南京审判战犯军事法庭依据中国刑事诉讼法、海牙陆战规例、战时俘虏待遇公约、战争罪犯审判条例等有关的法律条款，对日本乙级战犯谷寿夫作出最后判决："谷寿夫在作战期间，纵兵屠杀俘虏及非战斗人员，并强奸、抢劫，破坏财产，处死刑。"

4 月 26 日上午 10 时整，随着一声枪响，制造南京大屠杀惨案的主犯、罪大恶极的日本战犯谷寿夫，毙命雨花台。

10. 酒井隆

酒井隆（1887 年—1946 年），日本广岛县人，陆军中将，日本天津驻屯军参谋长、日军第二十三军司令官，直接参加了侵华战争和太平洋战争。

酒井隆是日本帝国主义推行侵华政策的一名走卒。他曾经参与制造了“济南惨案”，策划签订了《何梅协定》，并直接指挥部队参加了全面侵华战争，是一名双手沾满中国人民鲜血的战争罪犯。

1928 年春，蒋介石联合冯玉祥、阎锡山、李宗仁等举行第二次北伐，向盘踞在北方，控制北京政权的奉系军阀张作霖发动进攻。同年 4 月上旬，当蒋介石的北伐军攻入山东省境内逼近济南时，时任日本驻济南领事馆武官的酒井隆，为了阻止北伐军追击受日本扶植和保护的张作霖，以山东局势混乱、日本侨民利益需要保护为借口，写信给日本陆军参谋总长，要求军部利用这一机会再次出兵山东。参谋本部根据酒井隆的报告和请求，不顾中国政府的一再抗议，借口保护侨民，于 1928 年 4 月 25 日，派遣日军第六师团五千余人在青岛登陆，入侵山东。

酒井隆得知日军第六师团在青岛登陆的消息后，立即以夸大事实的情报，擅自要求师团长福田彦助率第六师团火速赶赴济南，在酒井隆的一再催促下，福田彦助率部昼夜兼程，于 4 月底赶到济南城外。5 月 1 日，当蒋介石的北伐军开进济南城后，早已做好准备的日军便开始四处寻衅。

在酒井隆的唆使下，日军不仅随意捕捉北伐军的士兵，还枪杀了北伐军的运输队长。5 月 3 日上午，日军又用武力强行解除了北伐军一部 7000 余人的武装。面对日军的一再挑衅，蒋介石再三地屈辱退让，命令北伐军各师“约束士兵，不准开枪还击”，这更加助长了日军的嚣张气焰。5 月 4 日晨，北伐军抓获 13 名走私鸦片的日本毒贩，当即按照中国法律将他们处死。酒井隆立即指使第六师团进行报复。当天下午，日军用重机枪、大炮肆意轰击济南城内居民稠密区和北伐军的防地，炸死炸伤中国军民 1000 多人。当晚 11

时，数十名日军又潜入国民党山东省交涉公署，剪断电话线，将国民党战地政务委员会主任兼山东交涉员蔡公时，以及公署内的17名职员全部捆绑起来，残酷地剜下蔡公时的耳、鼻、舌、眼，然后用机枪将蔡公时等17人全部杀害。

惨案发生后，酒井隆在发给日本陆军省和参谋本部的电报中歪曲事实，谎称是中国军队率先挑衅，第六师团正在进行紧急部署，准备“采取断然措施”，请求参谋本部继续增兵山东。5月5日，日本内阁根据酒井隆的报告，作出再增派一个师团到山东的决定，导致事态进一步扩大。5月11日，日军侵占了济南城，在城内进行了大规模的烧、杀、奸、掠活动，杀害中国军民6123人，打伤1700余人，制造了“济南惨案”。

1934年8月，酒井隆调任日本天津驻屯军参谋长。上任后，他秉承日本军部的旨意和天津驻屯军司令官梅津美治郎的命令，积极从事侵略华北的阴谋活动。1935年5月3日，酒井隆利用汉奸胡恩溥、白逾桓在天津日租界被暗杀一事，大作文章。他在与梅津美治郎、关东军驻山海关特务机关长仪峨诚也，日本驻华公使馆武官高桥坦密商后，发电报给参谋次长杉山元，表示要利用这一机会贯彻日本侵略华北的既定方针。5月17日，又发生所谓“孙永勤事件”。按照梅津美治郎的命令，酒井隆于5月29日发表通告，宣称由于上述事件，日军要进入长城，并擅自单方面宣布将北平和天津并入所谓停战区。同一天，酒井隆和高桥坦还拜会了何应钦，威胁说：“今后如再发生如此行为，日本军将采取自卫行动。”

6月7日，日本内阁批准了《华北交涉问题处理纲要》，其要点是：要求中国政府从平津地区撤退宪兵第三团、北平军分会政训所、国民党党部等机构，解散抗日团体。6月8日，酒井隆在天津主持召开由关东军参谋，驻山海关、北平、天津、上海的日本领事馆武官参加的协商会议，讨论《华北交涉问题处理纲要》。酒井隆对《纲要》中提出的诸多无理要求犹嫌不足，又提出了一个“以武力为后盾，采取强硬态度”的方针，对国民党政府步步紧逼，最终迫使国民党政府签订了《何梅协定》，使日军不费一枪一弹便侵占了平津一带的军事要地。

1937年“七·七事变”爆发后，担任陆军第十四师团第二十八旅团旅团长的酒井隆，跟随师团长土肥原贤二参加侵华战争。酒井隆指挥部队先后侵占了北平、济宁、郓城、金乡、考城、内黄、开封、中牟等地，所到之处大肆烧杀抢掠，企图用血腥野蛮的屠杀政策来迫使中国人民屈服。

1938 年 6 月至 1940 年 6 月，酒井隆接连担任日本驻张家口特务机关长、日本内阁“兴亚院”驻蒙疆联络部长官、驻蒙军军附等职。在此期间，酒井隆不仅大力收集内蒙、察哈尔、北平、绥远、山西等地的军事、政治、经济情报，还策划成立了“北支那开发株式会社”、“蒙疆电业株式会社”、“蒙疆电气通信设备株式会社”、“国际运输公司”、“东亚烟草公司”、“蒙疆造纸公司”、“蒙疆不动产株式会社”、“蒙疆兴业株式会社”等经济侵略机构，强行霸占和垄断了内蒙、山西和张家口地区的煤炭、金融、石油、电力、盐、畜产品、粮食、烟草、水泥、木材等行业，残酷地掠夺各种战略物资，榨取中国人民的财富，用以支持日本进行侵略战争。

1641 年 11 月 6 日，酒井隆被任命为驻广州的日本第二十三军司令官。赴任后，酒井隆奉参谋本部的密令，积极调遣和训练部队，准备进攻香港。1941 年 12 月 8 日，太平洋战争爆发之日，酒井隆接到进攻香港的命令，首先派出日军航空队一举歼灭了毫无准备的驻香港的英国空军部队，取得制空权。同时，派兵占领了位于广州沙面的英租界。然后，酒井隆命令所属第三十八师团进攻九龙半岛，并于 12 月 13 日占领九龙。在对固守香港岛的英军两次劝降未果后，12 月 18 日夜，酒井隆指挥日军在香港强行登陆。

防守香港西半部的英军，在日军占领了山顶水库后，便失去了与外界的联系，他们不相信岛上的其他部队已向日军投降，仍继续坚持战斗。他们占据了坚固结实、易守难攻的斯坦利堡，顽强抗击日军的进攻。酒井隆命令海军舰艇和陆军炮兵部队，用重炮从海陆两个方向猛轰斯坦利堡，但未能压制住英军的火力。在多次进攻受挫后，酒井隆恼羞成怒，命令使用恐怖手段迫使斯坦利堡内的英军投降。

12 月 26 日晨，日军攻占了斯坦利堡围墙外的圣斯蒂芬学院，当发现学院内设有英军一所野战医院时，立即冲进医院，按照酒井隆的命令用刺刀捅死了 90 多名伤病员中的 60 人。然后，日军把大约 100 名护理员、医生和担架员关在一个房间内，把四名中国女护士和七名英国女护士单独关在一间房内，将他们作为迫使英军投降的人质。

当天下午，坚守斯坦利堡的英军再次拒绝了酒井隆要他们投降的命令。

于是，酒井隆下令将人质中的男俘虏提到室外，每次提出两三名俘虏，将他们逐个肢解。酒井隆命令日军先砍去俘虏的手指，剁去耳朵，切掉舌头，挖出眼睛，最后再逐一将他们杀死。然后，酒井隆放掉几个被割去耳朵或手指的俘虏，让他们去斯坦利堡报告目睹的惨状，并威胁说，英军若不投降，他将用同样的方法杀死所有的人质。与此同时，在另一个房间内，日本兵把四名中国女护士和三名年轻、漂亮的英国女护士绑在尸体上进行轮奸，奸后又用刺刀捅死了这些女护士。当天晚间，坚守斯坦利堡的英军为解救人质，被迫向日军投降。他们一走出斯坦利堡，酒井隆就命令日军驱赶他们走进圣斯蒂芬学院，强迫他们参观遍地狼藉、残缺不全的受害者的尸体。然后又逼迫他们掩埋了这些尸体。酒井隆这个杀人不眨眼的魔鬼，就是用这种血腥残暴的方法，七天之内攻占了香港。

1945 年 8 月 27 日，军事法庭判处战犯酒井隆死刑。1946 年 9 月 13 日，酒井隆被绑赴南京雨花台刑场执行枪决。

11. 山本五十六

山本五十六（1884—1943），1884 年 4 月生于本州北部新泻县长冈村的封建武士家庭。其父高野贞吉此时已是一个 56 岁的老头，因此给儿子起名五十六。1916 年，五十六因过继给山本带刀为养子而改姓山本。

山本五十六自幼受武士道精神的熏陶，早年即接受军事训练。1901 年，山本考入江田岛海军学院。该校实行的是斯巴达克式的严格训练，禁止学员喝酒、抽烟、吃糖以及和姑娘交往。1904 年毕业后，山本到海军“春日号”军舰任少尉候补生。1905 年，山本调“日进号”军舰任见习枪炮官，参加日俄战争（1904—1905），在对马海战中被炸掉两个指头。1908 年，山本进海军炮术学校学习，1911 年毕业于该校后，成为优秀的舰炮专家、名符其实的“炮筒子”。1914 年，山本又进海军大学深造，1915 年晋升少佐。1916 年海军大学毕业后，担任海军本部参谋，1918 年，山本与礼子结婚，后生有两男两女。1919 年，山本五十六奉命赴美国学习英语，注重研究石油及其与海军政策的关系。1921 年回国后任海军大学教官。1923 年，山本陪同军事参议官井出让治大将前往欧洲和美国考察 9 个月。1924 年 9 月，山本被调任霞浦海军航空队副队长兼总教官，第一次和飞机接触。他认为海军航空兵大有发展前途，“应该放眼发展航空军备”。他在狠抓航空队技术训练的同时，自己也学会了飞机驾驶。1925 年 12 月，山本出任日本驻美国大使馆海军武官。山本到达美国后，进行大量的调查研究，向国内提供了不少有价值的情报。1928 年 3 月，山本回到日本后，先后担任过“五十铃号”巡洋舰和“赤城号”航空母舰舰长。1930 年，山本以日本军事代表团助理的身份参加伦敦海军会议，返日后晋升少将，出任海军航空本部技术处长。在任期间领导改进，海军的鱼雷攻击机和远程轰炸机，把快速战斗机的生产提上了日程。此后，日军生产出性能较好的97式舰载攻击机和合名的零式战斗机。1933年10月，山本出任第一航空队司令官。

1934年6月，山本五十六调到海军司令部和海军省工作。次年以全权代表的身份出席伦敦海军会议，同时晋升中将。1921年签订的华盛顿海军军备条约规定：美、英、日三国军舰吨位的比例为5：5：3。日本海军内部对条约存在两种截然不同的看法：一部分人认为，日本国力有限，三国海军发展有一个比例限制对日本有利，无须废除条约，这一部分人被称为“条约派”；另一部分人则认为，条约对日本是一种屈辱，上张废除条约，这一部分人被称为“舰队派”。山本对美国的工业潜力了解较多，估计当时美国的造舰能力3倍于日本，战时还可以提高至5—6倍。日本如果与美进行无限制的造舰竞赛，将不可避免地耗尽资源。因此，他认为没有条约限制美英日三国海军力量，反而对日本不利。山本赞成“条约派”的观点，主张在条约的“限制”下，不事声张，加速发展海军航空力量，最后达成对美国的海军优势。然而，山本的独到见解并没有被政府接受，因此他参加伦敦海军会议的使命是极力争取日本在各种军舰吨位上要和英美平等，废除华盛顿条约。日本的这个提案遭到英美的反对，结果这次为期6个月的会议没有达成任何协议。

1935年12月，山本升任海军航空本部部长，当时日本海军奉行“大舰巨炮”战略，决定建造“大和号”和“武藏号”大型战列舰。对此，山本极力反对。他认为由于飞机在未来作战中攻击力巨大，超级战舰在未来战争中作用不大，甚至还可能成为累赘，据此，山本提出将建造上述两舰的经费用于发展海军航空兵，在未来战争中奉行“以航空母舰为基地的进攻战”的思想。但是，山本的意见完全被忽视，他只能在自己的职权范围内力所能及地发展航空力量。

1936年12月，山本被任命为海军省次官。日本发动全面侵华战争后，山本五十六用航空母舰舰载机轰炸上海、南京、武汉等地，疯狂屠杀中国人民。

1939年8月31日，山本出任海军联合舰队司令长官。欧洲战争爆发后，日本军国土义在亚太地区扩大侵略。1940年，近卫上台组阁，不久即通过德、意、日三国同盟条约。山本认为日军80%的物资都要从英美控制区供应，参加三国同盟于日本不利，但他没有直接提出反对意见。近卫首相问山本，一旦日美开战，海军的力量如何？山本说，如果一定要打的话，他敢保证在最初6个月内可能取胜。如果战争持续几年，他对未来毫无信心。

1940年以后，山本加强联合舰队特别是海军航空兵训练。1941年1月7日，山本上书海相及川，提出了组织强大的海军航空突击舰队，突袭珍珠港，一举摧毁美国舰队主力的作战方针。6月，又提出偷袭珍珠港的具体方案。可是，当时山本的计划遭到海军军令部的反对。山本以1940年11月11日夜英国的鱼雷攻击机和轰炸机对停泊在塔兰托海港的意大利舰队进行攻击，使意大利的主力舰队大半受到重创的事实为例，力排众议，并以辞职相要挟，迫使军令部于10月中旬批准了这个方案。此后，山本将执行任务的突击编队集中在鹿儿岛附近进行严格的战术、技术训练。同时，进行了一系列周密的准备：向夏威夷派遣特务，及时掌握珍珠港内舰只的动向；采取严格的保密和伪装措施，选择便于隐蔽的北航线；攻击时间选在美舰返港后的星期日凌晨。此外，山本还在海军大学举行了大规模的图上演习，反复论证偷袭珍珠港的方案。11月8日，山本下达"联合舰队机密作战命令第1号"。17日，山本在日本航空母舰"赤城号"上，召集特遣舰队各级指挥官、参谋人员和飞行员训话，18日，特遣舰队驶离内海基地向单冠湾隐蔽集结。26日，特遣舰队离开单冠湾，沿北太平洋航线向夏威夷方向驶去。这支编队拥有航空母舰6艘（上有舰载机423架）、战列舰2艘、驱逐舰3艘、油船8艘，另有潜艇23艘作为先遣队已提前出发，总计各种舰船60余艘。12月2日，山本向特遣舰队发出了"登上新高山1208"的暗语电报，即12月8日零时开战。12月7日晚，坐镇柱岛的山本，照常与参谋人员下棋。午夜以后，幕僚再度齐集作战室。

12月7日晚，夏威夷沉浸在周末的欢乐中。日本特遣舰队悄悄地进至瓦胡岛以北230海里处的预定地点。12月8日凌晨7点钟，由51架轰炸机、40架鱼雷飞机，49架水平轰炸机和43架战斗机组成的日本第一攻击队，在总指挥官渊田美津雄的突击令下，迅速飞向预定目标，轮番轰炸和扫射美军机场，5分钟之内，瓦胡岛上的美军机场陷入瘫痪状态。7点58分，大批日本飞机，集中攻击港内的美国太平洋舰队。日军这次偷袭行动，前后历时1小时50分钟，共击沉美主力舰4艘、重创1艘、炸伤3艘、炸沉炸伤巡洋舰、驱逐舰等各种辅助舰艇10多艘，击毁美国188架飞机。毙伤美军官兵4500多名，美陆、海军机场全部被毁。偷袭珍珠港之战，成为战争史上首次成功地大规模使用海军航空兵实施突然袭击的范例。当奇袭成功的消息传来时，山本五十六紧闭嘴巴，脸上露出了得意的笑容。日本举国上下，欣喜若狂。

然而，山本五十六并没有被一时的胜利冲昏头脑，他明白工业潜力巨大的美国，一旦纳入战争轨道，很快就可以恢复元气。因此，必须迅速彻底地摧毁美国太平洋舰队，于是，山本五十六决定突袭美国海军巡逻机前进基地——中途岛。1942年5月20日，日本海军航空母舰7艘、战列舰11艘、驱逐舰22艘、潜艇21艘、连同后勤舰只在内，总计200余艘，飞机700余架在柱岛集结。这时，美国太平洋舰队所能集结的仅有3艘航空母舰、3艘巡洋舰和14艘驱逐舰。6月初，山本五十六亲率舰只200余艘，分8支特遣舰队向中途岛和阿留申群岛开进。山本的意图是日军兵分两路，对阿留申群岛实施牵制性攻击，等美军前去侦察或支援时，日军则以主力突然占领中途岛。山本认为，只要取得这次作战的胜利，对美国的战斗意志将是一次更为沉重的打击，有可能将美国的反攻时间推迟到1944年，为日本增强军事经济实力赢得时间。然而，山本五十六的如意算盘打错了。美国海军破译了日军的密码，洞悉其全部作战计划，美国太平洋舰队总司令尼米兹采取“设计陷阱，将计就计”的策略，将3艘航空母舰隐蔽于中途岛东北200海里的海域，对日本航空母舰编队实施突然的打击，一举击沉日本大型航空母舰4艘、重型巡洋舰1艘和驱逐舰2艘，击落日本舰载机322架，而美国仅损失航空母舰1艘，飞机147架。这次海战使日军损失大型航空母舰的一半和舰载机驾驶员的一半，山本五十六被迫下令停战。

中途岛之战使山本的自尊心受到严重的打击。回到日本后，他借口蛔虫作祟腹痛，几天闭门不出。日本对中途岛之战的消息严加保密，为了防止真情外露，生还的官兵全部被迫前往南洋作战。

中途岛之战后，太平洋战争出现了转折。1942年8月，美日双方在所罗门群岛的瓜达卡纳尔岛展开激烈的争夺战，山本把联合舰队司令部由柱岛迁回特鲁克岛。战况对日本越来越不利，山本已深感大事不妙，曾对人说，战争结束后，我不是被送上断头台，就是被送往圣赫勒拿岛（软禁拿破仑的地方）。

实际上，山本的前途比他自己预料的还要悲惨。1943 年 2 月，瓜达卡纳尔岛陷落，日军处于全面守势。4 月，山本将联合舰队司令部和舰载机 300 余架移到靠近前线的新不列颠岛腊包尔陆上基地。4 月 1 日至 14 日，山本出动飞机 652 架次，分别对瓜达卡纳尔岛、图拉吉岛和新几内亚岛的美军基地和海面舰只实施轰炸，企图挫败美军的攻势，但结果日本损失舰载机 60 架，盟军仅损失飞机 30 架、驱逐舰 1 艘。山本得不偿失，怏怏不乐，决定返回特鲁克岛基地。此行之前，他决定巡视离瓜达卡纳尔岛前线较近的肖特兰地区各基地，鼓舞士气。山本的行程通过电报预先通知各基地，不料，这份电报又被美军破译。美国对这位偷袭珍珠港的策划者恨之入骨，决定乘此良机除掉他。4 月 18 日，山本率联合舰队参谋长宇垣中将等分乘两架飞机，由 6 架战斗机护航，从腊包尔机场起飞，预定在布因岛降落。当山本在座机飞抵布因岛上空快要降落时，16 架从瓜达卡纳尔岛飞来的美国飞机，乘山本座机的护航战斗机离开的瞬间，迅速将 2 架座机击落，山本摔死，参谋长宇垣重伤。一个多月后，日本大本营公布这个消息，追授山本一级大勋位和元帅称号，6 月 5 日在东京的日比谷公园为山本举行隆重的国葬。

山本五十六平时好赌博，敢下赌注，要么赢个痛快，要么输个精光。他认为不会赌博的人没有出息。因此，有人说山本既是一个著名的海军将领，又是一个精明的赌徒。突袭珍珠港和折兵中途岛是在军事上下的两个大“赌注”，先赢后输，最后“家破人亡”。

12. 永野修身

永野修身（1880 年—1947 年），日本高知县人，海军元帅，海军军令部总长，天皇的最高海军顾问。

永野修身是一个积极主张扩充日本海军实力和实行对外侵略的战争狂人。他先后两次率领日本代表团出席伦敦海军会议，竭力破除美、英等西方大国对日本海军发展的限制，使日本海军军力迅速膨胀，最终走上发动侵略战争的道路。

永野修身很早就开始参与侵略中国的阴谋活动。“九·一八事变”爆发后，为了进一步扩大对中国的侵略，同时也为了转移国际社会对中国东北局势的关注，关东军司令部高级参谋坂垣征四郎指示田中隆吉“在上海搞出一些事来”，当时，日本海军第一遣外舰队和一部分海军陆战队正驻扎在上海。坂垣征四郎特向海军军令部次长永野修身求援。永野修身当即指示第一遣外舰队司令官盐泽幸一配合田中隆吉行动，伺机在上海挑起新的侵略战争。

1922 年 1 月 18 日，田中隆吉指使女间谍川岛芳子杀死日本僧人莲宗和尚，然后嫁祸于中国三友实业社的毛巾工厂，诬说是这家排日工厂干的，并派日本宪兵大尉重藤千春指挥在上海的“日本人青年同志会”的暴徒袭击并焚烧了这家工厂，上海局势顿时变得异常紧张。与此同时，永野修身又陆续派遣日本海军第二十四驱逐舰队、第十五驱逐舰队和第一水雷战队抵达上海，一方面进一步增强驻上海的日军兵力，另一方面进行赤裸裸的战争威胁。

1 月 28 日下午，在永野修身的授意下，盐泽幸一发表声明说：“目前，上海不论租界内外，人心动摇，不稳的局势日益恶化……帝国海军因担心有多数日侨居住的闸北一带的治安，特决定配备兵力负责维持。”当天晚间，日本海军陆战队兵分五路，向上海闸北天通庵车站、吴淞和江湾等地发起突然袭击，制造了“一·二八事变”。事变发生后，盐泽幸一放出狂言：“四小时内占领上海。”然而，在驻守上海的国民党第十九路军广大爱国官兵的奋勇抵抗下，日军伤亡惨重。第二天，日本政府被迫通过英、美、法等国驻上海的领事，向中国军队提出了停战三天的要求，以求喘息。永野修身则利用停战间隙，又向上海增派了四艘驱逐舰、三艘巡洋舰和两艘航空母舰，撤换了指挥作战不力的盐泽幸一，改派野村吉三郎任日本上海派遣军司令官。待一切准备就绪后，日本侵略军又撕毁协议，向中国军队发起新的进攻。上海的战事持续了一个多月，直到 3 月 6 日，第十九路军因后援不济，被迫从上海撤退，战事才告平息。日本侵略军在上海制造的“一·二八事变”，造成中国军民伤、亡、失踪 34800 多人，财产损失达 16 亿元。在毁坏最为严重的闸北一带，有五六十万人无家可归。

此后，永野修身始终坚持和奉行侵略中国的方针。1936 年 3 月 9 日，永野修身出任广田内阁海相。同年 8 月 7 日，首相广田弘毅召开有海相永野修身、陆相寺内寿一、外相有田八郎和藏相马场锳一参加的“五相会议”。在这次会议上，永野修身伙同广田弘毅等人共同炮制了一份所谓的“新国策原则”，即《基本国策纲要》，决定以“内求国基之巩固，外谋国运之发展”，“确保帝国于东亚大陆之地位，同时向南洋发展”为日本的基本国策。《基本国策纲要》兼顾了陆军的“北进论”和海军的“南进论”，形成“南北并进”的二元化侵略方针。这是一个以全面进攻中国为中间突破，南攻南洋群岛，北攻西伯利亚的侵略扩张总纲领。在《基本国策纲要》的指导下，永野修身领导日本海军加紧扩军备战，到 1937 年 7 月日本帝国主义发动全面侵华战争时，永野修身已使日本海军的员额又增加了四分之一，舰艇总吨位扩充到 190 万吨。

1941 年初，永野修身出任海军军令部总长。此时，在日本统治集团内部，围绕着是立即“南进”还是马上“北进”，产生了激烈的争论。永野修身站在海军的立场，积极主张“南进”，向东南亚地区扩张，而暂缓“北进”，以避免日本海军处于同美国和苏联同时交战的不利境地。由于实施“南进”侵略计划将以海军作战为主，所以，从 1941 年 1 月起，永野修身就多次与海军联合舰队司令官山本五十六研讨海军“南进”作战计划，最后二人取得共识——用偷袭手段一举歼灭停泊在珍珠港内的美国海军太平洋舰队。这样，在美国重建太平洋舰队之前，日本早已占领了东南亚，并把那里的所有资源都拿到手了。但是，永野修身和山本五十六的这一偷袭计划依赖于两个靠不住的假设：一是日本实施偷袭时，美国太平洋舰队必须停泊在珍珠港内；二是日本的大型舰队能悄悄渡过半个太平洋而不被美国发现。总之，这是一个十分危险的作战计划。永野修身认为，战争就是冒险，只要把握住机会，还是有希望获得成功的。也只有如此，才能轻而易举地消灭美国太平洋舰队。

1941 年 7 月 2 日，在天皇参加的御前会议上，最终确定了立即“南进”，全力向东南亚扩张，为达此目的“不惜与英美一战”的方针。根据这一方针，永野修身指示山本五十六加紧拟订偷袭珍珠港的详细作战计划，很快，山本五十六便拟订出代号为“Z”的作战方案。9 月 2 日，海军省、军令部及联合舰队的高级将领，聚集在东京市目黑区的日本海军大学内，对联合舰队的“Z”计划进行最后一次沙盘作业。永野修身亲自担任评判官，其余人员则分为三队：山本五十六率领 N 队（日本队），第二舰队司令官近藤信竹中将指挥 E 队（英国队），第三舰队司令官高桥伊望中将指挥 A 队（美国队）。演习开始后，在巨大的沙盘上，山本五十六指挥 N 队出击珍珠港，演习基本成功，但也暴露出两个技术问题：一是珍珠港水面窄而浅，鱼雷从高空投掷下来后容易扎进海底；二是仅使用鱼雷攻击成功的把握很小。为此，永野修身要求山本五十六尽快设法解决这两个技术问题，完善“Z”计划。

山本五十六召集参谋人员反复商量，很快就解决了后一个技术问题，即使用鱼雷攻击停泊在珍珠港外排的军舰，同时用高空轰炸机和俯冲轰炸机攻击停泊在内排的军舰。对于第一个技术问题，航空参谋源田实中佐提出，对鱼雷轰炸机驾驶员进行低空飞行训练，同时研制适用于浅水的鱼雷。永野修身批准山本五十六将鱼雷轰炸机驾驶员集中到的地形与珍珠港十分相似鹿儿岛海湾进行低空飞行训练。经过数周的刻苦训练，轰炸结果非常可观，命中率高达百分之八十。最后一个技术问题，即找到合适鱼雷问题，也由爱甲文雄大佐解决了。爱甲文雄是日本海军中的鱼雷专家，他使用飞机平衡器做成木翅，安装在鱼雷上，这样，鱼雷就适于在珍珠港内的浅水中使用了。

11 月 3 日，山本五十六将修订后的“Z”作战计划呈报给永野修身，当即获得批准。11 月 5 日，根据永野修身的指示，山本五十六秘密发布了“联合舰队绝密一号作战命令”。这份命令长达 151 页，阐明日本发动太平洋战争的目的，是“从大东亚驱逐美英，迅速解决日中事变，期待从荷属印尼和菲律宾驱逐美英之时，建立垄断性的自给自足经济圈。向全世界阐明我国国民的精神指南，广大无边的原则——八祖一宇精神。”

在加紧拟订军事进攻计划的同时，永野修身还不断催促日本政府中断同美国进行的和平谈判，立即宣战。1941 年 9 月 3 日，在大本营联络会议上，永野修身言辞激烈地说：“我们一天天弱下去，最终将无法支持。虽然，我觉得，我们有把握在目前打一场胜仗，恐怕随着日月之推移，这个机会将会烟消云散”，“我们的唯一出路只有加速前进。”在 11 月 1 日召开的大本营联络会议上，永野修身再次狂叫：“立刻开战！否则日后再不会有开战良机！”12 月 1 日下午 2 时，天皇在皇宫召开御前会议。首相东条英机首先发言，详尽地阐述了日美谈判的冗长经过后说，日本不能屈服于美国提出的退出中国和废除三国条约的要求，否则将危及日本本身的安全，“为了保卫帝国，事态已发展到必须向美国、英国和荷兰开战的地步。”随后，军令部总长永野修身起立，激昂地宣称：“海陆两军官兵都热切希望以一死报效天皇，尽忠报国，恳请天皇批准开战。”在东条英机和永野修身等人的敦请下，天皇终于批准同英、美、荷开战。12 月 8 日晨 7 时 49 分，日本海军航空机群袭击珍珠港，太平洋战争爆发。

日本战败投降后，永野修身被远东国际军事法庭定为甲级战犯。1947 年 1 月 5 日上午 10 时 50 分，永野修身因患急性肺炎病死在巢鸭拘留所。

13. 松冈洋右

松冈洋右（1880年—1946年），日本山口县人。

松冈洋右到上海领事馆任职时，正值日俄战争爆发之际。松冈洋右除了负责日常的外交工作外，还积极从事军事间谍活动。1905年5月，在日、俄海军的日本海大海战爆发前三天，松冈洋右获悉俄国波罗的海舰队从金兰湾北上的情报，立即电告了日本海军统帅部，为日本海军在这次大海战中击败俄国波罗的海舰队立下大功。松冈洋右的忠诚得到日本政府的赏识，1906年，被任命为在大连设立的对中国东北进行殖民统治机构的“关东都督府”的第一任外事科长。

1921年，松冈洋右从外务省退职，担任日本政府设在中国东北的经济侵略机构“南满洲铁道株式会社”（简称“满铁”）的理事。1927年又升任“满铁”副总裁，专门从事对中国东北地区进行经济掠夺活动。

松冈洋右一贯坚持武装干涉中国的立场。1924年9月，中国爆发了第二次直奉战争。日本统治集团内部在对中国军阀的内战应采取何种政策问题上，产生了分歧。松冈洋右与日本关东军的高级将领立场一致，坚决主张实施干涉中国内政的政策，支持奉系军阀张作霖同直系军阀吴佩孚作战，以便伺机变中国东北为日本的殖民地。为此，松冈洋右特意致电日本外相，指出：“我国对华政策的根本缺陷，在于没有确立一贯的长远的干涉政策……我主张应排除小型的干涉活动，确立进行大规模干涉的方针。”在松冈洋右等人的鼓噪下，日本政府终于确立了扶植张作霖作为其在中国军阀中的代理人。

1929年，松冈洋右从“满铁”退职回日本。此时，日本帝国主义为了武装侵占中国东北，开动宣传机器，动员各方力量，进行大规模的侵略舆论宣传活动。松冈洋右是其中最狂热的鼓吹者之一。1929年12月14日，在日本广岛市召开了第三次太平洋问题调查会议，松冈洋右作为日本政府的代表出席了会议。当一些国家的代表指责日本图谋侵占中国东北时，松冈洋右代表日本政府辩解说："在日俄战争中，日本向满洲投入了二十亿日元的战费。这笔费用在十年之内，本利就可达六十亿日元。中国偿还这笔钱了吗?""日本在满洲还损失了十万宝贵的生命，这是用金钱换不来的。"摆出一副"侵略有理"的强盗嘴脸。

松冈洋右还著书立说，拼命为日本帝国主义编造侵略理由。1930 年，松冈洋右当选为日本众议院议员不久出版了《兴亚之大业》一书。所谋"兴亚之大业"，意思是说"振兴"亚洲是日本最大的奋斗目标。这原本是松冈洋右参加竞选时提出的一个蛊惑人心的竞选口号，在书中，松冈洋右对其作了详尽的阐述，"何谓兴亚之大业？一句话，就是要使神武天皇的八纥一宇的诏敕得以实现……即通过对（亚洲）大陆的大规模经营，实现神武天皇这种崇高，宏伟的创业精神。进而由亚洲走向世界，传播此种仁爱之皇道。"松冈洋右在书中还恬不知耻地鼓吹：大和民族的使命就是要"挽救"人类，日本是"东亚新秩序的领导者"，"大东亚共荣圈实际上的盟主"，并宣称如果其他国家介入属于日本势力范围的"大东亚共荣圈"的事务，日本将断然予以排除。《兴亚之大业》一书是松冈洋右的代表作，比较集中、详尽地披露了他一心要对外进行侵略扩张的思想和观点。

1931 年春，松冈洋右又撰写了《动乱之满蒙》一书，指出，"满蒙不仅在我国的国防上，就是经济上，也可以说是我国的生命线……我们要牢固地确保和死守这条生命线。"所谓"满蒙是日本的生命线"作为一种侵略扩张的思想表现，在日本统治阶级中早已存在，但作为一个明确的用语，则是由松冈洋右首先提出的。在松冈洋右这一侵略思想的倡导下，不久，日本关东军就打着"保护日本生命线"的旗号，发动"九·一八事变"，侵占了中国东北。

日本帝国主义对中国东北的侵略，引起世界各国的一致谴责。国际联盟派出以李顿勋爵为首的调查团，赴中国东北，对真相进行实地调查。1932 年 10 月 2 日，国联调查团公布了调查报告，即《李顿报告书》。《李顿报告书》虽然存在着许多不当之处，但它确认"东三省为中国之一部"，日本侵占中国东三省并非是"合法之自卫手段"。同年 11 月，国联决定召开大会讨论《李顿报告书》，要求日本政府派代表出席国联大会，松冈洋右奉命率领日本政府代表团出席国联大会。

1932 年 12 月，松冈洋右率领一个庞大的代表团来到国联总部所在地日内瓦，包租了当地最豪华的“梅特罗波尔”旅馆，购买了昂贵而时髦的汽车，并接连不断地举行酒会和招待会，企图以此来博取各国代表的好感，减轻对日本的谴责。然而，松冈洋右枉费心机，大量的金钱挥霍并未能使松冈洋右得到相应的“收获”。当他在国联大会上发言时，会场死一般的寂静。松冈洋右在发言中颠倒黑白，信口胡诌“满洲人民要求建立独立国家，日军只是这一意志的普通实现者”。为了争取资本主义国家的代表对日本侵略行为的赞许，松冈洋右又打出了“反共反苏”的旗号，编造说日军占领中国东北的唯一目的，是使它“成为日本反对苏联的堡垒”，还煽动说：“中国共产主义的发展也是欧洲各国和美国至关重要的问题，同这一问题相比，其他问题都无关紧要。”最后，松冈洋右再次施展骗术，信誓旦旦地说：“我信奉基督教，相信上帝，因而我没有忘记两千年前我们的耶稣被钉死在十字架上只是因为他给世界带来了新的真理。我们日本人现在也想使亚洲受屈辱、受剥削的各民族过新生活……因为这个，某些有产国家就想把日本钉在他们的金十字架上。然而，他们不要忘记，我国是纯真无邪的，但不是胆小懦弱的羔羊。”

尽管松冈洋右使出浑身解数为日本的侵略行为辩解，最终还是受到世界各国的强烈谴责。1933 年 2 月 24 日，国际联盟大会以四十二票赞成，一票反对通过了《李顿报告书》，松冈洋右投了唯一的反对票。投票结果公布后，松冈洋右立即宣布：“日本政府在解决日中冲突方面旨在同国际联盟合作的努力已达到极限。”然后，以抗议的姿态离开会议厅，率日本代表团启程回国。

在从日内瓦返回日本的途中，松冈洋右先后访问了德国和意大利。他对这两个法西斯国家赞扬备至，说在那里“没有了乞丐，街道整洁，社会秩序安定”。对意大利法西斯头子墨索里尼，松冈洋右更是吹捧得无以复加，“一个人之去留而定国家之兴亡，这在过去只是一句格言，但是现在各位如果想看到现实的话，就请到意大利去吧！”通过这次访问，松冈洋右嗅出了德、意同日本一样，都有对外侵略扩张和称霸世界的野心，由此萌发了组建日、德、意法西斯同盟的想法。1940 年 7 月，松冈洋右出任第二次近卫内阁的外相。二个月后，即 1940 年 9 月 27 日，松冈洋右代表日本政府在柏林同德国和意大利签订了《日德意三国同盟条约》，正式结成了法西斯三国轴心同盟。

1941年3月，松冈洋右再次出访德国。此时，德军已横扫大半个欧洲，为了鼓动日本同英，美交战，使德国能腾出手来集中力量攻击苏联，3月27日，希特勒在会谈时诱劝松冈洋右说："首先，美国要么武装自己，要么援助英国。美国要是援助英国，自己就不可能武装，美国要是对英国坐视不救，英国被打倒，美国自己也就被三国同盟孤立。但美国怎么也不会在别国领土上打仗，所以现在正是三国共同行动的绝好机会。英国被拖在欧洲，美国正处于军备初期，苏联又被西部国境德军一百五十个师的大军所牵制。对日本来说，这难道不正是历史上未曾有过的绝好机会吗？要是错过了这个好机会，万一欧洲战争因受妥协而结束，美国将在两、三年里恢复过来。而美国又作为第三个敌人同英法联合起来，日本早晚要面临同这三国之间的战争。"松冈洋右似乎被希特勒说动，当即许诺说："我从欧洲大战爆发前就主张结盟并尽了很大努力，但没有成功。欧洲战争爆发以来，日本对打败英国的战争一点贡献也没有。作为补救，我认为日本应该加紧计划攻击新加坡，但我很遗憾，没有统治日本的地位，我正努力让统治者们接受我的意见，我确信我一定能成功。"

1946年6月27日，松冈洋右在接受远东国际军事法庭审判期间病死狱中。

14. 本庄繁

本庄繁（1876 年—1945 年），日本兵库县人。关东军司令官，指挥日军侵占了中国东三省，陆军大将。

1931 年 8 月 1 日，本庄繁作为陆军中的“中国通”，被任命为关东军司令官。此时，关东军正在紧锣密鼓地策划侵略中国东北的阴谋活动，8 月 20 日，本庄繁刚一赶到旅顺关东军司令部上任，便立即召见了关东军司令部高级参谋坂垣征四郎、石原莞尔和日本驻沈阳特务机关长土肥原贤二等人，听取了他们策划的关于侵占中国东北的军事计划，然后又与他们一起商定了行动的具体时间。

自 1931 年 9 月 7 日开始，本庄繁逐次巡视驻扎在东北大石桥、鞍山、连山关、沈阳、铁岭、公主岭、长春、辽阳等地的关东军各师团和铁路警备队，督促各部队做好发动侵略战争的准备。按照预定的侵略计划，9 月 14 日，驻扎在沈阳的关东军独立守备队根据本庄繁的指示，开始在沈阳北郊中国东北军第七旅驻地北大营附近进行所谓的军事演习。在演习过程中，日军不断用机枪和步枪向北大营猛烈射击，恣意挑衅，企图引诱东北军还击，为他们的侵略行动制造借口。对于这种侮辱性的挑衅行为，东北军第七旅的官兵义愤填膺，纷纷要求予以还击。为了避免与日军发生武装冲突，张学良严令第七旅官兵要忍辱负重，不准还击，不准出入北大营，这才使得日军的挑衅企图落空。

但本庄繁并未就此罢休，指示坂垣征四郎和石原莞尔继续寻找新的侵略借口。9 月 17 日，本庄繁最后视察了预定担负进攻沈阳任务的关东军第二师团，并对师团长多门二郎中将训示说：“现在，满蒙形势日益不安，不许有一日偷安。当万一发生事端时，希各部队务必采取积极行动，要有决不失败的决心和准备，不可有半点失误。”明确暗示关东军即将对中国东北采取侵略行动。

在得知参谋本部奉天皇旨意，委派建川美次少将来“阻止”关东军擅自行动的消息后，坂垣征四郎和石原莞尔要求本庄繁批准将原定于9月28日实行的计划提前到9月18日。为此，本庄繁取消了原定于9月18日参观沈阳附近日俄战争旧战场的计划，与坂垣征四郎和石原莞尔等人又对拟定好的侵略计划进行了一番仔细审阅。待一切都安排妥当后，本庄繁示意原本一直陪同他视察的坂垣征四郎留在沈阳现场指挥，他本人则于9月18日下午2时，乘坐火车返回旅顺关东军司令部，企图以此来制造事变是突发的，他对此毫不知情的假象。

9月18日晚10时20分，根据坂垣征四郎的命令，关东军岛本大队川岛中队工兵中尉河本末守，率领几名部下，偷偷用42块黄色炸药炸毁了柳条湖东侧南满铁路上（距北大营约八百米）的一条铁轨和两根枕木。20分钟后，从长春南下的一列客车经过此处，并未出轨颠覆，仅歪斜了一下便顺利通过。由于这是日军在蓄意制造借口，所以火车颠覆与否并不重要。随后，河本末守又在现场摆了三具身穿中国士兵服的尸体，诬为炸毁铁路的凶犯。同时，河本末守用随身携带的电话向坂垣征四郎作了报告。坂垣征四郎立即命令早已作好战斗准备的独立守备队第二大队、第五大队进攻北大营，步兵第二十九联队攻击沈阳城，震惊世界的“九·一八事变”就这样爆发了。

当日本驻沈阳总领事森岛守人在睡梦中被隆隆炮声惊醒，匆匆赶到日本特务机关查询情况时，却惊讶地看见原本陪同本庄司令官视察部队的坂垣征四郎正忙碌地指挥，调动部队参战。坂垣征四郎对森岛守人谎称：“由于中国军队对我重大权益所在的满铁线路进行了破坏，所以我军已采取了行动，要求总领事馆予以密切合作。”当森岛询问是谁发布的作战命令时，坂垣征四郎不耐烦地回答说：“因为是突然发生的事件，加上司令官又在旅顺，所以我代行了。”

9月18日晚11时50分，关东军司令部一名不知内情的参谋向正在洗澡的本庄繁报告：“坂垣来电话了，他未经您的命令许可，就动用警备部队了。”

本庄繁假装恶狠狠地说：“哼，原来如此，是吗?”他穿上衣服来到办公室。石原莞尔等参谋人员正等在那里，石原用乞求的口气说：“我们处于以寡敌众的极大劣势，我们唯一的防御就是进攻，我希望您允许坂垣按已经准备好的计划进行。”

本庄繁演戏般地在电话机旁坐下，像佛家禅宗入定一样装模作样地闭目沉思了一会儿，然后睁开眼睛说道：“好吧！就由我来承担这事的责任。”他拿起电话听坂垣作汇报，最后只轻描淡写地说了一句：“嗨，就这样吧！”就算认可了坂垣的行为。放下电话后，本庄繁下达了一连串的作战命令：调动第二师团进攻沈阳，第三旅团第四联队及骑兵第二联队进攻长春，独立守备第三大队进攻营口，独立守备第四大队进攻凤凰城和安东。发布完上述作战命令已是9月19日1时30分，本庄繁又打电话给日本驻朝鲜军司令官林铣十郎大将，请求他迅速派部队援助关东军。3时30分，本庄繁率领关东军司令部、步兵第三联队、重炮兵大队，连夜乘火车赶赴沈阳。

9月19日上午，当本庄繁赶到沈阳时，坂垣征四郎已指挥日军占领了沈阳城。本庄繁将关东军司令部设在沈阳，任命第二师团师团长多门二郎中将为沈阳临时卫戍司令，任命土肥原贤二为沈阳临时市长，命令他们立即劫取东北军屯积在沈阳的武器弹药。多门二郎派部队收缴了东北军262架飞机，3000余门火炮，26辆坦克和12万支步枪。由于蒋介石命令东北军“绝对不许抵抗”，致使日军在9月19日这一天轻易占领了沈阳、长春和营口。

9月19日上午10时，日本内阁召开紧急会议，制定了“不扩大方针”，责令陆相和参谋总长发电训示关东军。但参谋本部的“训示”电除说明内阁“不扩大方针”外，还对关东军的行动加以肯定和鼓励。当天，参谋本部俄国班班长桥本欣五郎也给关东军发来一封电报，内称：“参谋本部停止军事行动的命令是对内阁会议的表面文章，参谋本部的意思并不想停止军事行动。”

本庄繁既得到参谋本部的默许和鼓励，更加有恃无恐，9月21日上午，他又借口保护日侨，派第二师团乘装甲列车进攻吉林。吉林省代主席兼东北边防军参谋长熙洽早就准备叛国投敌，日军第二师团一到，熙洽便率部投降，使日军兵不血刃便占领了吉林。这样，本庄繁仅用一周时间便指挥关东军侵占了辽宁、吉林两省的三十座城市。

为了使日军的侵略行为“合法化”，本庄繁在指挥军事进攻的同时，还下令加紧筹建伪“满洲国”。9月22日，根据本庄繁的指示，关东军参谋长三宅光治召集坂垣征四郎、土肥原贤二、石原莞尔等人开会，研究制定了一个《满蒙问题解决方案》，其主要内容是：“建立由我国支持，领土包括东北及蒙古，以宣统皇帝为元首的中国政权”；新政权的“国防和外交由日本帝国掌管，交通、通讯的主要部分也加以管理”。这是日本侵略者拟订的在中国东北建立伪政权的第一个具体方案。本庄繁批准了《满蒙问题解决方案》，并电示日本天津驻屯军司令官香椎浩平，请他保护好住在天津日租界内的前清宣统皇帝溥仪。本庄繁还将土肥原贤二派往天津，让他劝说、挟持溥仪到东北来就任“新政权”的元首。1932 年 1 月 6 日，本庄繁派坂垣征四郎携带关东军制定的伪“满洲国”建国方案和他本人的意见书返回日本，向内阁和军部汇报。日本陆军省、海军省和外务省根据坂垣征四郎的汇报，共同制定了《中国问题处理方针纲要》，原则上批准了关东军筹建伪“满洲国”的方案。

经过坂垣征四郎和土肥原贤二等人的筹划，1932 年 3 月 1 日，伪“满洲国”宣告成立。3 月 9 日，本庄繁出席了伪“满洲国”皇帝溥仪的“就职典礼”。日本帝国主义蓄谋几十年企图侵吞中国东北的野心，终于通过本庄繁之手得以实现。为了表彰本庄繁的“功绩”，天皇特意授予他一枚一级“金鸡”勋章和一等“旭日”大绶章，还调他担任侍从武官长。

日本战败投降后，本庄繁被定为甲级战犯。1945 年 11 月 20 日，即逮捕令发出的第二天，本庄繁畏罪自杀。

15. 杉山元

杉山元（1880—1945），日本元帅。1901 年 6 月获少尉军衔。日俄关系恶化后，杉山元开始研究军事学。1903 年晋升为中尉。1904 年 2 月，杉山元任第 14 步兵联队第 3 大队副官，随第 12 师团主力在仁川登陆，参加日俄战争。1905 年 4 月改任中队长，5 月被任命为预备队中队长并返回国内。同年 6 月晋升为大尉。

1906 年 4 月，杉山元与山本清真结婚，但山本于次年死于肺结核。1907 年，杉山元考进陆军大学学习。1910 年毕业后调到参谋本部情报部任职，不久即与小川又次大将之女义子结婚，但义子亦于次年死于肺结核。1914 年 3 月，杉山元晋升为少佐，调回小仓第 14 步兵联队任职。1914 年 8 月，杉山元任第 14 步兵联队大队长。1917 年 8 月晋升为中佐。在此期间，曾以各种身份从事情报活动。

1918 年 12 月，杉山元被任命为第 2 航空大队队长。1921 年 6 月，晋升为大佐。1922 年 4 月，任陆军省军务局航空课长。1923 年 8 月，改任军事课长。1925 年 5 月，杉山元晋升为少将，调往航空本部任职。1928 年 8 月，调任陆军省军务局长。1930 年 8 月，晋升为中将，被任命为陆军次官。

日本侵略军侵占中国东北以后，为了把上海作为进攻中国内地的基地，1932 年 1 月 28 日夜间，开始武装进攻上海。杉山元此时身为陆军次官协助组织和指挥了日军这次军事行动，2 月底，杉山元被调任驻久留米的第 12 师团师团长，离开了陆军省。在任师团长的一年多里，杉山元举办讲演会，煽动人们的军国主义思想，以策应对中国的侵略。1933 年 3 月，杉山元被调任航空本部部长。任内重新制定航空兵操典，为日本陆军航空兵战术和航空兵教育奠定了基础。

九一八事变后，在陆军内部，拥戴荒木贞夫、真崎甚三郎的激进青年军官为中心的“皇道派”，同以陆军省高级军官为主体的“统制派”之间的斗争越来越尖锐，1934 年进入白热化阶段。在这两派斗争中，杉山元坐收渔翁之利，在同年 8 月的人事调动中，晋升为参谋次长。1936 年二·二六事件发生后，杉山元因受牵连而辞去参谋次长的职务。

1936 年 8 月，杉山元调任教育总监，11 月晋升为大将。1937 年 2 月任林铣十郎内阁陆军大臣。该届内阁倒台之后，在近卫内阁里继续留任陆军大臣。

1937 年 7 月 7 日，卢沟桥事变爆发。杉山元身为陆军大臣，极力主张增加驻华兵力，扩大战争规模，积极策划、指挥侵华战争。7 月 23 日晚，他亲自向内地第 5 师团、第 6 师团、第 10 师团下达动员令。

杉山元于 1938 年 6 月改任军事参议官。11 月，杉山元在作盲肠炎手术休养期间被调任华北方面军司令官。12 月，大本营向杉山元下达任务，即：维持现在占领的华北地区的安定局面，努力迅速恢复河北省北部、山东省、山西省西部及内蒙地区的治安，确保主要交通线的安全。

1939 年 9 月中旬，日军大本营在南京设中国派遣军总司令部，统一指挥华北方面军、第 11 军、第 13 军和第 21 军，任命教育总监西尾寿造大将为总司令官，前陆军大臣板垣征四郎中将为总参谋长。杉山元从华北方面军司令官转任军事参议官，回到日本内地。1940 年 10 月，杉山元接替闲院宫任参谋总长。

1940 年 11 月 13 日，杉山元以参谋总长身份出席御前会议，讨论并通过大本营提出的“中国事变处理要纲”。该要纲旨在通过武力作战停止美英援蒋活动，调整日苏关系，迫使重庆政府屈服，建立长期持久作战体制。

1941 年 3 月下旬到 4 月下旬，为了给第一线官兵打气，鼓舞他们的斗志，杉山元曾亲自前往中国南部、法属印度支那、泰国、马来西亚、印度尼西亚等地进行视察。

1941 年 10 月，东条英机组阁，他不仅任内阁首相，而且还兼任陆军大臣。对此，杉山元不仅表示同意，而且还以非常时期为理由，建议打破惯例，提前将东条晋升为大将。

杉山元担任参谋总长期间，多次与东条英机狼狈为奸，策划对中国和亚洲其他地区的侵略，并且亲自拟定作战计划。1940 年 8 月，日本帝国主义公开提出所谓的“大东亚共荣圈”的口号，妄图在“共荣共存”的幌子下，建立一个以日本为主宰而包括印度以东、澳大利亚和新西兰以北的所有地区和国家的殖民大帝国。为了放心大胆地实行南下政策，清除南进的最大障碍，东条内阁决定消灭珍珠港的美国太平洋舰队。1941 年 12 月 8 日，日本偷袭珍珠港，挑起太平洋战争。

1943 年 6 月 21 日，杉山元与寺内大将一起被授予元帅称号。杉山元感恩戴德，深感责任重大，决定把战争进行到底。

1944 年初，东条英机为密切统帅和军政之间的关系，进一步加强陆海军的配合，自己想以大将的资格兼任参谋总长，对此，杉山参谋总长和水野军令部总长表示坚决反对。双方激烈争论之后，杉山和水野不得不表示同意。2 月 21 日，陆军大臣（东条英机）和海军大臣分别被天皇任命为参谋总长和军令部总长。从此，东条英机一人兼任首相、陆军大臣和参谋总长三职，创造了日本自建军以来的奇迹。杉山元则不得不辞去参谋总长的职务，在元帅府和前军令部总长永野一起，就战争和战争指导为天皇提供咨询。

东条英机鉴于太平洋战争的惨败及各界对东条内阁的强烈不满，先是辞去参谋总长职务，后于 1944 年 7 月 18 日宣布总辞职。7 月 22 日，小矶国昭内阁成立。小矶和杉山是陆军士官学校的同期生，关系极为密切。1944 年 7 月 22 日，杉山元再次被任命为陆军大臣。

1945 年 4 月 5 日，小矶内阁总辞职，枢密院议长铃木贯太郎海军大将受命组阁。在组阁时，铃木要求杉山给以帮助。杉山此时反动气焰非常嚣张，仍然叫嚣要把太平洋战争进行到底。

1945 年，日军在各战场上不断失利。面对日军的惨败，杉山元仍极力主张同美军顽抗，进行焦土作战。1945 年 4 月 8 日，日军组成第 1 总军和第 2 总军（即第 1 战区和第 2 战区）。杉山元被任命为第 1 总军司令官。第 1 总军司令部设在东京市谷台的旧预科士官学校本部。主要负责津轻海峡以南包括石川、歧阜、爱知、三重县在内的本州东部地区。第 1 总军下辖第 2 方面军、第 11 方面军和第 13 方面军，共 30 个步兵师团，2 个坦克师团，2 个高炮师团等，约有兵力 70 万。

杉山元身为本土作战的最高负责人之一，极力主张通过彻底抗战来抵御进攻本土的美军，并计划在对方构筑桥头堡之前，乘对方立足未稳之机，将其消灭。在本土作战准备期间，杉山元经常乘坐专机，到各作战地区检查阵地构筑情况，督促和鼓励部队进行训练。

1945 年 7 月 26 日，美英中三国发表《波茨坦公告》，对日本发出最后通牒，督促其立即投降。铃木首相屈服于军部的要求，采取“不予理采”的政策。8 月 8 日夜，苏联正式对日本宣战。早已被战争拖得精疲力尽的日本再也承受不住如此沉重的打击。8 月 14 日上午，天皇召见杉山元、畑俊六和永野修身三元帅，讲述终止作战的决心，要求军队服从天皇的决定。杉山元尽管主张抗战到底，但面对天皇的决定，无可奈何，只得服从。8 月 15 日，天皇裕仁在“玉音广播”中宣读《终战昭书》。至此，日本法西斯宣告战败投降。

9 月 11 日，东条英机自杀未遂，被盟军逮捕。杉山预感到自己也可能被捕，于 9 月 12 日在第 1 总军司令官室引咎自杀。

16. 近卫文麿

近卫文麿（1891—1945）：日本贵族政治家，法西斯独裁政治的推行者，侵华战争的罪魁之一。

1891 年 10 月 12 日，近卫文麿出生在东京的显赫贵族家庭。其先祖大织冠内大臣藤原镰足辅弼中大兄皇子诛灭劲敌苏我氏，立有汗马功劳。此后，藤原氏成为辅佐天皇的股肱之臣，长期任摄政、关白等要职。源赖朝时摄家分立，成立了近卫、九条鹰司、二条、一条五摄家。后来近卫家绝嗣，后阳成天皇将四皇子过继给近卫家，近卫家从此享有皇室血统。其父近卫笃麿是明治时期的知名人物，曾任学习院院长和贵族议长等要职。在这样的显贵家庭影响下，近卫文麿自幼深受保皇思想的熏陶。

1903 年，近卫文麿毕业于贵族子弟学校学习院初等科。1904 年，其父去世，近卫文麿作为长子承袭公爵爵位，成为近卫家族的弱冠之主。

1909 年 3 月，近卫文麿毕业于学习院中等科，4 月转入第一高等学校英文科。1912 年 3 月考入东京帝国大学哲学科，10 月转入法学科。这一时期他结识了号称“最后元老”的西园寺公望，后者对近卫的仕途生涯影响极大。

1917 年，近卫文麿大学毕业之后，由西园寺公望引荐入内务省地方局任职，开始涉足政界。1918 年 12 月，他在《日本及日本人》杂志上发表《排除以英美为本位的和平主义》一文，明确反映出要通过战争重新瓜分殖民地的思想。

1919 年 1 月，近卫作为西园寺公望的随员出席巴黎和会。回国之后，他在《战后欧美见闻录》中鼓吹“面积狭小、人口过多的我国向外膨胀，诚为顺乎自然之势”，日本国民“应堂堂正正地为自己生存，要求发展之地”。

为了实现自己的政治抱负，近卫利用一切可能的机会积极活动，扩大影响。1922年，他就任“东亚同文会”副会长。1926年出任“东亚同文书院”院长。参与组织“十一会”、“火曜会”、“日本青年会”、“新日本同盟”、“二五会”等右翼团体。1931年，近卫成为贵族院副议长，1933年出任贵族院议长。

1931年9月18日，日本军国主义者发动“九·一八事变”，敲响对外侵略扩张的战鼓。近卫对日本军人的做法极为赞赏，他在《元老重臣与我》中声称，少壮军人在“满洲事变以来所推进的方向，是我日本必须走的命运之路”。

1936年2月26日，日本军阀中的“皇道派”青年官兵发动“二·二六政变”，导致冈田启介内阁垮台。西园寺公望向天皇推荐近卫组织新内阁，但近卫倾向于“皇道派”，感到难以处理二二六事件问题，便以健康欠佳为由加以拒绝。接任的广田弘毅和林铣十郎两届内阁，执政仅一年多便因无法控制国内的政治矛盾而相继垮台。西园寺公望再度向天皇推荐近卫组阁，而近卫此时似乎成了众望所归的人物。官僚、政党和各派军阀都希望在目前“帝国的不统一”的状态下，近卫能够建立对自己有利的强有力的内阁。

1939年6月4日，近卫受命组阁，成立第一届近卫内阁，时年46岁的近卫被称为“青年宰相”。近卫组阁后，立即着手在日本国内推行法西斯化，加快侵略战争的准备工作。近卫组阁时声称新内阁的任务是“缓和相克摩擦”和实行“国际正义”。“缓和相克摩擦”是指对内要建立“以天皇为轴心，把军部、官僚和人民结合起来”的法西斯独裁体系；所谓“国际正义”就是能够使日本称霸世界的国际秩序，此种国际秩序要靠对外扩张、重新瓜分殖民地来形成。

1937年7月7日，近卫组阁仅一个多月，日军就发动卢沟桥事变，开始了全面侵华战争。日本帝国主义对侵华战争蓄谋已久，近卫就曾多次提出“华北经济开发”对日本的意义。因此，事变发生后，近卫内阁虽曾声称“不扩大事态”，但在事变的第4天就即发表“向华北派兵的声明”，决定从国内派遣3个师团，从朝鲜派遣1个师团，从中国东北派遣2个旅团，采取“断然措施，对华一击”。近卫还亲自召集财、政等各界头面人物，要求他们为战争出力。在日本政府的推动下，侵华战争不断扩大，8 月 7 日，近卫内阁召开四相会议，决定“大陆主要使用武力的地区应为河北—察哈尔区和上海”。根据这一决定，日军发动八一三上海事变，相继攻陷上海和南京，在南京进行惨绝人寰的大屠杀。

为确保侵略战争的进行，近卫内阁加强了国内的法西斯统治。1937 年 9 月，开展“国民精神总动员”运动，向国民灌输“尽忠报国”，“征服世界”等法西斯思想。10 月，设立旨在推行国民经济军事化的企划院，制定《重要工业统制法》、《军需工业动员法》等法令，促使整个国民经济为战争服务。10 月 15 日，近卫从工商巨头、军人和议会政党中选出 10 名最有势力的人物作为临时阁员。11 月 22 日，组成包括首相在内的指导战争的大本营。

1938 年初，日军攻占南京等城市后，近卫于 1 月 16 日发表第一次对华声明，宣称“帝国尔后不以国民政府为对手”，借此一方面向国民党政府中的亲日派招降，另一方面促使国内竭尽全力加强军备，尽快以武力征服中国。1938 年 3 月 31 日，近卫内阁公布战时法律“国家总动员法”，动员全国人力物力为法西斯的总体战效劳。同年 10 月，日军占领广州、武汉后，中日战争转入相峙阶段，日军的速决战美梦破产了。为此，近卫在 11 月 3 日发表第二次对华声明，把对国民党政府打击为主的策略改为政治诱降为主、军事打击为辅，以“共同防共”，“建设东亚新秩序”等口号向国民党诱降。12 月 22 日，近卫又发表第三次对华声明，提出著名的“近卫三原则”，即“亲善友好、共同防共、经济合作”。但是，中国人民英勇抗战，打破了近卫的如意算盘，日本侵略军在中国战场上越陷越深，难以自拔，日本政府内的矛盾也愈演愈烈。在这种情况下，第一届近卫内阁于 1939 年 1 月宣布总辞职。

近卫辞去首相职务后，旋即就任枢密院议长，并在平沼骐一郎内阁任无任所大臣。1940 年 6 月，他辞去枢密院议长之职，开始着手推行所谓“近卫新体制”。

1939 年 9 月 1 日，希特勒闪击波兰，发动第二次世界大战，在随后不到一年时间里席卷整个西欧。德军的辉煌战果极大地刺激了日本法西斯的侵略野心。日本帝国主义者对侵华战争的僵持局面极为不满，急于扩大战争规模，他们强烈要求铁腕人物出马组阁，调整日本的战略。

1940 年 7 月 22 日，近卫第二次组阁。7 月 26 日，近卫在内阁会议上确定

《基本国策》，提出要“建设以日本皇国为中心、以日满华的牢固结合为主干的大东亚新秩序”。为达此目的，在国内确立“发挥国家总体力量的国防国家体制”，对外推行南进政策并强化与德意的联盟。10月12日，近卫建立“大政翼赞会”并自任总裁，声称“大政翼赞会”仅作为辅佐天皇的政治组织，而不作为政党，不论军阀或官僚均可加入，以此扩大其政治基础，减少军人和官僚的对立，实现国内政治的一体化，完成日本式的法西斯化。近卫内阁还在1940年12月6日设立情报局，以此箝制人民的思想和言论。1940年9月29日，德意日三国同盟条约在柏林签订，日本由此与德意结成军事同盟。为集中力量推行“南进”政策，近卫政府在1941年4月13日与苏联签订“日苏中立条约”。

1941年6月22日，德国法西斯发动侵苏战争，并在战争初期取得巨大胜利。德军的军事冒险一再得逞，这使得日本帝国主义十分眼红，南进的心情空前迫切起来。7月2日，近卫主持的御前会议决定以全力向东南亚扩张，“不惜与英美一战”。

为配合“南进”方针的的落实，近卫展开外交攻势，加强了自1941年4月开始的以牺牲中国求得妥协为内容的日美谈判，企图通过谈判，一方面断绝中国的一个最重要后援，迫使中国早日屈服；另一方面为侵略战争赢得时间。但在谈判过程中，外相松冈洋右过于锋芒毕露，一味激化同美国的矛盾，同近卫的策略发生了分歧。为统一策略，近卫决定内阁全体辞职。

1941年7月18日，近卫组成第三届近卫内阁，起用预备役海军大将丰田贞次郎为外相，继续同美国谈判。7月28日，日军进军法属印度支那南部，开始在东南亚的军事行动。9月3日，政府——大本营联席会议通过《帝国国策实施要领》，决定“在不惜对美（英荷）一战的决心之下，大致以10月上旬为期，完成战争准备”。紧接着在9月6日的御前会议上决定，如果到10月上旬外交谈判仍不能取得成果，则立即与美英荷开战。到了10月，日美谈判仍然陷于僵局。陆相东条英机主张停止谈判，立即开战，近卫认为立即同美英开战的条件尚不成熟，胜利的把握不大，而“战争如无百分之百的安全，就必须避免”，不愿承担开战的责任。但此时日本统治集团内主张立即对美英开战的呼声甚嚣尘上，陆军已经开始兵力的动员。东条英机作为立即开战派的代表人物向近卫提出：如果不按御前会议的开战决定执行国策，那么参与这项决定的近卫内阁就应该引咎辞职。由于东条的态度十分强硬，近卫内阁被迫辞职。

东条英机上台组阁后不久，便在1941年12月8日以偷袭珍珠港的方式发动了太平洋战争。尽管近卫反对立即开战，但这绝不是说他反对战争，近卫三届内阁事实上已经将日本推上了通往太平洋战争的道路。在东条组阁后，近卫向东条赠送日本军刀，做为对后者的鼓励。1942年元旦，近卫被日本舆论称为“日本第一蠢人”、“战败主义者”。

日本的侵略战争很快便走向了失败。至1945年初，狂妄的日本法西斯军队已经无法扭转败局。在这种形势下，近卫认为只有尽快结束战争，才能保存天皇制，1945年2月14日，近卫上奏天皇陈述此点。但日本法西斯仍想负隅顽抗，坚持“一亿玉碎，本土决战”，天皇甚至准备派近卫去苏联交涉，以求得苏联继续保持中立，但因苏联拒绝而未成行。

1945年8月15日，日本宣布无条件投降，美军随即占领日本。17日，日本组成东久迩宫亲王内阁处理投降的善后事宜。近卫在内阁中任国务大臣，后又在币原喜重郎内阁中任管理宫廷内务的“内大臣府御用挂”。盟国占领军最高司令麦克阿瑟还曾委托近卫修改宪法，但当近卫着手进行修改宪法的调查时，舆论哗然，纷纷指责近卫是战犯，不适宜做此项工作。占领军当局迫于舆论压力而于11月1日声明“没有委托修改日本宪法的事实”，并废除内大臣府，发出对近卫的逮捕令。

1945年12月16日清晨，近卫文麿在被捕前数小时畏罪服毒自杀。

17. 大岛浩

大岛浩（1886年—1975年），日本岐阜县人，陆军中将，是缔结德、意、日三国同盟的积极鼓动者和执行者之一，对日本帝国主义勾结德、意法西斯，扩大侵略战争负有重要责任。

1934年5月，大岛浩出任日本驻德国大使馆副武官，第二年又升任武官。此时，法西斯头子希特勒刚刚窃取德国政权。日本参谋本部和外务省共同训示大岛浩，要他研究判断纳粹政权的稳定性和德国陆军的潜力，以及万一日本与苏联发生战争时，德国可能采取的立场。为了摸清纳粹政权的实质，大岛浩想方设法结识了希特勒的亲信和外交顾问里宾特洛甫，很快便与他结成无话不谈的密友。通过里宾特洛甫的引荐，大岛浩先后结识了戈林、希姆莱、赫斯、戈培尔等纳粹新权贵，并与希特勒进行了交谈，摸清了纳粹政权的底细。在送交给外务省和参谋本部的报告中，大岛浩详细介绍和分析了希特勒政权的法西斯性质和反共特点，建议日本政府与纳粹德国结为盟友。日本政府采纳了大岛浩的建议，开始与纳粹德国建立亲密友好的关系。

1935年10月，大岛浩告诉他的老朋友里宾特洛甫，日本参谋本部希望能同德国订立一个进一步密切两国关系的条约。里宾特洛甫当即表示赞同。于是，大岛浩和里宾特洛甫各自代表本国政府，就缔约问题开始举行正式会谈。在二人的共同策划下，1936年11月25日，日本和德国正式签订了《反共产国际协定》。《反共产国际协定》包括条约本文和一个秘密协定。公开发表的条约本文的主要内容是：缔约国同意互相交换关于共产国际活动的情报，协商所需的防卫措施，共同劝导第三国参加此协定。没有公布的附属秘密协定的主要内容是：缔约一方与苏联发生冲突时，缔约另一方不得采取有利于苏联的措施；在协定有效期内，未经双方最高当局同意，不得与苏联缔结违背本协定精神的任何政治条约。实际上，这是日、德两国以反对共产国际为幌子，缔结的一个完全针对苏联且带有军事结盟性质的协定。一年后，意大利也加入《反共产国际协定》，德、意，日法西斯三国轴心同盟的雏形开始形成。

1937年7月，日本发动全面侵华战争之后，由于德国在中国的经济利益某种程度上也受到日本侵华的影响和伤害，纳粹德国因而对日本发动全面侵华战争表示不满。大岛浩代表日本政府和军部，通过里宾特洛甫一再向希特勒解释说，日本完全是根据《反共产国际协定》的精神发动侵华战争的，目的是为了防止共产主义在中国的扩散。在请求德国宽宥和支持的同时，大岛浩还许诺，如果德国支持日本完全征服中国，那么，将来在日本占领下的中国境内，德国将能获得最优惠的经济利益和优越的政治地位。经过大岛浩的一番游说，纳粹德国终于默许了日本对中国的侵略，并于1938年2月，宣布承认伪”满洲国”，并与伪“满洲国”建立了外交关系，以示对日本侵华的支持。

1938年1月，大岛浩到佐内贝格别墅拜访里宾特洛甫。里宾特洛甫问大岛浩，有没有什么办法，如通过签订日德条约或其他方式，使日德更紧密地联系起来，大岛浩立即将里宾特洛甫的意见报告给参谋本部。大岛浩之所以撇开外务省而向参谋本部报告，是因为当时日本的对外政策经常同纯军事问题交织在一起，造成参谋本部、陆军省和海军省，比外务省更有决定权和发言权。同年6月，大岛浩接到参谋本部的答复，同意进一步发展日德合作关系。此后，大岛浩伙同里宾特洛甫和日本驻意大利大使白鸟敏夫，开始共同策划订立日、德、意三国同盟条约。1940年9月26日，在日本天皇出席的枢密院会议上，三国同盟草案通过。1940年9月27日，日、德、意三国代表在柏林正式签订了有效期为十年的《德意日三国同盟条约》，法西斯三国轴心同盟正式成立。

大岛浩等人还在策划订立三国同盟条约时，1939年8月，纳粹德国出于其侵略目的需要，突然与苏联签订了《苏德互不侵犯条约》。这大大出乎日本领导人的意料，他们认为德国的这种行为是背叛，违反了《反共产国际条约》附属秘密协定中规定的：“缔约双方最高当局，不能不经互相协商就同苏联签订任何不符合本协定精神的政治条约”，因此，8月2日，日本外相有田八郎委托大岛浩向德国政府转交一份抗议书：“日本政府把德国政府和苏联政府不久前签订的互不侵犯协定和条约看作是同《反共产国际条约》所附属的秘密协定相抵触的。”但是，为了不使德国人难堪，大岛浩没有按照外相的命令立即把这份抗议书交给德国政府，而是拖延到9月18日，利用参加德国庆祝占领波兰的宴会之机，把这份抗议书交给了德国外交部秘书长冯·魏泽科尔，还对他说：“正如你了解的那样，8月末我拒绝了日本政府委托我提出严厉抗议，可我不能违背政府的命令，因此我只拍发电报说按命令办事，一直等到波兰战局结束，我认为，当时这一步骤并不那么重要。”大岛浩还对魏泽科尔建议说，德国对日本的抗议不宜回答。

大岛浩这种对待本国政府的态度和对被日本指责有“背叛”行为的德国官员讲出那样的意见，在外交史上是极为罕见的现象。这很大程度上取决于他的经历。

1938年9月8日，已晋升为陆军中将的大岛浩，接替东乡茂德担任日本驻德国大使。此后，除1939年一度离职外，大岛浩一直担任驻德大使。大岛浩前后在德国待了十二年，不仅在思想上完全接受了希特勒的纳粹主义，行为上也处处效法纳粹的冷漠、奸诈和无情，并时刻不忘表现他对纳粹政权的忠诚，成为一个完全“纳粹化”的日本大使。

为了加强与纳粹德国的军事合作，1938年10月，大岛浩与已担任德国外交部长的里宾特洛甫订立了一个互相交换有关苏联情报的协议。为了刺探苏联军事情报，大岛浩数次派遣日本间谍穿越苏联国境，收集情报，转递给德国。大岛浩还与纳粹德国秘密警察头子希姆莱合作，策划了暗杀斯大林的阴谋活动。

1942年6月，纳粹德国发动侵苏战争后，根据大岛浩的请求，参谋本部俄国课定期向德国驻日使馆武官传递有关苏联的军事情报。半年之内，德国驻日使馆武官克莱奇梅尔先后到过日军参谋本部三百多次，得到了苏联远东军队的部署、人数、军队输送以及预备队，苏军在欧洲战线推进的详细资料，还有关于苏联军事工业的材料等情报。

八年后，当远东国际军事法庭的一位检察官在评价大岛浩的这一行为时，恰如其分地说：大岛浩比其他日本人更“纳粹”。

1941年2月23日，在德国的富施尔城堡，里宾特洛甫又同大岛浩进行了一番推心置腹的谈话。里宾特洛甫告诉大岛浩，希特勒想尽快结束同英国的战争，以便集中力量攻击苏联。为了迫使英国尽快乞降求和，希特勒希望大岛浩能说服日本军方尽快实施“南进”计划，占领英国在远东最为关键的阵地新加坡，加速英国的失败，同时牵制住美国。大岛浩向里宾特洛甫表示，一定照希特勒的旨意去办。此后，大岛浩通过各种办法一再催促日本军部尽快实施“南进”计划。

1941 年 12 月 8 日，日本海军联合舰队偷袭珍珠港，太平洋战争爆发。几天之内，日军便占领了马来西亚、新加坡等地。12 日 14 日，即太平洋战争爆发一个星期后，希特勒接见了大岛浩，亲手奖赏给他一枚金鹰大十字勋章，并用“热情洋溢”的语言赞扬了大岛浩在加强德日合作事业中所作出的贡献。大岛浩向希特勒表示感谢，并强调说，他对德国和日本在军事方面的严密配合感到非常高兴。

1942 年 1 月 3 日，希特勒在他的指挥所沃尔弗尚采狼穴内再次接见了大岛浩。在谈话中，希特勒对大岛浩说：“美国能建造多少数量的船只根本不重要，人员不足才是最主要的问题。就是由于这个原因我们要不发出任何警告而击沉商船，这样大部分船员将丧生。假如能使人们了解到，用鱼雷攻击商船会使多数人丧生，那么美国很快便会遇到为商船招募新船员的困难。此外，训练水手也需要一个很长的时间”。大岛浩由衷地表示赞同希特勒的见解，还说：“日本也不得不奉行这种办法。”在大岛浩将这次谈话的内容转告给日本海军省和军令部后，海军省和军令部很快就颁发了“第二〇九号命令”，指示日本海军潜艇部队效法德国，用鱼雷袭击盟国商船并杀死商船船员。大岛浩就是这样处处追随希特勒，勾结纳粹德国，促使日本不断扩大侵略战争和进行战争犯罪。

1945 年 12 月 6 日，驻日盟军总部向大岛浩发出逮捕令，限令他在 12 月 16 日上午以前，自行到东京巢鸭监狱报到。1946 年 5 月 3 日，远东国际军事法庭开庭审判大岛浩等甲级战犯。1948 年 11 月 12 日，远东国际军事法庭判处大岛浩无期徒刑。1975 年 6 月 6 日，大岛浩死于心脏病。

18. 小矶国昭

小矶国昭（1880 年—1950 年），日本山形县人。1942 年，任日本第八代朝鲜总督，1944 年出任内阁首相，是屠杀中国人民和朝鲜人民的刽子手。

小矶国昭于 1932 年 8 月调任关东军参谋长，上任后立即着手策划侵占中国热河省的阴谋活动。1933 年 1 月，小矶国昭指挥关东军侵占了热河省的山海关。2 月 10 日，在关东军务师团主任参谋会议上，小矶国昭又主持制订了“关东军热河作战计划”，指出“攻占热河的目的，在于使热河省真正成为满洲国的领域，并为消灭扰乱满洲国的祸根即华北张学良势力创造条件，进而确立满洲国的基础。”按照小矶国昭的这个计划，1933 年 2 月 23 日，关东军调集兵力向热河省发起全面进攻。到 3 月 8 日，关东军侵占了热河全境。从此，关东军陈兵关内，威胁平津，觊觎华北。

1935 年，小矶国昭升任日本驻朝鲜军司令官。1937 年，小矶国昭晋级为陆军大将，第二年转入预备役。1939 年至 1940 年，小矶国昭连任平沼骐一郎内阁和米内光政内阁的拓务相，参与了在中国扶植成立汪精卫汉奸政权的阴谋活动。1942 年至 1944 年 7 月，小矶国昭出任日本第九代朝鲜总督。由于小矶国昭任朝鲜总督期间暴戾恣睢，大肆屠杀朝鲜人民，镇压朝鲜人民的抗日斗争，因而深得日本统治阶级的赏识，被吹捧为“朝鲜之虎”。

1944 年 7 月 20 日，天皇敕命他组阁。

参见完天皇后，小矶国昭便马不停蹄地赶去拜会东条英机，东条英机对小矶国昭接替他出任首相十分高兴，他对小矶说：“我辞职后，正担心出现巴多里奥①，但大将出马我就放心了。”一番话，既说明了东条英机与小矶国昭是一丘之貉，同时也表明小矶内阁将是东条内阁的延续，是继续战争的内阁。

---

① 1943 年 7 月 25 日，巴多里奥元帅推翻墨索里尼政权并宣布意大利向盟国投降。东条在此处喻指投降派。

果然，小矶国昭很快便推出了继续进行侵略战争的执政方针。8 月 19 日，在天皇出席的御前会议上，小矶国昭内阁制定了一份《今后应采取的战争指导大纲》，规定今后的战争方针是："（一）帝国彻底地集结现有战斗力及本年底可转化为战斗力的国力，击败敌人，摧毁其继续作战的企图；（二）帝国不论前项企图成功与否及国际形势如何，在一亿人铁石般团结之下，确信必胜，保卫皇土，以期最后结束战争；（三）帝国依据彻底的对外政策，期待世界政局的好转。"这个无视日本败局已定的事实、不顾人民死活的《战争指导大纲》，充分反映了小矶国昭顽固坚持继续战争政策的反动立场。

9 月 7 日，小矶国昭在第八十五届日本议会举行的临时会议上发表施政演说时，再一次阐明了继续坚持战争的立场。他表示："愿与一亿同胞共同坚持必胜信念，举国一致，集中全力，策应第一线皇军最近将断然歼灭美英之壮举，运筹国务，务使符合完成战争的目的。"为适应当前战局，小矶国昭在演说中提出六项决战措施：（一）昂扬斗志，确立国家必胜的态势；（二）增强作战力量；（三）增加粮食生产，稳定国民生活；（四）彻底进行劳动事务和动员全体国民；（五）加强国土的防卫；（六）动员和运用科学技术力量。为实现上述目标，小矶国昭进一步强化了国内的法西斯体制，如恢复各省政务次官制度，设置内阁顾问，成立"大日本政治会"等等。此外，还通过颁布《妇女挺身勤劳令》和《学徒勤劳令》，将用以保证军需生产的劳务统制扩大到一般家庭妇女和在校学生。

如果说小矶国昭初上任时还抱着"必胜信念"，当他了解到日本战争资源临近枯竭、兵源匮乏时，这种"必胜信念"便彻底崩溃了。于是，他开始考虑指导日本打一次胜仗，然后再"抓住时机进行和平停战谈判"。小矶国昭孤注一掷地把扭转败局的赌注押在同美军在菲律宾莱特岛进行决战上，并把莱特决战定名为"天王山"①。

莱特岛位于菲律宾的中部，是美军反攻菲律宾的必经之处。1944 年 10 月 20 日，美国太平洋战区最高司令官麦克阿瑟将军，指挥 840 艘美国军舰和 20 万将士在莱特岛登陆。防守莱特岛的只有 2 万日军，虽然小矶国昭下令增派 5

① 历史上丰臣秀吉战胜明智光秀的决战场，小矶用此喻指决定战争胜败的战场。

万军队到莱特岛，但由于海上运输线被美国海军切断，日本援军无法抵达。10月23日至29日，美国海军太平洋舰队在莱特湾同日本海军联合舰队进行了第二次世界大战史上最后一次大海战，美军共出动118艘战舰和143600名水兵参战，日军则投入64艘战舰和42800水兵应战。经过七天激战，日本海军联合舰队损失战列舰4艘、攻击航空母舰4艘、重巡洋舰8艘、轻巡洋舰5艘和7艘驱逐舰，15000名水兵阵亡。联合舰队遭此沉重打击后一蹶不振。日军大本营作战部在未通知首相和陆相的情况下，便自行下令中止莱特决战，准备在菲律宾的吕宋岛再同美军决战。天皇得知这一消息后，质问小矶国昭："小矶曾说过莱特决战是天王山，现在怎么办？"小矶国昭狼狈地辩解说："天王山现在从莱特转移到了吕宋。"这一丑闻传出后，日本国民纷纷讥讽地问道："天王山有几个？"

1945月4月1日，18万美军在日本本土的冲绳岛登陆。鉴于日本武力取胜的希望十分渺茫，小矶国昭在继续战争的原则下，又开始玩弄和平谈判的把戏。"为利用苏联扭转形势"，小矶国昭命令外相重光葵负责同苏联交涉，希望苏联出面居间调停，斡旋日本与中、美、英等国停战谈判。同时，小矶国昭还通过所谓的"缪斌工作"，企图与重庆国民党政府进行和谈。缪斌是汪精卫伪国民政府的考试院次长，自吹与国民党政府军政部长何应钦是密友。小矶国昭将缪斌召到东京，缪斌向小矶出示了据说是来自国民党方面的六项和谈条件："第一，关于满洲的问题，另外商定。第二，日本从中国完全撤兵。第三，日本政府将南京的汪精卫政府要人收容到日本。第四，重庆政权暂先在南京设置留守府，留守府配置重庆政权要人。第五，重庆政府在三个月内迁都南京。第六，日本和美、英讲和。"这六项条件，还未等小矶国昭作出答复，便受到日本陆军省、海军省和外务省三方面的强烈反对。4月2日，天皇命令小矶国昭中止"缪斌工作"。

"缪斌工作"失败后，小矶国昭把全部希望都寄托在重光葵对苏联的外交交涉上。然而，苏联政府拒绝了日本政府的请求。1945年4月5日，苏联政府宣布到期的《苏日中立条约》自行废除。走投无路的小矶国昭，只得在同一天率内阁总辞职。日本战败投降后，小矶国昭被远东国际军事法庭定为甲级战犯，判处无期徒刑。获刑一年后，小矶国昭因食道癌死于狱中。

19. 木户幸一

木户幸一（1889 年—1977 年），日本东京人。天皇的首席机要顾问。他主持了战时历次重臣会议，对发动太平洋战争负有重要责任。

日本发动全面侵华战争之初，首相近卫文麿曾狂妄叫嚣“三个月灭亡中国”。但是，在中国人民奋起抗战的打击下，日本的侵华战争陷入持久战的泥淖，已毫无速胜的希望。随着战争时日的延长物资和人力的巨大消耗，日本国内发生严重的财政困难，第一次近卫内阁陷入危机之中。在这种情况下，1937 年 11 月 15 日，近卫文麿悄悄告诉他的密友木户幸一，他准备率领内阁总辞职。木户幸一考虑到，内阁此时辞职，不仅会引起日本国内政局的动荡，而且还会严重威胁到侵华战争的继续进行，于是他决定为了帮助近卫文麿克服遇到的困难，他建议近卫文麿设立全面指导战争的大本营，将日本的政治、经济都纳入战时体制。经过木户幸一的规劝和鼓动，近卫文麿打消了辞职的念头，并在木户幸一的协助下，于同年 11 月 22 日设立了用于全面指导日本进行侵略战争的大本营。

1939 年 1 月至 1940 年 7 月，木户幸一连任平沼骐一郎和米内光政两届内阁的内相。这一时期，日本陆军和海军的高级将领，围绕着如何缔结德、意、日三国同盟条约问题，发生了严重的意见分歧。以东条英机和坂垣征四郎为首的陆军将领，主张同法西斯德国和意大利缔结一个全面的军事同盟条约，以便于将来能建立起瓜分世界的“新秩序”。海军将领则认为，日本若同德、意缔结军事同盟，就有可能卷入同英、美等西方国家开战的危险；因此，他们主张只同德、意缔结一个能为西方国家接受的针对苏联的反共同盟协定。

当陆、海军将领争执不下时，身为内相的木户幸一公开表示支持东条英机等人的主张。1939 年 8 月 4 日，木户幸一会晤了当时担任平沼内阁陆相的坂垣征四郎，同他商讨了与德、意结盟的问题。木户幸一向坂垣表示，他完全支持陆军的主张，并主动提出由他去劝说海军将领放弃反对意见。此后，木户幸一一方面积极对海军将领进行游说，另一方面又对西园寺公望等海军出身的元老封锁消息，防止他们向天皇发表反对意见。木户幸一想方设法劝说天皇出席了1940年9月26日召开的枢密院会议，在他的精心安排下，天皇在枢密院会议上，批准日本同德国、意大利缔结《三国同盟条约》。

1940年7月，天皇任命木户幸一担任自己的首席机要顾问。为了掌握皇宫的实权，把敢于发表反对意见的元老从天皇身边排挤走，木户幸一建议组成以枢密院议长、内相及历届卸任首相为主的重臣集团，用以取代原来的元老会议，就重大政治问题向天皇提出建议和意见。天皇批准了木户幸一的建议，并指定他负责召集重臣会议，从此，木户幸一独揽皇宫的实权。

为了强化国内的法西斯体制，1940年10月，木户幸一与近卫文麿共同发起了所谓“一国一党”的“新体制”运动，成立了“大政翼赞会”，由近卫文麿亲任总裁，木户幸一任副总裁。同时取消日本国内所有的政党和政治团体，还规定，现任日本内阁成员必须加入“大政翼赞会”，以后的内阁成员只能从“大政翼赞会”会员中遴选产生，日本式的法西斯体制得以最终确立。

1941年10月，在日本是否应立即“南进”同美国开战问题上，首相近卫文麿和陆相东条英机发生了严重的意见分歧。近卫文麿因不愿独自承担发起太平洋战争的责任，遂于10月16日，第三次辞去了首相职务。10月17日下午1时，木户幸一在皇宫西厅召集重臣会议，讨论向天皇推荐首相候选人。有重臣提议选一个有皇族血统的亲王来担任，木户幸一表示反对，因为一旦战争失利，“皇室可能面临国民责难的风暴”。木户幸一推荐东条英机出任首相，夸奖他“手腕强硬”，在目前形势下可以“使陆海军之间相互协作”，特别是东条“充分了解时局的来龙去脉”。冈田启介首先表示反对，认为东条英机所代表的陆军统治集团一旦掌握政权，必将把日本拖入毁灭性的战争深渊。

重臣们对首相人选议论纷纷，莫衷一是，但大多数人都反对由东条英机出任首相。争论了近三个小时，还是未能取得一致的意见。木户幸一力排众议，鼎力推荐东条英机组阁，并一口说定：“功过由我一人承担。”在这种情况下，枢密院议长最后发言说；“木户大臣提出的人选并不十全十美，不过，除了他没有别的人，那就试试看吧。”重臣们这才勉强同意向天皇推荐东条英机为首相候选人。第二天，天皇敕命东条英机组阁。东条英机上台后，木户幸一不顾国内重臣、元老们的一再反对，始终袒护、支持东条英机肆意妄为，使日本最终走上了发动太平洋战争的罪恶道路。

日本战败投降后，木户幸一被远东国际军事法庭定为甲级战犯，判处无期徒刑。1955年，66岁的木户幸一假释出狱，过起了隐居生活，一直到1977年辞世。

20. 冈敬纯

冈敬纯（1890 年—1973 年），日本大阪府人。日本海军中将，所谓的“少壮派”首领。

从 1940 年 10 月至 1944 年 7 月，冈敬纯担任近四年海军省军务局局长，也是大本营联络会议的正式成员。本来，在日本统治集团内部，海军省军务局长根本就算不上最高决策人。但是，冈敬纯跻身于大本营联络会议后，积极效力于日本帝国主义的侵略扩张政策，俯首听命于近卫文麿、东条英机、永野修身等法西斯首脑，甘愿助纣为虐，深得最高统治者的青睐，因此在大本营联络会议上占据了举足轻重的地位。在 1941 年 1 月 30 日召开的第一次大本营联络会议上，冈敬纯就被任命为日本政府的调停委员负责调解法属印度支那和泰国纠纷，具体负责实施伺机吞并法属印度支那的侵略计划。

1940 年底，正当日本专心窥视法属印度支那之际，泰国和法属印度支那因边境领土问题发生冲突。日本乘机提出愿意与法国政府协商调解法属印度支那和泰国的纠纷，获得法国维希政府的同意。从 1941 年 2 月起，冈敬纯作为日本政府的代表开始同法国维希政府代表进行“调停谈判”。在谈判过程中，冈敬纯采用软硬兼施的手段，最终迫使法国维希政府答应日本派兵进驻法属印度支那南部。1941 年 7 月 24 日，四万日军开进法属印度支那南部。这样，日本不仅获得了法属印度支那的资源和位于金兰湾、西贡（今胡志明市）的两个重要海、空军基地，为日本大规模的”南进”奠定了基础，同时也切断了中国西南通往外界的国际交通线，使得美国支援中国的战略物资只能改由印度经青藏高原从空中运进中国。

太平洋战争爆发后，海军省军务局负责制定日本海军与美军的作战计划，并担负着管理海军抓获的俘虏和被拘禁平民的任务。在此期间，身为军务局局长的冈敬纯，虽然十分清楚地了解、掌握日本海军虐待、残害俘虏和平民的罪行，但并未采取任何措施加以制止，反而违反国际法规和人道原则，亲自主持制订并颁布实行旨在残害战俘的《俘虏规则》。《俘虏规则》规定："违反下列命令的俘虏，立即处死刑。（甲）不服从命令和指示者，（乙）有敌意的举动和反抗的征候者，（丙）未经许可谈话并出大声者，（丁）没有命令而步行移动者，（戊）没有命令而上舷梯者。"《俘虏规则》不仅将战俘的人身自由和所有权利都剥夺殆尽，而且给日本海军随意杀害俘虏提供了借口和依据。

为了节省空间和燃料，冈敬纯拒绝使用专门舰船来运送俘虏。他指示海军各部队，用军舰或军用运输船的空煤舱和空船舱来运送俘虏。在窄小的、换气不充分的煤舱和货船船舱中，往往被硬塞进去几百名俘虏。俘虏们在整个航行中只能盘腿而坐，依靠配给极少的一点水和食物来维持生命，许多俘虏在航行中因窒息、疾病和饥饿而死亡。由于日本海军运送俘虏的舰只不按国际规定设置明显标志，以致经常被盟国空军和潜艇部队视为军用舰船而加以攻击，使无数的俘虏死于非命。

1944 年 10 月，美国军队开始反攻菲律宾时，已升任海军省次官的冈敬纯，下令加速把盟国俘虏从菲律宾运回日本，一方面把战俘当作劳工，以弥补日本国内劳力资源的不足；另一方面用这些战俘作为同盟军谈判的筹码。根据冈敬纯的命令，1944 年 10 月下旬，第一批 1805 名美、英战俘，在菲律宾被押送上一艘五千吨的日本货轮。当这艘货轮行驶到南中国海时，又因未设置俘虏运输船的标志，被美国潜艇"鲨鱼Ⅱ号"误当作军用运输船，发射鱼雷炸沉。1800 名英、美战俘瞬间便葬身海底。只有五名美国战俘侥幸生还，在海上漂游了两天后被中国渔民救起。

莱特岛被美军攻占后，冈敬纯再次下令加速转运战俘。1944 年 12 月 12 日，又有 1618 名盟国战俘，被驱赶登上停泊在马尼拉湾的"鸭绿丸"号。"鸭绿丸"原是一艘客轮，因战争需要被改造成货轮，在前舱，密密集集挤进了七百名战俘，战俘们只能在黑暗中弯腰曲背地坐着。七百名战俘只有一个通风口和几只便桶。便桶很快就满了，溢到甲板上，战俘们只能在臭气熏天的屎尿堆上或蹲或坐。关押在后舱的六百名战俘也处在同样的惨境中。"鸭绿丸"号起航后，他们只吃到数量极少的米饭，没有水喝，在热得像火炉一样的船舱里，战俘们剥光了衣服，不断嚷嚷着要水喝，但监押他们的日本水兵却置之不理。战俘们的嚷叫逐渐把空气中的氧消耗殆尽，在令人难以忍受的窒息中，一些战俘张大着嘴呼吸，疯狂地东搔西抓，然后无声地倒毙，有十多个战俘口渴得发了疯，狂暴地割砍同伴的脖子和手腕，吸吮他们的血。经过一夜的航行，当晨曦透过舱口射进来时，已有八十具尸体直挺挺地躺在后舱的甲板上。被关押在三层甲板下面中舱里的军官和医护人员，也经受了同样的磨难。

“鸭绿丸”号从马尼拉湾启航后，绕过巴丹，驶入苏比克湾，然后向北，经过两天两夜的航行，在接近奥隆阿波海滩时，突然遭到四架美国战斗机的袭击。当美机轰炸“鸭绿丸”时，战俘们生怕被关在舱内出不来，便拼命地抓住舷梯往上爬，日本水兵却开枪将他们赶了回来。突然，一颗炸弹命中“鸭绿丸”尾部，弹片射进后舱，舱板塌了下来，堵住了舱口的通道，有百余名战俘当场被炸死。当“鸭绿丸”最后被炸沉时，船上仍有一百多名战俘未来得及逃出来。当生还的1300名战俘精疲力尽地游上奥隆阿波海滩时，又被赶进一个四周筑有篱笆的网球场，在烈日下被惩罚性地暴晒了一天。对于日本海军虐待战俘的罪行，身为海军省军务局局长的冈敬纯负有不可推卸的责任，正是在他的唆使和纵容下，日本海军才敢如此肆无忌惮地暴虐、残害战俘。

日本战败投降后，冈敬纯被远东国际军事法庭定为甲级战犯，判处无期徒刑。判决后，冈敬纯开始在巢鸭监狱服刑。1954年被日本政府释放，死于1973年。

21. 平沼骐一郎

平沼骐一郎（1867 年—1952 年），日本冈山县人。1939 年 1 月，接替近卫文麿出任首相，继续扩大侵华战争。

平沼骐一郎是一个极端的反共主义者，他一生中最关心的两件事：一是维护天皇制，一是防止日本“赤化”。

第一次世界大战后，民主主义在日本有很大发展。经过第二次护宪运动后，1924 年 8 月，日本成立了由宪政会、政友会和革新俱乐部三党派联合组成的“护宪三派内阁”，由宪政会总裁加藤高明出任首相，日本进入所谓政党政治时代。长期以来，资产阶级政党一直把“实行普选”作为争取舆论的口号。政党内阁的出现，具备了实现“普选”的条件，因此，加藤内阁一上台便向议会提出要实行《普选法》。

担任枢密顾问官的平沼骐一郎，虽然一贯反对普选制，但自知实行普选已是大势所趋，便策划了一个“甜果”加“大棒”的阴谋。他利用自己的特殊身分，操纵枢密院向内阁和议会施加压力，迫使议会在通过《普选法》的同时，又通过了《治安维持法》。《治安维持法》的实行，不仅为日本统治阶级公开镇压、迫害共产党人和民主进步人士提供了借口，而且还成为扼制日本资产阶级民主的枷锁。为此，平沼骐一郎曾不无得意地炫耀说：“日本在防范红色思想上之所以能取得效果，主要是因为有了《治安维持法》。”现就通过《治安维持法》的情况加以说明：我在司法省时曾考虑过这个问题。在欧洲已经承认了共产党的结社，日本也可能发生这样的情况，因此，我对法相说，通过法律予以严禁至为重要，然而这很不容易做到，以后在实行普选时得到了这样的机会”，“当时由于枢密院表示，不禁止共产党结社就不同意普选，内阁终于赞成了禁止共产党结社的《治安维持法》。

为了抵制社会主义思想在日本的传播，遏止民主运动的发展，1924 年平招骐一郎网罗司法省部分官僚、政客、右翼学者和民间法西斯分子，组成了右翼团体“国本社”，平沼骐一郎亲自担任社长，并在全国设立了 170 个支部，发展会员20万人，还创办了《国本新闻》和《国本》杂志。平沼骐一郎在阐明成立“国本社”的目的时说：“我们的任务是不让红色势力得逞，必须予以扑灭，于是我想从民间做起。”“国本社”大力宣传天皇至上思想，在普及“国民教化”的名义下，恶毒攻击社会主义和民主主义，推动日本法西斯运动的发展。

为了维护天皇制和防止日本“赤化”，平沼骐一郎以怀疑的目光审视日本发生的一切，以至达到神经质的地步。1940 年 7 月，近卫文麿第二次出任内阁首相后，效法纳粹德国“一国一党”的法西斯独裁体制，建立了日本式的法西斯政党“大政翼赞会”，近卫文麿亲任总裁。在平沼骐一郎看来，“大政翼赞会”也有使日本“变红”之虞。他认为，“凡是进入这里的人，不论是否军人，其中都有红色人物，情况发展得相当严重。”他惟恐如此下去，日本将“变成大政翼赞会的天下，皇室就要被废除”，于是，平沼骐一郎再三劝说近卫文麿不要把“大政翼赞会”搞成一个政党，“我对近卫公说，日本变成红的了，虽然不知道是不是暴力革命，但能说不是革命吗？如果变成大政翼赞会的天下，皇室就要被废除，果真如此，那就是您的责任了。近卫公说：无论如何也要请您来搞，我是无能为力了。总之，请您率领翼赞会来搞，总裁必须由首相担任，就请您担任副总裁吧！我回答说干不了。然而不能这样拖延下去，于是，就设立了国务相让我入阁。当时近卫公说，国务相是为您入阁而设的，其他人毫无意义，……我一就任国务相就坚决采取措施粉碎红色势力和惩罚渎职官吏。”平沼骐一郎为粉碎“红色势力”而采取的措施，就是一手策划了企图搞垮“大政翼赞会”的“企划院事件”。

1941 年 1 月至 4 月，在平沼骐一郎的幕后指使下，有人检举在企划院内有一个以和田博雄为主谋，有稻叶修三、佐多忠隆、正木千冬、八木泽善次及胜间田清一，和田耕作等人参加的“同情共产主义、企图实现社会主义社会”的组织，平沼骐一郎命令最高检察院进行起诉，由高等法院逮捕并审判了和田博雄等人。其实，和田博雄等人根本就未成立过什么“同情共产主义”的组织，只不过他们都是“大政翼赞会”的骨干。从这一事件中可以清楚地看出乎沼骐一郎偏执，激进的反共思想。

1939 年 1 月 5 日，由于第一次近卫内阁在如何结束侵华战争问题上束手无策，被迫辞职。平沼骐一郎被推荐出任首相。平沼内阁保留了前内阁的多数成员，沿袭前内阁的施政方针，可以说是第一次近卫内阁的延续。平沼骐一郎在施政演说中宣称：新内阁将进一步加强战时体制，全力解决中日战争。

为此，第七十四次日本议会通过了平沼内阁提出的空前庞大的财政预算案，使 1939 年度日本财政总开支猛增到 96 亿日元，其中的一般开支仅为 37 亿日元，其余均为军费开支，用以支持日本军队继续扩大侵华战争。

平沼骐一郎还根据《战时总动员法》，向议会提出并使其通过了八十九项法案，其中多数为经济法案。平沼骐一郎通过法律形式对生产、贸易、资金、物价等整个国民经济生活进行统制。对近卫文麿任首相时发起的所谓“国民精神总动员”运动，平沼骐一郎采取措施进一步加强，并在已有的“总动员中央同盟”之外，又设立了一个以文相荒木贞夫为委员长的“国民精神总动员委员会”，自上而下地推行奴化宣传和教育，驱使日本人民为侵略战争卖命。

在对外关系上，近卫内阁遗留下来的缔结日、德、意反共协定问题，成为平沼内阁对外政策的争论焦点。陆军将领强烈主张将这个协定缔结成一个全面的军事同盟；海军将领则主张协定的内容仅限于反共反苏，力求避免刺激英国和美国。在平沼骐一郎担任首相期间，连续召开七十余次会议，讨论与德、意缔结同盟问题。由于陆海军将领各执己见，争论激烈，意见始终无法统一。

正当平沼内阁围绕着缔结日、德、意三国同盟条约问题争论不休之际，日本关东军继“张鼓峰事件”后，又于 1939 年 5 月在中蒙边境的诺门坎地区再次向苏联发起军事挑衅，酿成关东军和苏联红军之间长达三个月的大规模武装冲突。8 月，苏联红军集中优势兵力进行反击，入侵诺门坎的关东军第二十三师团几乎全军覆灭，关东军的军事侵略试探又一次失败。“诺门坎事件”加剧了日、苏之间的紧张关系，促使日本在反共道路上更加靠近德国。为此，平沼骐一郎通过德国驻日本大使奥特向希特勒转交了他的一封亲笔信。在信中，平沼骐一郎一方面阿谀奉承希特勒具有“非凡的才智和钢铁般的意志”，另一方面又向希特勒保证“日本坚定不移地决心站在德、意一边”，要求尽快订立三国同盟条约。然而，世界形势变化莫测，希特勒为了吞并波兰，玩弄外交阴谋，于 1939 年 8 月 23 日，突然与苏联签订了《苏德互不侵犯条约》。这突如其来的变化，使平沼骐一郎晕头转向，手足无措，惊呼“欧洲的天地出现了复杂离奇的新形势”。平沼骐一郎无力应付这一局面，只得于 8 月 28 日，匆匆率内阁总辞职，平沼骐一郎仅当了不足八个月的“短命”首相。

日本战败投降后，平沼骐一郎被远东国际军事法庭定为甲级战犯，判处无期徒刑。1952 年 8 月 22 日，平沼骐一郎在服刑期间病死于东京巢鸭监狱内。

22. 白鸟敏夫

白鸟敏夫（1887 年—1949 年）日本千叶县人，外务省情报部部长。日本驻瑞典、挪威、丹麦、意大利大使。

白鸟敏夫是外务省的所谓“少壮派”代表人物之一。1914 年，他从东京帝国大学毕业后，即进入外务省供职。在外务省内，白鸟敏夫官运亨通，年纪轻轻的便先后担任了外务省书记官，大臣官房文书课课长，日本驻德国大使馆一等书记官，外务省情报部部长，驻瑞典、挪威、丹麦、芬兰等国公使，可谓少年得志。白鸟敏夫也因此而在外务省内以飞扬跋扈出名，成为支持军部发动侵略战争的极端侵略主义分子和扩张主义者。

白鸟敏夫回国后不久，1940 年 7 月，近卫文麿第二次出任首相。本来，白鸟敏夫是第二次近卫内阁的最佳外相人选。只是由于白鸟敏夫回国后，在报刊和演讲中宣传旨在反对全世界的缔结三国同盟的观点太多、太频繁，为了不致于引起西方国家的反感，近卫文麿只得任命白鸟敏夫的密友松冈洋右出任外相。松冈洋右同白鸟敏夫和大岛浩一样，也主张同德、意缔结全面军事同盟。为了消除国内特别是外务省内部对结盟的阻力，松冈洋右刚一就任外相，就请求他的老朋友白鸟敏人辞去挂名的大使职务，以便为他在外务省进行清洗提供借口。白鸟敏夫慨然应允，松冈洋右任命他为外务省顾问。然后，两人协力对外务省进行了一番大清洗，将反对与德、意结盟的老外交官都排挤出外务省。

这一时期，日本对苏联进行武装挑衅的“张鼓峰事件”和“诺门坎事件”连遭惨败，日本统治者被迫放弃“北进”计划，转而准备全力“南进”，向东南亚扩张，再加上此时德国用闪电战征服了挪威、荷兰、比利时和法国，日本统治者认为，希特勒有可能实现其大吹大擂的侵略计划，即最后征服英国。日本急于同德国分享英国、法国和荷兰在东南亚的殖民地。在这种背景下，经过松冈洋右、白鸟敏夫和大岛浩等人的一再鼓噪，1940 年 9 月 27 日，日本终于在柏林签订了《德意日三国同盟条约》。

《三国同盟条约》规定："日本尊重并承认德国和意大利在欧洲建立新秩序事业中的领导权（第一款）"；"德国和意大利承认并尊重日本在大东亚地区建立新秩序的领导权（第二款）"；"德国、意大利和日本同意根据上述原则进行合作。一旦缔约国中的一国受到攻击，他们就进一步担起以政治、经济和军事手段相互支援的义务（第三款）。"《三国同盟条约》的签订，标志着德、意、日法西斯轴心同盟的正式形成。

在促成日、德、意法西斯结盟的同时，白鸟敏夫还一再呼吁日本当权者利用欧洲大战的时机，立即"南进"，同美国开战。他在《世界战争与新世界》一文中写道："如果美国把自己巨大的人力和物力投入战争，我们就应当准备进行一场旷日持久的战争。但是，如果有人认为这场战争意味着人类文明成果的毁灭，这就证明，他不理解预期的战争的真正意义……当前的战争不就是抛弃旧糟粕，建立新体系的尝试吗？舍此，东方和西方的新秩序就无任何意义。生命和物质遭受重大损失完全是不可避免的，但这并不是文明的毁灭，不是文化的消亡，这只是为重建文化而付出的重大牺牲。每次长时期的大破坏都在人类思想方面引起深刻的变革……这一切甚至会在不符合全世界利益或不符合美国自己利益的条件下发生。"白鸟敏夫就是这样拼命为日本发动侵略战争提供"合理依据"，煽动日本立即发动太平洋战争。

日本战败投降后，1945 年 9 月 19 日，驻日盟军总部向白鸟敏夫发出逮捕令；9 月 23 日，白鸟敏夫被关押进东京巢鸭监狱；1946 年 5 月 3 日，远东国际军事法庭开庭审判日本甲级战犯白鸟敏夫。白鸟敏夫被指控犯有破坏和平罪等多项战争罪行。像其他日本战犯一样，白鸟敏夫也寻找种种理由和借口，为自己所犯罪行进行辩护。然而，检察官用大量无可辩驳的事实证明：白鸟敏夫老早就倡导日本应退出国际联盟；他赞成在'满洲'树立傀儡政权；他从这时期开始对阴谋的目的加以支持。这种支持是长年继续着的并且是竭尽他的力量来完成的。

1948 年 11 月 12 日，远东国际军事法庭判处甲级战犯白鸟敏夫无期徒刑。1949 年，白鸟敏夫因患喉癌病死于巢鸭监狱。

23. 佐藤贤了

佐藤贤了（1895—1975 年），日本石川县人。

1940 年 7 月，佐藤贤了出任日本南印度支那派遣军副参谋长，参与策划了日军侵占法属印度支那南部的阴谋活动。为了取得纳粹德国对日本入侵法属印度支那南部的支持和援助，佐藤贤了作为军部特使出访德国。在与德国外交部长里宾特洛甫的会谈中，佐藤贤了首先强调德国和日本有着共同的利益，两国都是在各自势力范围内从事建立‘新秩序”的战争。佐藤贤了指出，自从日本发动侵华战争以来，在中国建立所谓“新秩序”一直是日本最大的任务。为了尽快结束侵华战争，日本急需占领法属印度支那，以便从地理上进一步包围中国。但是，日本的这一举动遭受到英美等国的强烈谴责并给予日本国外资产冻结和贸易禁运的制裁，因此，日本更加迫切希望得到德国的有力支援。佐藤贤了提醒里宾特洛甫，过去三年间，由于日本在中国和法属印度支那相继点燃侵略战火，在某种程度上吸引了英、美等国的注意力，才使得美国在远东的海军舰队不敢离开太平洋，英、法、荷也不敢将驻扎在东南亚的军队抽调回国，这在客观上为德国在欧洲大陆的侵略行动提供了有利条件。同时，佐藤贤了保证，一旦日本彻底征服了中国和东南亚，日本愿在上述地区给予德国以经济方面的优惠利益。经过佐藤贤了的游说，里宾特洛甫对于日本与德国合作的愿望表示欢迎，对日本出兵入侵法属印度支那的行为表示“理解”，允诺将尽快促成《日德意三国同盟条约》的签订，以进一步加强德、日之间的军事合作。佐藤贤了结束访德后不久，1940 年 9 月，《日德意三国同盟条约》便正式签订。

1942 年 4 月 20 日，东条英机任命佐藤贤了接替武藤章担任陆军省军务局局长，佐藤贤了成为直接为东条英机的政治活动出谋划策的亲信幕僚。他与内阁书记官星野直树、海相岛田繁太郎、陆军省次官富永恭次和东京宪兵队队长四方谅二等几名东条英机的亲信，被反对派偷偷称作是围着东条英机的

“三奸四愚”。

佐藤贤了出任军务局长后，遇到的第一件事，就是如何惩治被俘的美国空军飞行员。在此之前的1942年4月18日，美国空军上校杜立德率一队轰炸机对日本本土进行了第一次大规模轰炸。这次轰炸造成的损失甚微，但在日本国内引起很大的骚动和恐惧，日本统治者对此也极为恐慌，首相东条英机和参谋总长杉山元，要求对轰炸日本的所有盟国飞行员一律处以死刑，企图以此作为阻止盟国空军轰炸日本的一种手段。但是，日本当时的法律中并无可将被俘飞行员处死的规定。于是，在东条英机和杉山元的授意下，佐藤贤了领导军务局很快就制订出一个对空袭日本、伪“满洲国”及日军作战区域的盟军飞行员进行处罚的条例，规定：日军战区司令官有权判处被俘盟军飞行员死刑或十年以上徒刑。同年8月13日，陆军省军务局公布实施了这一条例。佐藤贤了还特别说明，该条例适用于在此之前发生的所有空袭事件。

根据这一条例和佐藤贤了的说明，杜立德航空队八名被俘的美国飞行员，遭到野蛮的捆绑和殴打，其中的三名美国飞行员被判处死刑，其余五人被判处无期徒刑。此后，在新加坡、苏门答腊、爪哇、菲律宾等地，发生多起枪杀、斩首、火烧盟军被俘飞行员的事件。

战争进入1944年以后，随着日军在中国战场和太平洋战场接连惨败，日本国内对独裁专横的东条内阁的谴责之声四起，政界也开始酝酿倒阁运动。在此背景下，国会议员首先发难。在1944年7月6日召开的国会议员会议上，一名议员提出：“想要振奋人心，但不知采取什么行动好?”似乎被这一发问所引诱，议员们接二连三地站起来，大声疾呼：“应建立一个举国一致的内阁!”“议员应表示自己独立的态度!”意思都是要东条英机下台。本来，这些国会议员中的八成人员，在1942年的总选举时，都从东条英机掌管的军部的自由预算和临时军费里领取选举费，曾被称为“御用国会议员”和“亲军国会议员”，一贯对东条英机唯唯喏喏。但是，善于见机行事的国会议员们，已经看出国民厌战的情绪和东条英机难于推脱战败的责任，认定东条英机内阁的气数已尽，便一反常态，群情激昂地反对东条英机，不多时便把国会大会变成了反东条内阁的誓师大会。最后，国会议员会议通过了一项决议：“为实现举国一致的体制，要求政府作出妥善处理。”意思是说东条内阁没有吸取多方面的意见，应引咎辞职。

佐藤贤了闻听此讯，气急败坏地说：“值此战局处于关键时期提出打倒东条之事，简直是荒谬绝伦！”当他得知有的国会议员竟然提出要东条英机引退时，更是暴跳如雷，说，“他们净胡说八道，引退什么？他们有什么了不起？就是有二三百个国会议员聚在一起也等于放屁，他们若作出越轨的决议，我就砸烂他们。”佐藤贤了马上找到东条英机，向他报告了议员们的举动，并说：“议会的那些议员们真是岂有此理，过去对他们照顾有加，而他们不知好歹，这真是弄狗的人反被狗咬了手，怎能叫我不生气？他建议东条英机搬用《战时刑事特别法修改法案》，以“背叛国政罪”向议员们问罪。东条英机考虑到众怒难犯，没有采纳佐藤贤了的意见，只是指示他的另一名亲信——东京宪兵队长四方谅二大佐，派遣宪兵对发表反对意见的议员进行公开的跟踪调查，“施加威吓，予以压服”。

但是，东条英机对国会议员施行的高压政策，并不能挽救或阻止日军在战场上的失败。天皇也失去了对东条英机的信任，东条英机被迫于 1944 年 7 月 18 日宣布辞职。佐藤贤了对东条英机被赶下台一直耿耿于怀。在小矶国昭内阁成立一周后，佐藤贤了在应邀参加的“翼赞壮年团”全国会议上发表了激烈的演讲，他称：“东条内阁的辞职是重臣们阴谋策动的结果，本届内阁不出两个月就会崩溃。”会场为之哗然。但一切已成定局，佐藤贤了被称为“东条的残渣余孽”，遭到冷眼对待，被驱赶出陆军省，调任日本中国派遣军副参谋长。

1945 年 9 月 11 日，驻日盟军总部下令逮捕了甲级战犯佐藤贤了。1948 年 11 月 12 日，远东国际军事法庭以犯有破坏和平罪和违反人道罪，判处佐藤贤了无期徒刑。1975 年，80 岁的佐藤贤了病死。

24. 岛田繁太郎

岛田繁太郎（1883 年—1976 年），日本东京人，海军大将，是东条英机对外侵略扩张的得力助手。

岛田繁太郎是日本海军中出名的好战分子之一，与东条英机臭味相投。还在担任海军军令部次长时，岛田繁太郎就积极从事废除海军军缩条约和扩充日本海军军备的活动。1941 年 10 月，岛田繁太郎出任东条内阁海相后，竭力支持东条英机在国内实施法西斯专制独裁统治，在国外准备发动太平洋战争，成为东条英机推行对外侵略扩张政策的得力助手，被人讥讽为“东条独裁之翼”。

1935 年 12 月，岛田繁太郎出任海军军令部次长后，为了进一步扩大日本海军的势力范围，他开始秘密地领导海军在受日本委任统治的南洋岛屿上修筑海军基地和要塞。根据《凡尔赛条约》的规定，日本作为一战战胜国，从国际联盟手中接收了对南太平洋上的马里亚纳、马绍尔和加洛林三大群岛的委任统治权。根据国际联盟的有关规定，受委任国有防止在委任统治地建设要塞和陆海军基地的义务。然而，岛田繁太郎却公然违反国际联盟的这一规定，擅自把南洋三大群岛划成日本的外围国防圈，并首先在马里亚纳群岛上最大的塞班岛，偷偷修建了海军航空基地和其他军事工程。

为了进一步加强对南洋三大群岛的控制，根据岛田繁太郎的建议，1937 年 1 月 20 日，日本枢密院批准任命现役海军军官为负责南洋三大群岛委任统治事务的行政官，将南洋三大群岛完全交给日本海军管辖。此后，岛田繁太郎指导日本海军加紧在南洋三大群岛上修建海军港口、航空基地、地下弹药库、燃料库和地下工事。为了防止泄露日本海军在南洋群岛修建军事工程的秘密，1936 年 7 月到 1937 年 4 月，岛田繁太郎多次指示负责南洋航线航运的日本邮船株式会社，非经特别允许不准随便搭载外国乘客。

经过岛田繁太郎等人多年的苦心经营，南洋三大群岛成为日本向太平洋地区扩张的跳板和基地。在太平洋战争末期，日本大本营将修筑有坚固工事的马里亚纳群岛和加洛林群岛，划为日本的“最后一道防线”，企图阻挡住盟军的反攻。日军也确实凭借岛上的工事，给进攻的盟军造成极大的伤亡。

1941 年 10 月，东条英机出任首相后，岛田繁太郎作为东条英机的挚友和亲密追随者，被任命为内阁的海相。岛田繁太郎进入东条内阁后，全力支持东条英机在国内实施法西斯独裁统治，并积极协助东条英机策划发动太平洋战争。在永野修身、山本五十六、岛田繁太郎和冈敬纯等人共同策划下，日本海军联合舰队拟订出了系统地偷袭美国海军基地珍珠港的作战计划。随后，在商讨何时向美国政府递交外交照会时，岛田繁太郎一再坚持说：“这个外交照会实际上是宣告日美和谈的彻底破裂，因此，递交的时间不能太提前，否则，将会引起美国的警觉，直接影响联合舰队偷袭珍珠港的突然性和成功率。”经岛田繁太郎建议，最后决定在开战前二十分钟向美国递交外文照会。经东条英机和岛田繁太郎等人一再催促和敦请，12 月 1 日，天皇在御前会议上批准同美国开战。1941 年 12 月 8 日，日本偷袭珍珠港，太平洋战争爆发。

太平洋战争爆发后，岛田繁太郎遵从东条英机的旨意，伙同永野修身等人共同指挥日本海军在太平洋海域和东南亚地区进行侵略战争。1943 年 3 月，海军军令部总长永野修身签发了第二 O 九号命令，指示日本海军潜艇部队袭击盟国商船并杀死商船船员。身为海相的岛田繁太郎虽然清楚地知道第二 O 九号命令的详细内容，但他并未采取任何措施来制止这种违反人道原则的海盗行径。相反，岛田繁太郎不顾日本外务省转来的英、美等国对日本海军这种残暴行为提出的强烈抗议，刻意怂恿、鼓励潜艇部队按第二 O 九号命令行事。1943 年 12 月至 1944 年 5 月间，日本海军潜艇部队第八支队在执行破坏盟国在印度洋海域运输任务的作战计划时，共击沉盟国大、小商船 21 艘、帆船 8 艘，而俘虏的船员仅有 9 人，其余千余名商船船员和搭乘商船的数百名妇女儿童均被当场杀害。1944 年 7 月 30 日，第八潜艇支队向海军省递交了第十八号请功报告，题为《呈海军省：1943 年 12 月 1 日至 1944 年 5 月 31 日在大东亚圣战中有功人员受奖申请材料》，请求海军省向袭击商船“有功”人员颁奖。岛田繁太郎根据这份报告，批示给第八潜艇支队官兵颁奖，以鼓励他们继续进行这种毫无人性的强盗战争。

1948 年 11 月 12 日，远东国际军事法庭判处日本甲级战犯岛田繁太郎无期徒刑。1976 年，岛田繁太郎去世，享年 92 岁。

25. 荒木贞夫

荒木贞夫（1877 年—1966 年），日本东京人，陆军大将，历任日军参谋本部作战部部长、陆军大学校长、陆军第六师团师团长、军事教育总监、内阁陆相、文相、内阁参议等职，是侵略中国的元凶之一。

1917 年俄国十月革命胜利后，日、美、英、法等帝国主义国家对新生的苏维埃政权虎视眈眈，处心积虑地想要进行武装干涉。1918 年 4 月，原属奥匈帝国的 5 万捷克军队在俄国前线倒戈，投向美、日等国组成的协约国一方，请求协约国帮助他们从俄国西部前线经西伯利亚转道回国。美国政府以援救“捷克军”为借口，首先向日本提出了出兵西伯利亚，武装干涉苏维埃政权的主张。日本政府积极响应，立即调派 7 万大军入侵西伯利亚，同时还扶植成立了以高尔察克为首的白匪军，向苏维埃政权发起猖狂进攻。

曾在日本驻俄国公使馆担任过多年武官职务的荒木贞夫，作为日本陆军中的一名“俄国通”，被委任为驻“白俄最高执政者”高尔察克匪帮的日本军事代表团团长。荒木贞夫对俄国的十月革命恨之入骨，他认为，苏维埃政权的建立将会对毗邻的中国发生不可估量的“赤色影响”，一旦中国也爆发革命，将直接威胁到日本“先征服中国，后称霸世界”的侵略计划的实现。因此，荒木贞夫极力主张把新生的苏维埃政权扼杀在摇篮中。上任伊始，荒木贞夫便操纵、指挥高尔察克的白匪军向苏维埃政权发起进攻。白匪军侵城掠地，一度攻占了西伯利亚、乌拉尔和伏尔加河地区。此外，在荒木贞夫的授意下，高尔察克在占领区内实行血腥恐怖统治。凡是白匪军驻扎过的地方，到处都可以看见林立的绞架，成千上万的布尔什维克党员和无辜群众惨遭杀害，无数的村庄、房屋被焚毁，在白匪军的肆意蹂躏下，人民群众流离失所，痛不欲生。

在指挥白匪军进行军事进攻的同时，荒木贞夫还与日本著名间谍黑木亲庆少佐共同策划了一个秘密营救俄国沙皇的计划。荒木贞夫打的如意算盘是：

若能将沙皇营救出来，既可以号召更多的帝国主义国家参加对苏维埃政权的武装干涉，还可以让感恩戴德的沙皇将原属沙俄势力范围的中国东北地区和蒙古拱手让给日本。荒木贞夫利用他任武官时在俄国建立起的地下间谍网，设法探听到沙皇一家被关押在叶卡捷琳堡（今斯维尔德洛夫市）。荒木贞夫计划先用卡车将沙皇一家劫救出来送到当地的日本贸易代表团驻地，然后再由黑木亲庆率领日本间谍和白卫军军官组成的混合卫队，偷偷护送沙皇一家去西伯利亚。然而，荒木贞夫这一计划尚未付诸实施，苏维埃政府于1918年7月16日正式宣布，已将沙皇一家处决。随后不久，红军向白匪军发起猛烈的反攻，高尔察克匪帮节节败退。到1919年底，红军彻底击溃了白匪军，高尔察克本人也被红军逮捕枪决，荒木贞夫被迫狼狈逃回日本。

武装干涉苏维埃政权的失败，使荒木贞夫一直耿耿于怀。他始终认为：日本要想称霸世界，首先必须占领被称为“日本生命线”的“满蒙”（即中国东北地区和蒙古），那样一来，势必会爆发一场与苏联的全面战争。荒木贞夫主张先发制人，一旦占领了“满蒙”地区后，就立即“北进”，消灭阻止日本称霸世界的最大障碍苏联。

在荒木贞夫担任陆军大学校长和军事教育总监职务期间，一大批赞成“北进论”的少壮派青年军官聚集在荒木贞夫周围，组成了日本陆军中两个最大派别之一的“皇道派”。他们一方面高呼“北进”，另一方面又竭力要求立即发动侵华战争。荒木贞夫作为“北进论”的首倡者和“皇道派”的领袖，为了实践他们的主张，暗中操纵“皇道派”青年军官频频发动武装政变，企图自下而上地建立法西斯军事独裁政权，加快日本对外侵略扩张的步伐。在日本现代史上有着重要影响的“二·二六事件”和“五·一五事件”，都是荒木贞夫操纵“皇道派”青年军官发动的未遂军事政变。虽然没有获得成功，但大大加强了日本国内的法西斯化程度。

荒木贞夫还凭借着他的身份和地位，不择手段地向日本民众宣传、灌输侵略主张。1933年初，时任内阁陆相的荒木贞夫，在日本道知事会议上公开号召：“日本不可避免地要同苏联冲突。因此，日本必须保障以武力占领（苏联的）滨海省、后贝加尔和西伯利亚地区。”1941年6月，当法西斯德国向苏联发动突然袭击的消息传来后，荒木贞夫欣喜若狂，认为期盼已久的机会终于来了。他呼吁日本统帅部立即“北进”，配合德国夹击苏联，以实现当年武装干涉苏俄时未能实现的扩张领土的愿望。由于日本统帅部正忙于“南进”，准备同美国争夺太平洋地区的霸权，荒木贞夫的“北进”主张再次“搁浅”。

1931年12月，以犬养毅为首相的政友会内阁取代了若概礼次郎内阁。荒木贞夫被军部推荐出任犬养内阁的陆相。此时，正值“九·一八事变”后不久。荒木贞夫一上台，就立即召集陆军省和参谋本部的高级军官开会，研究制定在中国东北发起新的侵略攻势的计划，积极支持关东军以武力侵占东三省。在犬养内阁成立两周后召开的讨论“满洲”问题的御前会议上，荒木贞夫的这一“新攻势”计划得到内阁的批准。关东军按照荒木贞夫的计划，在中国东北境内发起了新的侵略攻势。到1932年1月初，除哈尔滨外，整个东三省均沦入日本关东军之手。哈尔滨虽暂未沦陷，但关东军已安排汉奸张景惠在城内作内应，哈尔滨也是指日可下。

荒木贞夫认为，在东北建立汉奸傀儡政权的条件已经成熟。1932年1月4日，荒木贞夫电令关东军司令部速派人回东京汇报，以便确认下一步的行动。1月6日，关东军司令部高级参谋坂垣征四郎回东京，向陆军省、海军省和外务省的有关官员作了汇报。荒木贞夫指示陆军省、海军省、外务省联合起草了一份《满洲问题处理方针纲要》，明确提出了在中国东北建立汉奸傀儡政权的主张和纲领。1月13日，坂垣征四郎携带着《满洲问题处理方针纲要》返回沈阳，开始着手进行拼凑汉奸傀儡政权的活动。

日本在中国东北的侵略行径，遭到世界各国的一致谴责，国际联盟还组成国联调查团，准备赴中国东北进行实地调查。荒木贞夫闻讯急忙派遣陆军省的田中新一少佐由东京赶赴沈阳，传达他对关东军的秘密指示：务必在2月中旬国联调查团到来之前，发表建立“满洲新国家”的宣言，造成所谓“满蒙独立”的既成事实。根据荒木贞夫的指示，关东军准备在2月10月宣布建立“满洲新国家”。但是，由于东北军抗日爱国将领李杜领导的吉林自卫军在哈尔滨拼死抵抗日军的进攻，使日军一时无法攻占哈尔滨，打乱了关东军建立“新国家”的时间表和计划。关东军司令部仓促间于2月18日发表了一个伪造的所谓“东北行政委员会宣言”，声称：“本会成立通电中外，从此与民国脱离关系，东北各区完全独立”。继而在坂垣征四郎和土肥原贤二等人紧锣密鼓地筹划下，在1932年3月1日国联调查团到来之前，拼凑成立了由前清废帝溥仪为首的伪“满洲国”，从而把中国东北完全变成了受日本控制的殖民地。

虽然犬养毅首相在侵略中国东北问题上向日本军部作了重大让步，但由于他主张削减陆军预算，反对日本承认伪“满洲国”，且不同意立即发动侵苏战争的主张，因而招致以荒木贞夫为首的“皇道派”青年军官的嫉恨。1932年5月15日，一部分“皇道派”青年军官发动军事政变，杀害了首相犬养毅，制造了“五·一五事件”，犬养内阁垮台。

5月26日，海军大将斋藤实在军部的支持下，成立了包括官僚和政党代表在内的所谓”举国一致内阁”，荒木贞夫留任斋藤内阁的陆相。斋藤内阁上台不久，荒木贞夫就以陆相的身分发表声明：为建设“满洲国”，国际联盟的决议和日本以前所谓的声明，对于日本已经没有约束力。荒木贞夫的这一声明是为日本进一步扩大对华侵略和退出国际联盟制造舆论。1933年3月27日，日本正式退出国际联盟。从此，日本帝国主义就可以不受任何约束、肆无忌惮地进行侵略战争。

第二次世界大战结束后，荒木贞夫被远东国际军事法庭定为甲级战犯，判处无期徒刑。1966年，荒木贞夫猝死家中，享年89岁。

26. 南次郎

南次郎（1874 年—1955 年），日本大分县人，陆军大将。

1930 年 11 月 14 日，当滨口雄幸首相准备乘火车去观看陆军大学的军事演习时，在东京车站被右翼分子击伤，因伤重不能恢复，只得于 1931 年 4 月 13 日辞职。4 月 14 日，经元老西园寺公望推荐，若概礼次郎出任首相，时任日本驻朝鲜军司令官的南次郎大将，被陆军推举出任若概内阁的陆相。

南次郎上任后，积极推行军部制定的侵略中国的政策。1931 年 6 月，日本军事间谍中村震太郎等人，在中国东北的兴安岭、索伦山一带进行军事间谍活动，被当地东北军屯垦第三团抓获，并依法处死。南次郎接到日本驻沈阳特务机关长土肥原贤二送来的关于“中村事件”的报告后，在隐瞒了中村等人进行军事间谍活动的事实后，向内阁公布了中村等人被中国军队杀死的消息，叫嚣这是“全日本的事件”，“非彻底的干净的解决不可”，蓄意利用“中村事件”在日本国民中煽起仇华的战争情绪，企图达到迫使日本政府同意出兵侵占中国东北的目的。由于国民党政府采取妥协，退让政策，屈辱地接受了撤职查办屯垦第三团团长关玉衡等无理要求，迅速平息了”中村事件”掀起的风波，才使得南次郎借此挑起侵华战争的企图落空。此后，南次郎利用各种机会，一再鼓吹要用武力确保“日本在满蒙的权益”。1931 年 8 月 4 日，南次郎在日本陆军师团长会议上发表训话时强调说：“满洲，蒙古和日本之间是有密切关系的”，“满蒙是日本的生命线”，鼓励他们要加紧训练部队，随时准备完成“大任”。

1931 年 9 月中旬，若概礼次郎首相得知关东军准备在九月下旬发起侵占中国东北的战争的消息后，认为目前发动侵华战争，“国内外形势尚不成熟”，为了能使关东军再“隐忍自重一年”，便向天皇报告了这一消息。9 月 14 日，天皇召见陆相南次郎，询问有关的情况。对于关东军的侵略计划，南次郎是了解内情并参与其中的。此前不久，南次郎收到关东军司令官本庄繁亲笔写的密信，内称："本庄繁熟察帝国存在及充实一等国地位，势非乘此世界金融凋落、苏联五年计划未成、支那统一未达以前之机，确实占领我三十年经营之满蒙。并达大正八年（1920年）出兵西伯利亚各地之目的，使以上各地与我朝鲜及内地打成一片，则我帝国之基，即能巩固于现今之世界。"然而，面对天皇的追问，南次郎却装聋作哑，推说自己毫不知情。天皇命令南次郎立即制止关东军擅自行动。

按照天皇的敕令，南次郎完全有权阻止关东军的行动。但是，为了给关东军赢得提前行动的时间，以便造成侵略的既成事实，南次郎推脱关东军属参谋本部调遣，应由参谋本部派人去说服关东军，而故意把天皇的旨意泄露给参谋本部。参谋本部俄国班班长桥本欣五郎得知消息后，立即给坂垣征四郎和石原莞尔连发三封密电，内称："事机已露，请在建川到达前行动。"就在参谋本部派去说服关东军的建川美次少将到达沈阳城的当天晚上，关东军提前发动了蓄谋已久的旨在侵占中国东北的"九·一八事变"。

"九·一八事变"爆发的第二天，即1931年9月19日，南次郎在向内阁报告事变发生的经过时，竟歪曲说是中国东北军在沈阳首先向关东军开火，关东军是被迫应战，并声称：关东军的行动是"行使正当的自卫权。"

当部分内阁成员表示，希望关东军立即停止扩大在中国的侵略行动时，南次郎却大耍两面派的欺骗手段，拖延说："俟调查后向内阁报告时再作决定"。

为了支持关东军迅速侵占整个东北，9月21日，南次郎未经天皇和内阁批准，便擅自命令日本驻朝鲜军司令官林铣十郎大将，派遣驻朝鲜新义州的日军第二十师团第三十九旅团渡过鸭绿江，昼夜兼程赶赴沈阳，援助关东军作战。南次郎还一再寻找借口，在内阁会议上为关东军的侵略行为辩护。若槻礼次郎首相在事后曾十分气愤地指责南次郎的欺骗行为说："（事态）一天比一天继续扩大，我和南（次郎）陆相不知会商了多少次，我每天翻出地图指给他看，而南就指出日军今后再不会越出的境界线；但几乎每天所得到的都是不顾这些境界线而更扩大了的报告。可是每次南（次郎）都作了这是最后行动的保证。"在这种情况下，1931年12月12日，若槻礼次郎承认他的内阁没有约束陆军的能力，宣布内阁总辞职。

若槻内阁辞职后，南次郎也被解除了陆相职务，改任军事参议官。此时，关东军几乎侵占了东北全境，正在酝酿成立伪“满洲国”，南次郎也开始参与策划成立伪“满洲国”的阴谋活动。为了促使天皇同意在中国东北建立“满洲国”傀儡政权，1932 年 1 月 28 日下午，南次郎以军事参议官的身份，专门赴皇宫为天皇作了题为《满洲的近况》的专题报告。

1934 年 12 月，南次郎出任关东军司令官兼日本驻伪“满洲国”大使，成为代表日本军部和政府统治伪“满洲国”的“太上皇”。南次郎在残酷镇压东北人民的抗日斗争、加强日本帝国主义对伪“满洲国”统治的同时，还把侵略的魔爪伸向华北地区。在关东军参谋长坂垣征四郎的协助下，南次郎开始筹划建立“内蒙古自治政府”和华北五省（晋、察、冀、鲁、热）“自治”的侵略计划，图谋侵占内蒙和华北五省。

为了扶植建立所谓的“内蒙古自治政府”，南次郎多次派遣关东军司令部参谋田中隆吉潜往内蒙古草原，暗中勾结德王，一再唆使他建立“内蒙古自治政府”。1935 年 8、9 月间，南次郎又数次派遣坂垣征四郎与德王谈判，催促其尽快建立伪政权，并许诺给予财政援助。为了帮助德王扩大地盘，同年 12 月，南次郎派遣关东军两个骑兵大队，援助德王占领了察哈尔省北部。在南次郎的唆使、利诱、扶植下，1936 年 5 月，德王在嘉卜寺宣布成立伪“蒙古军政府”。

为了策划华北五省脱离国民党中央政府，建立听命于日本的所谓“自治”政权，1935 年 9 月，南次郎派遣土肥原贤二去华北，协助日本天津驻屯军司令官策划华北五省“自治”。最初，土肥原贤二想利用原北洋军阀吴佩孚担任“华北自治政府”的主席，但遭到拒绝。“吴佩孚工作”失败后，土肥原贤二又转而诱劝国民党第二十九军军长兼平津卫戍司令宋哲元来领导“华北自治政府”，也同样遭到了拒绝。于是，土肥原贤二便采用政治诱劝、军事恫吓的手段威逼宋哲元就范。

为配合土肥原的活动，南次郎在山海关集结了由坦克和机动部队组成的关东军快速兵团，摆出一副随时准备进攻平、津的姿态，进行赤裸裸的军事威胁。在日本侵略者的威逼下，1935 年 11 月 26 日，国民党政府下令成立了由宋哲元任委员长的“冀察政务委员会”，以适应日本提出的“华北政权特殊化”的侵略要求。但南次郎并不满足，因为“冀察政务委员会”虽然是个半傀儡式政权，但它在形式上仍隶属于国民党政府，与他所希望的“自治”还有一段的距离。为此，南次郎又制订了一份入侵华北的军事计划，并上报参谋本部。在这份侵略计划中，南次郎明确指出："当关东军进入关内时，就要使全世界彻底认识其行动的正当性，煽动华北民众的反国民党、反共产主义的意识，酿成华北一带脱离中央的气势，并鼓动其他地方的中国军队和中国民众的反战热情。"

1936 年 3 月，南次郎再次出任日本驻朝鲜军司令官。1942 年，又改任朝鲜总督。太平洋战争爆发后，为了宣扬日本的"武威"，1942 年 3 月 4 日，南次郎发电报给陆军省次官木村兵太郎，请求将英国和美国战俘各 1000 名拘禁在朝鲜，目的是"一方面使朝鲜人实际上认识（日本）帝国的实力，同时对于扫除大部分朝鲜人内心所存在的崇拜欧美观念的心理宣传工作将大有助益"。根据南次郎的请求，木村兵太郎下令将拘禁在马来亚的约 1000 名英国战俘送到朝鲜，"游街示众"，宣扬"皇军武威"。日本秘密警察在写给政府的报告中，记述了第一批英国战俘到达朝鲜时的情景："在马来亚俘获的 998 名战俘的到达，对一般群众，特别是对朝鲜人产生了极大的影响。约有 12 万朝鲜人和 57000 名日本人站在釜山闹市街道两旁观看战俘通过。许多旁观者对英国战俘公开表现的恶劣态度和满不在乎的神情嗤之以鼻，并且认为这支缺乏民族精神的军队被打败是很自然的。旁观者对帝国军队所取得的胜利的重要性有了新的认识……特别值得一提的是，当朝鲜人看到朝鲜军人押送战俘时，他们感到自己直接参加了大东亚战争。"南次郎下令将这批英国战俘全部送到铁路、码头、煤矿去服苦役。由于遭受非人的折磨，许多战俘悲惨地死去。

日本战败投降后，甲级战犯南次郎被远东国际军事法庭判处无期徒刑。

27. 星野直树

星野直树（1892 年—1978 年），日本横滨市人。国务相兼企划院总裁，东条英机内阁书记官，是策划对中国东北实施经济统治和掠夺的重要人物之一，也是东条英机的智囊和重要助手。

1932 年 7 月，星野直树作为一名“经济专家”被日本政府派往伪“满洲国”工作，初任伪“满洲国”财政部理事官，后任总务司长、财政部次长等职。1937 年 7 月，星野直树出任对伪“满洲国”经济拥有绝对统治权的国务院总务厅厅长一职。在此期间，星野直树已在中国东北实行了残酷的经济掠夺政策。早在 1932 年 7 月，初任伪“满洲国”财政部理事官时，星野直树便策划成立了由日本人直接掌管的伪“满洲国”中央银行。伪满中央银行在东北地区设立了 128 个支行，从货币的印制、发行到存储等业务，都由日本人掌管。这样，日本人便完全控制了伪“满洲国”的金融大权。为了掠夺东北地区的物产资源，星野直树让日本资本家经营的特殊公司霸占了能够左右东北地区国计民生的大型工厂、矿山和企业。他还鼓动日本财阀到东北投资，日本大财阀鲇川义介就把他的大型垄断企业“日本产业公司”全部搬到中国东北，成立了“满洲重工业开发株式会社”（简称“满业”）。“满业”初成立时的资金是 4. 5 亿日元，通过对中国人民的残酷剥削与掠夺，到 1940 年，资本猛增到 24 亿日元，一跃成为垄断中国东北重工业和化学工业的霸主。到 1937 年，像“满业”一样的日本特殊公司，其投资总额占整个东北工业投资总额的百分之五十，基本上控制了东北地区的工业。

东北地区幅员辽阔，资源丰富。为把东北建成日本侵略中国的军事基地和军需物资供应基地，星野直树秉承日本政府的旨意，在东北大力发展军需工业。1937 年 7 月，星野直树主持制定了伪“满洲国”《产业开发五年计划》，其中心内容是掠夺东北的战略物资，大力发展军事工业系统，为驻扎在东北地区的百万日军提供军需装备。为实现这一计划，星野直树用“可以获取高额利润”来游说更多的日本资本家到东北投资。到1938年，星野直树已经吸引了2348家日本公司参加建设东北的军事工业系统，其中23家最大的日本公司的投资就占了东北整个军事工业系统投资的百分之五十以上。在此基础上，星野直树又下令制定了1937年至1941年伪“满洲国”军事经济发展计划，预计在这五年间要炼出500吨生铁，350万吨钢，开采3800百万吨煤和200万吨石油。此外，还规定了生产坦克、装甲车和军用快艇的产量。星野直树企图通过这些办法把伪“满洲国”建成日本的一个“大军火仓库”。

为了实现永远侵占中国东北的目的，1936年5月，星野直树制订了一个《向满洲移住农业移民百万户的计划》，准备在二十年内，分四批由日本向中国东北移民100万户约500万人。按照这一计划，到1945年8月，日本已向东北地区移民10多万户、20多万人。日本移民大多随身携带武器，在日本军队的支持下，以武力强行霸占中国农民的土地。移住东北的10多万户日本移民共抢占东北农民耕地300多万亩，使数十万无辜的东北农民被迫离开世代居住的家园，流离失所，还有成千上万的人在饥寒交迫中死去。

为了榨取中国人民的财富，星野直树竟强迫东北人民大量种植鸦片。他一方面通过鸦片毒害中国人民，另一方面从中牟取暴利。仅1937年，东北地区就种植了1500万亩鸦片，日本侵略者从中牟取暴利1900万日元。由于星野直树拼命掠夺、搜刮东北人民的财富，因而深得日本统治阶级的青睐，与东条英机、岸倌介、鲇川义介和松冈洋右一道被吹捧为掌握伪“满洲国”军政、财界领导权的“二K三S”① 正是在这个时期，星野直树与当时担任关东军参谋长的东条英机成了莫逆之交。

1940年7月，星野直树被调往日本，任第二次近卫内阁的国务相兼企划院总裁。同年9月，星野直树又兼任总力战研究所所长。总力战研究所的主要任务是“对那些同制定总力战计划有用的重要问题撰写研究报告”。在星野直树的指导下，仅1941年初，总力战研究所就接连撰写了《总力战内外状况的判断》、《关于帝国及各国国力的总力战研究》、《大东亚建设计划方案》、《总力战计划的第一阶段》等研究报告，为日本进一步扩大侵华战争和发动太

---

① 东条和星野两人姓名最后一个字的日语发音为“ki”，岸信介，鲇川和松冈三人姓名最后一个字的日语发音为“Sikai”。

平洋战争出谋划策。

1941 年 6 月，法西斯德国发起了侵略苏联的战争，在日本军部中有一部分高级将领主张配合德国夹击苏联，立即“北进”。为此，星野直树命令总力战研究所全面研究了日本计划侵略苏联的准备情况，撰写了题为《大东亚共荣圈土地处理方案》的研究报告，建议日本在与德国携手灭亡苏联之后，以鄂木斯克为界与德国瓜分苏联，苏联的西部地区归德国，东部地区归日本。然后，日本“向那里派遣武装移民，委托他们向军队提供必需的蔬菜和其他产品，另一方面，利用这些移民扩大日本势力”。只是日本军部最终确定了放弃“北进”、全力“南进”的方针，才使得星野直树等人精心炮制的侵略苏联的方案被束之高阁。

1941 年 10 月 18 日，天皇任命东条英机为内阁首相。东条英机接受组阁敕命后，从皇宫一回到陆军省的办公室，便派人四处寻找星野直树。当星野直树从银座的歌舞伎戏院匆匆赶来时，东条英机开门见山地说：“我想让你当我的书记官。”书记官在内阁中起着首相的助手和智囊的重要作用。星野直树毫不犹豫地接受了东条英机的委任，然后与东条英机坐在一起挑选内阁中的其他成员。

“谁当藏相好？”东条英机首先发问。星野直树推荐了曾经担任过近卫内阁藏相的贺屋兴宣，并夸奖他“有毅力，有经验”。于是，东条英机记下了贺屋兴宣的名字。“东乡当外相，你看怎么样？”东条英机又问，星野直树急忙表示赞同，因为他曾与东乡茂德在伪“满洲国”共过事，彼此十分了解。接下来，星野直树又帮助东条英机确定了内相、文相等内阁人选。就这样，星野直树帮助东条英机顺利完成了组阁任务。

东条内阁成立时，正值日本加紧准备发动太平洋战争之际，日本同美国进行的和平谈判因毫无成果而陷入僵局。日本国内有一部分人主张中止日美谈判，全力备战。星野直树反对这种做法，他亲自指导总力战研究所撰写了一份《对美、英、荷战争初期和数年后作战前途如何》的报告，建议东条英机“我们不能就美国对日本建议的态度提出明确的回答，但我们要以外交谈判手段实行拖延政策，以期利用这段时间完成战争准备。”东条英机接受了这一建议，在与美国进行和平谈判的同时，完成了战争准备工作。1941 年 12 月 8 日，日本不宣而战，从而挑起了太平洋战争。

日本军队在向珍珠港和东南亚的许多国家发起了军事进攻后，日本政府仍未正式向美、英等国宣战。12 月 8 日清晨，东条英机召开紧急内阁会议，首先由海相岛田繁太郎报告了联合舰队袭击珍珠港的战果，然后开始讨论星野直树亲笔起草的日本同英、美等国宣战的诏书。这份宣战诏书由阁员们署名后送到枢密院审议，最后由天皇在宣战诏书上加盖玉玺批准。当天，日本广播公司便播出了星野直树起草的这份宣战诏书：“帝国陆海军于今日天明以前在太平洋同美军和英军进入战斗状态。”宣战诏书首先炫耀了日本军队侵略中国的赫赫战功“支那重要地点悉归我手”，然后，对英国和美国支持中国抗战进行了强烈谴责，最后宣布：“事已至此，遂颁发对美国及英国宣战之大诏。如今皇国之隆替，东亚之兴废，端赖此一举。”星野直树成为追随东条英机发动太平洋战争的首恶之一。此后，星野直树对东条英机亦步亦趋，参与了东条英机策划的所有战争犯罪活动。

日本投降后，星野直树被远东国际军事法庭定为甲级战犯，判处无期徒刑。

28. 畑俊六

畑俊六（1879 年—1962 年），侵华日军总司令，陆军元帅。

1938 年 2 月，畑俊六接替松井石根担任了华中方面军司令官。

按照畑俊六的部署，华中方面军第二军所辖第三师团、第十师团、第十三师团、第十六师团在合肥附近集结后，沿商城、光山进攻信阳，然后沿平汉路南下进攻武汉。华中方面军第十一军所属第六师团、第九师团、第二十七师团、第一〇一师团、第一〇六师团在九江附近集结后，沿长江南北两岸向武汉进攻。

8 月 22 日，畑俊六接到日军大本营发出的进攻武汉的作战命令后，立即指挥华中方面军兵分两路，从南北两个方向进攻武汉。

日军占领武汉后，在畑俊六的纵容、唆使下，到处杀人放火，奸淫掳掠，犯下了累累罪行。在汉口江汉路海关前，日军抓住中国居民 80 余人，当场刺死了几个，然后将其余的人推入长江中用机枪扫射，殷红的鲜血随波扩散，染红了江水，而日本兵却毫无人性地站在岸上拍手大笑。在汉口大智门附近和华景街，横七竖八躺着许多被日军残杀的中国无辜百姓的尸体。

日军奸淫残杀中国妇女的罪行更是每天都在发生。日军攻占汉口的当天，有三名日本兵闯入金城银行附近的一家商店，先将店主及其小孩禁闭起来，然后轮奸主妇；汉口一老商人带着亲眷到租界避难，半路被日军截住，日本兵先将老商人的头按在大石头上，用斧背连砸数下，致使老商人颈骨被砸扁，当即丧命，几个随行的女眷全被奸污；一个年轻妇女惨遭轮奸后又被杀死，尸体被日本兵一脚踢进河中；武昌下新河一个防空壕内有十多具裸体女尸，均是被日军侮辱后杀害的；在汉口花旗银行旁边，三个日本宪兵抓住一名中国妇女，当即按倒在地强行侮辱，花旗银行的一名外国职员目睹此事后说：“这还是日军的宪兵，宪兵尚且如此，其他的士兵还能不成为强盗吗?!”

日军在占领武汉初期，还有计划地连续在城内放火。汉口和武昌不断可以看到日军焚烧民房的大火。民权路、民族路、襄河一带，被日军纵火烧成一片瓦砾。抢劫更是常见的事情。日军一进汉口便持斧拿锯，破门入户，翻箱倒柜，洗劫财物。中山路上所有的商店均被日军占领，家具货物都成了日本兵的资产。日军还随意对行人搜身，即使搜到五分硬币，也要拿走。在汉阳，日本兵从一名中国妇女的棉袄缝隙里，搜出了几张法币，当即抢走，然后又惨无人道地将这名妇女挖眼割鼻，削掉双乳，砍断手足，残酷折磨致死。

为了鼓励日军的抢劫行为，畑俊六进驻汉口后，立即下令开设了“汉口野战邮局”，主要任务就是存汇日军官兵劫掠所得的赃款。据该邮局局长对当时东京《朝日新闻》报社的记者供称，自日军于1938年10月26日占领汉口后，截止11月25日一个月内，该邮局所存日军士兵的款项，折合日币已达60万日元（按现在币值计算约合18亿日元），而汇回日本的款项也有60多万日元，军官的存汇款还不包括在内。由此可见日军在武汉劫掠的疯狂程度。

1941年3月，畑俊六辞去米内光政内阁陆相职务后，又被任命为侵华日军中国派遣军总司令官，再次入侵中国。太平洋战争爆发后，随着盟军向日军发起猛烈的反攻，日军在太平洋战场节节败退，其海上运输线也越来越难以维持，日军大本营决定打通横贯中国大陆的交通线，使平汉、粤汉和湘桂铁路恢复通车，经由印度支那保持日本与南洋诸群岛之间的交通联系。根据日本首相兼陆相东条英机的命令，这次作战行动被定名为“一号作战”。由于这是日本侵略军在中国大陆上发动的最后一次大规模进攻，故又被讥讽为“最后一跳”。畑俊六被委任为这次作战行动的总指挥。东条英机要求畑俊六务必于1944年4月下旬从黄河两岸发动攻势，一个半月打通平汉铁路，五个月内打通粤汉和湘桂铁路。

“一号作战”区域从黑河到信阳约400公里，从湖南岳阳到越南谅山约1400公里。在这条漫长的战线上，畑俊六调集了50万日军。一万匹战马，一万多辆汽车，1500门大炮和250架飞机，准备向中国军队发起攻击，1944年4月17日，畑俊六下令开始“一号作战”，日军华北方面军司令官冈村宁次指挥第十二军，在新乡和开封地区强渡黑河，在中牟突破了中国守军的阵地，迅即于4月19日攻占了郑州。

5月1日，畑俊六命令冈村宁次率领日军从许昌沿平汉路南进，同时命令驻汉口日军第十一军从长台关（信阳北）北上，与南下的日军在确山会师。

至此，平汉线南段完全沦入日军之手。畑俊六原先认为中国军队主力部署在郾城以西地区，但后来发现在北面。因此，在日军占领许昌后，畑俊六又命令日军第十二军主力进攻洛阳。同时，命令侵入山西的日军两个旅团，从垣曲南下，强渡黄河，向新安推进，对洛阳形成四面包围的态势。5 月 25 日，日军攻陷中原古城洛阳。日军仅用三十八天时间便完成了“一号作战”第一阶段的计划，侵占了河南全境。

河南战役结束后，6 月 28 日，畑俊六从南京潜入汉口，准备向粤汉、湘桂铁路进攻，企图打通这两条铁路线，消灭铁路沿线的中、美空军基地。为完成这一侵略计划，畑俊六调集十一个师团、36 万日军，首先向长沙发起猛烈攻击，于 1944 年 6 月初，攻占了长沙。8 月 8 日攻占了衡阳。11 月 24 日占领了南宁。这时，侵占越南的日本南方军也派出一支部队侵入中国境内，向南宁推进，于 12 月 10 日在绥渌与南下的畑俊六的部队会师。至此，日军打通了从黄河经河南、湖北、湖南、广西与越南的大陆交通线。

畑俊六指挥的“一号作战”，从 1944 年 4 月中旬始到 12 月初结束，击溃了国民党军队五六十万人，夺取了平汉、粤汉、湘桂三条铁路干线，占领了洛阳、长沙、桂林和福州四个省会及郑州、许昌、宝庆等 146 个大小城市，取得了衡阳、零陵、柳州、丹竹、南宁等 7 个空军基地和 36 个飞机场，从而打通了贯穿中国大陆的交通线。从中国战场的局部来看，这是日军在中国大陆取得的最后一次“重大胜利”。由于这一“卓越战功”，畑俊六被晋升为陆军元帅，获得了天皇亲自颁发的一级“金鹄”勋章。

1945 年 9 月 13 日，驻日盟军总部下令将畑俊六作为甲级战犯逮捕。1948 年 11 月 12 日，远东国际军事法庭判决畑俊六无期徒刑。1962 年 5 月 10 日，猝死于一家名叫“龟文馆”的旅馆内。

29. 贺屋兴宣

贺屋兴宣（1889 年—1977 年），日本广岛县人。东条内阁的藏相，大藏省顾问，是日本战时经济的主要决策人之一，是对中国经济进行侵略和掠夺的元凶。

1936 年“二·二六事件”后，冈田启介内阁垮台，日本政局动荡不安。经过广田弘毅和林铣十郎两届短命内阁后，1937 年 6 月，天皇敕命近卫文磨组阁。此时，战云密布，日本军部正在准备发动全面侵华战争。近卫文磨考虑到，战争一旦爆发，日本国内的经济即需转入战时体制，尤其需要集中全国财力应付庞大的战争经费开支，因此，藏相在内阁中将占据举足轻重的地位。经过再三权衡，近卫文磨挑选贺屋兴宣任藏相。贺屋兴宣从东京帝国大学法学院毕业后就一直在大藏省工作，历任大藏省的主计局局长、理财局局长、大藏省次官等职，以善于理财而闻名。6 月 4 日，第一次近卫内阁成立，贺屋兴宜正式出任藏相。

近卫内阁成立一个月零三天后，“七·七事变”爆发，日本帝国主义发动了全面侵华战争。贺屋兴宣作为内阁的藏相，一方面通过增加税收、发行公债来聚敛国内资金用于军费开支，另一方面开始策划和领导对中国的经济掠夺。1937 年 12 月 24 日，近卫内阁通过了《中国事变对处要纲》，其中的一项重要内容是“经济开发方针”。这个由贺屋兴宣亲自制定的“经济开发方针”，首先把富庶的华北平原作为经济掠夺的目标，并阐明在华北进行“经济开发”的目的是为了增强日、“满”经济的综合关系，借以确立日、华、“满”的“经济合作”。

为了实现这一目的，贺屋兴宣积极主张将日本资本投入到中国，成立由日本人掌管的经济开发公司，以此来实现日本对中国战略资源的垄断和霸占。在贺屋兴宣的一手策划下，1938 年 6 月 27 日，日本政府和财阀在首相官邸召开了“华北开发股份公司”成立大会。公司的总裁初由太谷尊担任，后由贺屋兴宣亲自兼任。“华北开发股份公司”成立时的资金仅有3.5亿日元，其中的一半资金由大藏省提供，另一半资金由三井、三菱等财阀集团分担。由于“华北开发股份公司”所属的工厂、矿山大多是通过霸占中国工矿企业成立的，贺屋兴宣因此而打出了“中日合办”的虚假招牌，规定公司所属各企业，“中国出资”百分之四十五，“日本出资”百分之五十五。但是，所谓“日本出资”只不过是骗取中国资本家资金的一句空话，实际上，企业经营权全归日本掌握，绝大部分利润也归日本所有。

“华北开发股份公司”下设“华北电信电话公司”、“华北交通公司”、“华北航空公司”、“华北盐业股份公司”、“龙烟铁矿公司”等十三个子公司，完全垄断了华北地区的矿山、煤炭、制铁、发电、交通运输、盐业、纺织、面粉等重要经济部门。例如，当时占中国铁矿埋藏量半数以上的华北铁矿，全部被“华北开发股份公司”的子公司“龙烟铁矿公司”强占；在华北地区产煤量最大的大同煤矿，则被“华北开发股份公司”的另一个子公司“大同煤矿公司”劫收。贺屋兴宣通过巧取豪夺，重重盘剥，使“华北开发股份公司”的资金由初成立时的3.5亿日元，猛增到1940年的5.49亿日元，资金增加了百分之六十。

为了掠夺中国的资源，实现“以战养战”的罪恶目的，贺屋兴宣又把贪婪的魔爪伸向华中地区。1938年11月7日，贺屋兴宣在上海策划成立了“华中振兴会社”，任命几玉谦为总裁。“华中振兴会社”是同“华北开发股份公司”性质完全相同的经济侵略机构。贺屋兴宣仍然打着“中日合办”的招牌，继续骗取中国资本家的资金，霸占他们的企业。“华中振兴会社”也开办了许多子公司，垄断了华中地区的铁路、水电、航运、电报、电话、无线电等经济部门。

贺屋兴宣通过“华北开发股份公司“和”华中振兴会社”，从中国掠夺走了大量战略资源。据不完全统计，这两个公司从中国的华北和华中地区掠夺走的铁矿，由1939年的450多万吨增加到1943年的6000多万吨，煤炭由1938年的2700多万吨增加到1943年的5000多万吨，生铁由1939年的86万多吨增加到1943年的180多万吨，这足以显示出贺屋兴宣对华北和华中地区进行经济掠夺的残暴程度。

1938年5月，贺屋兴宣辞去藏相职务，改任大藏省顾问。1939年7月，贺屋兴宣又兼任了兴亚委员会委员，继续参与对中国的经济掠夺活动。这时，日本侵略军已侵占了中国的半壁江山。为了有计划、有组织地对中国沦陷区进行经济掠夺，在贺屋兴宣的主持策划下，1940 年 11 月，日本内阁制订了一份《日、满、华经济建设纲要》。这个《纲要》在“建设”的幌子下，谋求把中国华北、华中、华南的沦陷区同早已沦为日本殖民地的东北地区都“建设”成日本的经济附庸。贺屋兴宣曾得意洋洋地宣称：“这样做的目的，第一是供给日本以军需品，第二是扩充日本的军备，第三是满足和平经济的需要。”实质上，贺屋兴宣是企图通过掠夺中国沦陷区的资源、粮食、劳动力等，来进一步发展、扩大日本的军事工业，同时也可以满足日本大财阀攫取高额利润的要求。

1941 年 10 月 18 日，东条英机出任内阁首相。经星野直树推荐，贺屋兴宣被任命为东条内阁的藏相。再次出任藏相后，为了彻底垄断和摧毁中国的金融和经济，贺屋兴宣下令在中国沦陷区内陆续设立了伪“蒙疆银行”、伪“中国联合准备银行”、伪“华兴商业银行”和伪“中央储备银行”等二十多家由日本人把持和控制的银行。贺屋兴宣通过这些伪银行滥印滥发纸币，以此来大量榨取沦陷区人民的脂膏。从 1941 年到 1945 年，伪银行印制的纸币和日本侵略军在占领区内强制使用的军用票的发行额增加了一千倍，由此引起物价飞涨，使沦陷区人民的生活更加竭蹶。在发行伪钞的同时，贺屋兴宣还下令在占领区内全面禁用国民党政府发行的法币，把集中起来的法币，转向国民党统治区抢购战略物资，扰乱、破坏国民党大后方的金融和经济。

贺屋兴宣为了把中国变成日本永远的殖民地，绞尽脑汁提出了一个所谓“工业日本、农业中国”的殖民经济方针，加紧对沦陷区土地和农产品的掠夺。根据贺屋兴宣的指示，日本政府出资兴办了许多垦殖公司和实业公司，随意抢占中国农民的耕地兴办农场。如日本组织的“中日实业公司”，一次就强行霸占军粮城、茶堤等地区的耕地 56000 多亩。贺屋兴宣还特别重视对农产品特别是粮食的掠夺，使用的手段也极为残酷。一种方式是实行粮食统制，将粮食规定为军用物资，不准私藏和贩运，强令在日本人监督下实施配给。配给的数量很少，远远不够糊口。拿沦陷后的上海来说，从 1942 年 7 月到 1945 年 8 月的三年中，每人配给的粮食只有 310 斤，每天平均不足 3 两，且配给的大多数又是杂粮、豆粉、苞米粉，有时粮食中还掺杂了许多比米粒还要大的砂子。在华北，大米和面粉被规定为日本军用食粮，禁止中国劳动人民食用。贺屋兴宣掠夺粮食的另一种方式是强行征购。以山西省晋祠一地为例，那一带的大米产区被划为军粮征购区，全年所产大米全部由日军征购，颗粒不准私藏在老百姓手里，由此而造成了普遍的饥饿和死亡。据当时沦陷区报纸透露的不完全的材料统计，在1943年内，北平平均每天冻死、饿死的有三百多人。

太平洋战争爆发后，贺屋兴宣紧紧跟随日本军队的侵略步伐，又开始对东南亚各国人民进行经济掠夺。1942年12月21日，经贺屋兴宣建议，日本内阁通过了所谓“以日本、满洲、中国及西南太平洋地区为资源圈”，以“澳洲、印度等地为补给圈”的决定。按照贺屋兴宣的计划，准备在今后十五年内，从东南亚各国掠夺钢铁3000万吨，铁矿石6000万吨，焦炭1.2亿吨，煤2亿吨，石油2000万吨，铝60万吨。在贺屋兴宣的指使下，日本侵略军不仅在被其占领的东南亚各国大肆掠夺战略资源，而且还贪得无厌地把许多国家工厂里的机器设备拆运回日本。

在日本军队向东南亚各国发起侵略进攻时，贺屋兴宣还派遣三井、三菱等财阀集团的代表，跟随日本军队一道侵入东南亚，抢占这些国家的银行和商行，以此来控制这些国家的经济命脉。贺屋兴宣还指示大藏省向日军占领下的东南亚各国滥发“南方开发金库券”，借此来掠夺和搜刮这些国家人民的财富。结果，造成东南亚各国物价飞涨，通货膨胀，民不聊生。在日军占领下的菲律宾马尼拉市，1944年9月与1941年底相比，物价上涨了140倍；印度尼西亚的巴达维亚（今雅加达）物价上涨了13倍；新加坡市的物价上涨了65倍；缅甸仰光市的物价上涨了58倍。残酷的剥削和掠夺，使这些国家的人民挣扎在饥饿和死亡的边缘。

日本战败投降后，贺屋兴宣被远东国际军事法庭定为甲级战犯，判处无期徒刑。1977年，贺屋兴宣走完了充满罪恶的人生旅程，终年90岁。

30. 桥本欣五郎

桥本欣五郎（1890 年—1957 年），日本福冈县人，侵华日军华中方面军炮兵纵队长，擅长于从事阴谋活动和政治欺骗宣传。

桥本欣五郎在任日本驻土耳其公使馆武官期间，非常热衷于研究欧洲的君主独裁制度和法西斯理论。1930 年 1 月，桥本欣五郎回国任参谋本部俄国班班长后，开始在参谋本部、陆军省和陆军大学的青年军官中宣扬法西斯理论，鼓吹要在日本建立以天皇为首由军部掌权的法西斯独裁制度。同时，桥本欣五郎还不断发表文章，撰写书籍，宣传他的主张。桥本欣五郎在他撰写的名为《革新的必要性》一书中写道："必须将政治、经济、文化、国防都统一于天皇，将全部力量集中于一点来发挥……这种体制将是最强力的和最雄浑的。世界上的国家虽多，但决没有足以与以天皇为中心、统一为一体的国民之血脉团结相比拟的国家。"

为了实现在日本建立法西斯独裁统治的主张，1930 年 9 月下旬，桥本欣五郎纠集参谋本部和陆军省内一些激进的"少壮派"青年军官，以研究时局为名，成立了法西斯军人秘密团体"樱会"，桥本欣五郎为"樱会"制定的宗旨是："以改造国家为最终目的，为此不惜诉诸武力。"桥本欣五郎在解释这一宗旨时说："向来军队只注意敌方，以备作战时作出正确判断。但要积极解决满蒙问题，必须要以国家的改造为条件，因此，军队得出了首先应该实行国家改造的结论。"桥本欣五郎的目的，就是要把日本"改造"成由军部掌权实行法西斯独裁统治的国家，彻底打倒在侵略中国问题上一直犹豫不决的政党内阁，加快日本对外侵略扩张的步伐。桥本欣五郎认为，实现国家"改造"最有效的手段就是暗杀和军事政变。为此，他利用"樱会"成员与法西斯政客大川周明相勾结，先后策划了以推翻政党内阁、建立军人政权为目的的"三月事件"和"十月事件"，大大加速了日本法西斯化的进程。

桥本欣五郎退出现役后，全力投入政治活动，不遗余力地宣传法西斯理论。1936年8月，桥本欣五郎效法纳粹德国“一国一党”的法西斯理论，创建了“大日本青年党”，并亲任总裁。桥本欣五郎以“皇道”和“八袘一宇”这两个日本传统教言，作为“大日本青年党”的理论基础。他说：“统一世界的第一步，在于日本国民本身直接地统一在天皇之下。为了达成革新，就需要青年的血和热；而大日本青年党的目的，就是为了满足这个需要，青年是新日本的骨干。大和民族精神上物质上的全部力量应统一于‘皇道’的精神，亦即效忠天皇的精神。”为了欺骗日本青年加入他的“大日本青年党”，桥本欣五郎还四处发表文章和演说，宣传他的法西斯主张，煽动日本国民的仇外、排外情绪，为日本帝国主义发动全面侵华战争制造舆论。

1937年7月7日，日本帝国主义终于发动了全面侵华战争。在中国人民坚决抗战的沉重打击下，日本侵略者速战速胜的迷梦彻底破灭，中日战争进入持久战阶段。桥本欣五郎认为，日本军队之所以会在中国战场陷入持久战的泥淖，一个重要原因是美国、英国和苏联等国家支持和援助了中国的抗战。他主张日本应立即“南进”，先打败英国和美国，争霸太平洋，然后再“北进”攻击苏联，彻底切断中国获得国际援助的渠道，继而灭亡中国。

1939年4月至7月，短短三个月内，桥本欣五郎在《太阳大日本》等杂志和报纸上，接连发表《对时局的简要见解》等六篇文章，宣扬他的上述主张，并反复强调说：“在打倒苏联和英国这些援助中国的国家以前，（日本）同中国的战争是不会结束的。”桥本欣五郎还号召说：“强硬起来，时机已到，开始坚决反对英、美的拥护者，同时在全国组织一个从精神上支援向南推进纲领的运动。”桥本欣五郎还到全国各地发表演说，欺骗和蒙蔽日本人民为法西斯侵略战争效力卖命。

对于桥本欣五郎这样一个军人出身的法西斯政客，远东国际军事法庭在《判决书》中作了这样的评价：“他是陆军军官，很早就参加了阴谋。从那时起，他用尽了一切手段去促成此项目的实现。在阴谋者中，没有其他人具有像他那样厉害的极端见解，也没有其他的人发表这类见解像他那样露骨的。在初期，他倡导日本用武力占领满洲来进行扩张。逐渐地，他倡导用武力对付日本的一切邻国，以便达到阴谋的目的。”

“在实行阴谋初期的若干年中，他主要是以宣传者的地位引起人们注意。他是多产的政治评论家。他对于阴谋的成功作出了如下贡献：刺激日本国民对于占领邻国领土的欲望；煽动日本为获得这类领土而进行战争的舆论；倡导和专心从事同样对外扩张计划的德意缔结同盟；痛斥约束日本使其对外扩张——这是阴谋的目的——受限制的各种条约；热烈支持要求日本大肆扩军的煽动，以便日本能够借着行使武力或以行使武力的恫吓来达到这类目的。”

“他是建立阴谋的首倡者，并对其实行有巨大的贡献。”

1937 年 10 月，桥本欣五郎出任侵华日军华中方面军炮兵纵队长。上任后，根据司令官松井石根的命令，指挥日军炮兵部队进攻南京城。12 月中旬，日军攻陷南京后，桥本欣五郎指挥所属炮兵部队在芜湖市至南京城的长江岸边，部署了长达两英里的重炮交叉火网，轰击从南京城逃出后准备乘船逃生的中国军民，有成千上万的中国军民被炸死炸伤，宽阔的长江水面上漂满了遇难者的尸体。

第二次世界大战结束后，被远东国际军事法庭定为甲级战犯，判处无期徒刑。1957 年，病死于日本。

31. 铃木贞一

铃木贞一（1888年—1973年），日本东京人，一个狂热的扩张主义者和法西斯分子，在领导日本进行战争动员、发动侵华战争等方面起过重要作用。

铃木贞一是一名颇具神秘色彩的日本法西斯军人，他精明干练，消息灵通，能说会道，具有一种万事亨通的股票经纪人所特有的神气。他虽然不处于决策人的地位，但由于深受天皇的信赖和宠爱，所以，无论是日本国内发生的重大政治事件或对重大问题进行决策，还是在国外日本挑起侵略战争的地方，几乎到处都可以看见他的身影。因此，西方国家的新闻记者称呼他为"到处活跃的铃木"。

日本帝国主义发动全面侵华战争后，第一次近卫内阁为了加强对中国占领区的统治，1938年12月16日，扶植汉奸政权，设立了由内阁直接管辖的兴亚院。兴亚院的主要职责是调整和管理日本侵华事务，指导日本在中国占领区内进行政治、经济、文化侵略。兴亚院的总裁由首相近卫文麿亲自担任，外相广田弘毅、藏相贺屋兴宣、陆相杉山元、海相米内光政兼任副总裁。铃木贞一被任命为兴亚院的政务部长，负责主持兴亚院的日常工作。兴亚院的专任职员有一百五十多人，本部设在东京，在中国的上海、北平、张家口、厦门设立了四个联络部，负责领导与监督各地的汉奸政权。为了对中国进行经济掠夺，在藏相贺屋兴宣的策划和指导下，铃木贞一领导兴亚院在北平设立了"北支开发会社"，在华中成立了"中支振兴会社"，专门负责对中国沦陷区进行残酷、野蛮的工商统制和经济掠夺。

1941年4月4日，铃木贞一接替星野直树担任企划院总裁。企划院是专门负责在战争期间进行经济动员的中央组织。铃木贞一上任时，正值美国和英国对日本实行经济封锁，日本加紧准备发动太平洋战争之际。由于美、英等国的封锁和战略物资禁运，日本在进行发动战争的准备时遇到的突出问题是石油供应严重不足。当时，日本每年的石油生产额仅为30万吨，而每年的石油消耗却高达200万吨。如果不能解决石油供应问题，那么，以海军和空军作战为主、同美国争霸太平洋的“南进”侵略计划就无法实施，日本的战争机器也就不能正常运转。为此，铃木贞一领导企划院制订出一个周详的石油供应计划。其中心内容是：大力加强日本同法属印度支那和泰国间的密切关系，设法从这两个国家获取大量石油；与巴达维亚（今印尼雅加达市）进行经济谈判，进口大量石油，增加日本的战略石油储备量；一旦美、英的禁运影响到日本对中国进行的侵略战争和准备对东南亚的占领，则不惜动用战略储备石油同美国拼死一战，迅速出兵占领石油资源丰富的东南亚地区，从而彻底解决石油来源和供应问题。铃木贞一制订的这一石油供应计划为政府和军部采纳，成为日本发动太平洋战争侵略计划的重要组成部分。

为了决定是继续同美国进行和平谈判，还是立即向美国宣战，1941年9月6日，近卫内阁召开了天皇参加的御前会议。参加这次御前会议的主要成员有首相近卫文麿、陆相东条英机、参谋总长杉山元、军令部总长永野修身、企划院总裁铃木贞一和外相、海相、藏相、内相、枢密院议长等人。近卫文麿作了开场白后，铃木贞一以企划院总裁和资源专家的身份作主要发言。他首先对近卫内阁制订的《帝国国策遂行纲要》作了两点说明：（一）帝国为了贯彻自力生存和自卫的政策，决心不惜对美（包括英、荷）一战。在此前提下，大致以10月上旬为期，作好战争准备。（二）与此同时，将对美，英采取外交措施，以求贯彻帝国的要求。

接着，铃木贞一又谈了国内资源的供应情况。他说，即使实行严格的战时统制，国内的石油储备也将在十个月内枯竭，“如果同华盛顿的谈判成功，那很好；如不成功，又要久等，情况就很不妙。面前有三种选择：立刻备战，继续谈判，坐以待毙。第三种选择是不可想象的。我们只能在前两者择一。”最后，铃木贞一又补充说：“到了10月上旬，如要求得不到满足，则立即开战。请与会者予以通过。”

铃木贞一发言结束后，枢密院议长原嘉道立即站起来发出质询。他手举《帝国国策遂行纲要》大声责问：“这份草案似乎意味着战争第一，外交第二。”他要求铃木贞一和陆、海军总长杉山元、永野修身对此作出详细说明。然而，铃木、永野和杉山三人却面面相觑，默不作声。天皇为此雷霆大怒，打破了在御前会议上不发言的惯例，两眼狠盯着铃木等人，大声说：“原议长的质问，问得好。可是，你们却一声不答，是何道理?”说着，天皇把右手伸进上衣的内兜，掏出一张纸条，吟诵了他的祖父明治天皇写的两句诗：

“四海之内皆兄弟，

为何风雨乱人间?”

接连吟诵了两遍，“这是我经常读的明治天皇的诗，我要把大帝爱好和平的心作为我的心”，天皇就此结束了发言。

出席御前会议的人全都像挨了电击似的，一时无人敢出声。过了半天，永野修身和杉山元两总长终于先后站起身来，回禀说：“当然外交谈判为主，迫不得已时才采取战争手段。”但是，东条英机和铃木贞一顽固地要求规定出谈判的期限，最后，御前会议确定以10月上旬为限，若到时日美谈判仍无进展，则立即对美开战。

到了10月上旬，日美谈判仍无进展。1941年10月16日，近卫文麿被迫辞职。10月18日，东条英机出任首相。铃木贞一虽然是近卫文麿的亲信幕僚，且一直充当着近卫内阁与军部之间联系人的角色，但他与东条英机的关系也十分密切。因此，近卫内阁总辞职后，新任首相东条英机挽留铃木贞一继续担任企划院总裁和国务相。铃木贞开始协助东条英机准备并发动了太平洋战争，之后又伙同藏相贺屋兴宣，指导企划院先后制订了对新加坡、菲律宾、马来西亚等东南亚国家进行殖民统治和经济掠夺的计划。

日本投降后，甲级战犯铃木贞一被远东国际军事法庭判处无期徒。

32. 梅津美治郎

梅津美治郎（1882—1949），日本大分县人，陆军大将。第二次世界大战时期的日本末任参谋总长，侵华战争的罪魁之一。

1897 年 9 月，梅津考入熊本陆军地方幼年学校。1902 年 5 月，从中央陆军幼年学校毕业。1903 年 11 月，从陆军士官学校毕业。1904 年 3 月，被任命为少尉，分到第 1 步兵联队任职。1905 年 6 月晋升为中尉。在此期间曾参加日俄战争，因作战有功而于 1906 年 4 月获得 1 枚勋章。

梅津 1908 年考入陆军大学，1912 年 11 月从陆军大学毕业。1912 年 3 月晋升为大尉，任第 1 联队中队长。同年 6 月，调任参谋本部部员。

1913 年 4 月，梅津调任驻德国使馆武官，两年之后，改任驻丹麦使馆武官。1917 年 5 月，奉调回国任参谋本部部员。1918 年 6 月晋升为少佐。1919 年第二次前往欧洲，同年 11 月任驻瑞士使馆武官。1921 年 6 月又回到参谋本部任职。在此期间，第一次世界大战爆发。梅津虽然未直接参加这次战争，但此次大战为他研究军事提供了极好的机会。

1919 年 4 月，在第二次去欧洲之前，由当时任参谋本部第 1 部部长的宇垣一成做媒，与当时很有名气的法官木场贞长之长女木场清子结为伴侣。木场清子 1925 年 12 月 17 日死于结核病，此后梅津一直独身至死。

1922 年 2 月，梅津晋升为中佐。同年 3 月调入陆军省任军务局军事课高级课员，并兼任陆军大学军制学教官。

1924 年 12 月，梅津晋升为大佐，前往第 3 步兵联队，任联队长。1928 年 8

月调任陆军省军备局军事课长。1930 年 8 月晋升为少将，调任第 1 旅团旅团长。

1931 年 8 月，梅津出任参谋本部总务部长，负责拟定陆军编制和主管参谋人事工作。当时东条英机在梅津领导之下担任编制动员课课长。从此时起，两个法西斯分子便开始了合作。

1934 年 3 月 5 日，梅津出任华北驻屯军司令官。任职期间，率兵侵略中国华北，接管华北四省，建立“自治政府”，签定何梅协定，残酷杀害华北人民。1934 年 9 月，梅津晋升为中将。1935 年，日本侵略者为了进一步控制华北地区，借口中国当局援助东北义勇军孙永勤部进入滦东“非武装区域”，5 月底由天津驻屯军参谋长酒井向国民党正式提出抗议，并从东北调遣日军入关，进行武力威胁，迫使国民党政府进行谈判。6 月 9 日，华北驻屯军司令官梅津向国民党政府北平军分会代理委员长何应钦提出“觉书”，并限 3 天答复。何应钦在秘密同日方协商后，于 6 月 10 日答应日军的无理要求，并同梅津签定“何梅协定”。该协定主要内容是：取消河北境内国民党党政机关；撤退国民党中央军和东北军在河北的一切驻军；撤免日方指定的各国民党官吏；取谛一切反日团体，禁止一切抗日活动。该协定使中国丧失了河北的全部主权，为日军向华北地区发动全面进攻打开了方便之门。

1935 年 8 月 1 日，梅津调任仙台第 2 师团师团长。1936 年 2 月 26 日，日本发生皇道派军官企图杀死首相冈田及有关元老的军事政变。事变发生后，梅津在仙台立即给陆军省发去电报，强烈要求对叛乱实施镇压，并表示本师团已经作好随时出发讨伐叛军的准备。当时，日本局势非常混乱，在 17 个师团长当中，只有第 2 师团的梅津中将和第 6 师团的谷寿夫中将向陆军中央机构表示了明确态度。梅津的明确态度，对陆军中央处理“二・二六事件”起了很大的促进作用。同时，梅津也由此深受陆军省的赏识。1930 年 3 月，梅津被任命为陆军次官。

梅津任陆军次官之前，陆军省军务局权力极大，简直就是陆军大臣的代言人和陆军的核心。就权力而言，当时军务局长比陆军次官还要大。陆军大臣和军务局长可以出席议会，而陆军次官却仅仅是事务次官，只能留在陆军省，不能出席议会。梅津担任陆军次官以后，扩大了次官的权力。下边呈报的文件，如果不经梅津的同意，就不能上报到大臣的手中。

梅津是日本典型的军国主义分子，旧职业军人气味很浓。他非常崇拜军人的尚武精神，认为军人不能为政治所左右，军人的最大愿望就是当人将，而不是当首相；如果想当首相，就是歪门斜道。他极其厌恶军人介入政治，自己也从不参加任何派别组织。1937 年 1 月，当宇垣大将奉命组阁时，梅津正担任陆军次官。尽管宇垣曾经是梅津的大媒人，关系非同一般，但梅津还是基于自己以往的观点，极力反对宇垣组阁，宇垣组阁终于失败。

梅津出任陆军次官以后，同 3 月 9 日上任的陆军大臣寺内及半年后就任的教育总监的杉山元组成陆军的核心，形成陆军的新统治派，成为陆军的实力人物。

日本帝国主义为了独占中国，把中国变成它的殖民地，于 1937 年发动蓄谋已久的全面侵华战争。7 月 7 日夜，日军在中国北平西南宛平县的卢沟桥附近进行军事演习，借口 1 名士兵失踪，强行要求进宛平县城搜查。遭到中国守军拒绝后，日军向宛平县城开枪射击并轰炸卢沟桥，挑起七・七事变，事变发生后，日本内部出现所谓的“扩大派”与“不扩大派”之争。梅津与杉山元陆军大臣是“扩大派”的中坚力量，七・七事变后，梅津参与策划、组织和指挥日军侵占中国的北京、天津以及向中国的南方进攻。8 月 13 日，日军向上海大举进攻，发动八・一三事变。

1938 年 5 月底，梅津任日本第 1 军司令官。在一年多的任职时间里，梅津多次组织指挥日本侵略军以太原为中心，残酷镇压、清剿中国的抗日武装。

同年 9 月，植田谦大将因为诺门坎事件辞去关东军司令的职务，陆军省和参谋本部决定挑选一名头脑冷静、多谋善断的人选担任此职。梅津性情温和，办事极为慎重，对重大事件态度坚决果断，曾在二・二六事件后肃军有功，而“何梅协定”更为日本侵略中国华北创造了条件，因而深受天皇和军部人士的赏识。于是在 9 月 7 日，梅津被任命为关东军司令官，并兼任驻满特命全权大使。1940 年 8 月，晋升为大将。梅津就任关东军司令官主要有两个任务：其一是重建和加强关东军，自诺门坎事件以后，关东军损失很大，必须从人力物力上加以补充；其二是加速对日本的宿敌苏联的作战准备。1941 年 6 月 22 日，苏德战争爆发，日本政府和大本营受到很大冲击。6 月下旬，日本接连召开大本营——政府联席会议，围绕对苏开战问题进行讨论。梅津认为苏德开战以后，苏联势必成为日本的现实敌人，日本应该优先解决北方问题，然后再解决南方问题。联席会议通过了《形势的发展及帝国国策纲要》。纲要指出：“帝国要致力于解决日中战争问题，并视形势的变化解决北方问题”。7 月 2 日的御前会议批准上述纲要。为准备解决北方问题，陆军进行了前所未有的动员和集中，并将此行动称之为“关东军特种演习”，简称“关特演”。梅津此时正担任关东军司令官，是这次“关特演”的具体指挥官。这次对苏作战准备，除动员关东军和朝鲜派遣军之外，还动员了驻内地的部队。关东军的兵力倍增，最多时达 100 万人。对北方的武力行动确定在远东苏军西运参加苏德战争之后再开始。但是，后来由于西运的远东苏军人数很少，又受到季节的限制，大本营遂于 8 月 9 日放弃年内解决北方问题的企图。1942 年 7 月 14 日，关东军进行改编，新建立了第 1 方面军和第 2 方面军。山下奉文和阿南惟几分别被任命为第 1 方面军和第 2 方面军司令官。关东军司令部也随之升格为总司令部，梅津大将也升为关东军总司令官。此后，梅津全力以赴，加紧督促部队训练。他频繁前往第一线部队进行视察，慰问第一线士兵，为他们鼓气。1942 年下半年至 1943 年上半年，关东军处于全盛时期。后来随着日军在其他战场的失利，从 1943 年夏季起，关东军的兵力不断被调往其他战场，成了日军战略预备队。

1944 年，战局发展对日本越来越不利，日本统治集团内部的矛盾也不断加剧。东条内阁陷于四面楚歌之中。1944 年 7 月 18 日，东条内阁被迫辞职，根据东条内阁的提议，梅津接替东条担任参谋总长，负责全面的侵略战争。梅津竭力想挽回败局，最终却无力回天。1945 年 8 月 15 日，日本被迫宣告无条件投降。

1946 年 1 月，根据“波茨坦公告”惩处战犯的规定，驻日盟军最高司令部发布特别公告，宣布在东京成立远东国际军事法庭，审判及惩处犯有破坏和平罪、破坏战争法规罪和违反人道罪的日本首要战犯。盟军最高司令部从 1945 年 9 月 11 日开始，先后以重大战争罪犯嫌疑名义，逮捕东条英机等人。梅津虽然长期身居军队要职，罪恶多端，但是美国方面却没有把梅津列入战犯名单之内。后来，苏联检察团根据梅津担任关东军司令官达 5 年之久，提议以重大战争罪犯嫌疑加以逮捕，最后才在 1946 年 4 月 29 日将梅津以及外相重光葵逮捕，关进巢鸭监狱。远东国际军事法庭于 1946 年 5 月 3 日上午在旧日军陆军省内开庭审判。在审判期间，梅津仍顽固坚持立场，拒不认罪，并声称人世间不会对他作出恰当的评价，只有上帝才会对他作出公证的裁决。远东国际军事法庭于 1948 年 11 月 20 日判处梅津无期徒刑。1948 年 2 月梅津因患直肠癌住进同爱医院，1949 年 1 月 8 日，因肺炎在同爱医院病死。

33. 铃木启久

铃木启久（1890年—1963年），日本福岛县人，陆军中将，先后制造了“鲁家峪惨案”、“潘家戴庄惨案”等多起屠杀中国人民的血案，罪行累累。

1942年4月，铃木启久调任日军第二十七旅团旅团长兼唐山地区防卫司令官。为了摧毁冀东抗日根据地，刚一上任，铃木启久便调集唐山、丰润、玉田、遵化等地的日伪军四千余人，对冀东中部抗日根据地中心鲁家峪村进行了历时半个月之久的大搜捕，大屠杀，大抢劫，大烧毁。

4日20日，铃木启久又命令日军中队长佐佐木率领部队围剿北峪。日军从山上搜捕抗日群众80余人，当场就杀死15人，又把其余60多人押回北峪村。佐佐木通过翻译逼问群众：“谁是八路？谁是干部？兵工厂在哪儿？说出来没你们的事，如果不说，别怪皇军不客气。”人们沉默着，谁也不做声。佐佐木见追问不出八路军，气得发疯，操起战刀，接连劈死张永林、张俊臣等九人。又命令日军士兵将李庆宽的老母亲绑在大树上，浇上煤油活活烧死。在佐佐木的纵容下，日军在光天化日之下，集体轮奸了四名十三岁的少女和两名即将临产的孕妇。惨无人道的日军奸后又将孕妇剖腹杀害，还用刺刀挑出胎儿取乐。

4月24日，当铃木启久得知鲁家峪南边的馒头山上藏有抗日干部和大批群众时，立即命令200余名日伪军上山搜剿。日军封锁了馒头山上的大小石洞，然后向洞内施放毒瓦斯。藏在洞内的人们被毒瓦斯熏得喘不过气来。冀东行署秘书长林峰冒险突围，刚冲出洞口，就中弹牺牲，王文龙、王松、李云等八九名党政干部见突围无望，在洞内饮弹殉国。日军在馒头山上搜剿杀害抗日干部和群众34人。

从4月16日至5月1日，铃木启久反复“扫荡”和屠杀，共杀害抗日军民217人，奸淫妇女十余人，烧毁民房2000余间，制造了骇人听闻的“鲁家峪惨案”。

铃木启久指挥所属各部日伪军，按照冈村宁次的命令，从1942年9月初开始，将迁安、遵化、丰润等县沿长城两侧四公里范围内的中国居民强行赶走，铃木启久指挥日伪军在二十天内，便将十几万中国老百姓驱赶出他们世代居住的家园，将一万多户中国老百姓的房屋烧成灰烬，制造了广达640平方公里的“无人区”。在这期间，根据铃木启久发布的“如果有人反抗，定予严惩不贷”的命令，日军杀害了200多名不愿失去自己的家园的无辜老百姓。冀东地区昔日一片葱茏翠绿的田野、山岭，瞬忽间变成一片焦土和荒凉、恐怖的秃山；原来和平、宁静、一片美丽风光的村庄，如今到处是断垣颓壁，毫无一点生机。

1942年10月，铃木启久又按照冈村宁次的命令，在冀东地区推行第五次所谓“治安强化运动”。为了粉碎敌人的“治安强化运动”，冀东八路军各部队纷纷主动出击。当时赫赫有名的八路军迁滦卢县基于队，就经常出入活动于滦南县潘家戴庄一带，不断乘隙打击敌人。为此，铃木启久指示日军第一联队骑兵队队长铃木信：“迅速对该村进行‘剔抉’，彻底消灭该地的祸根。”1942年12月5日，铃木信按照铃木启久的命令，带领250余名日伪军“扫荡”潘家戴庄，制造了又一起惨绝人寰的屠杀血案。

12月5日晨，铃木信指挥日伪军突然包围了潘家戴庄，挨门挨户喝令全村男女老少统统到村东南角的大场里集合。心狠手辣的日军，首先从人群中抓出了教师马文焕，厉声问道：“八路的有多少？都往哪里去了？”马文焕刚说一声“不知道”，一群日军和特务便蜂拥而上，朝他一阵乱棒，马文焕当场惨死在血泊中。日军又从人群中拉出青年李庆发，扒去他的棉袄，四个日军端着刺刀对着他的前胸和后背，连声逼问：“八路军的哪里去了？”李庆发也回答说“不知道”，日军一刺刀便将李庆发刺死。村民潘恩田为躲避日军藏在自家的幔子上，被日军发现后，赶进大场就是一阵毒打，潘恩田的肩胛骨被打碎了，耳朵被打烂了，当即昏死过去。日军唯恐他不死，又在他左腿上扎了一刺刀。随后，日军又杀死了潘恩田的母亲，活埋了他的妻子和妹妹，摔死了他那刚满四岁的儿子。日军撤走后，潘思田死而复苏，强忍着伤痛从死人堆里爬出来，侥幸活命。

时近中午，铃木信看仍问不出八路军的去向，便气急败坏地指挥日伪军将全村几百名男女老少驱赶进一条长十丈、宽七尺、深六尺的大坑中，在人群头上堆上柴草纵火焚烧。人们发出阵阵凄厉的惨叫声，拼命挣扎着往外爬。村民戴昌田刚爬到坑边，就被日军一镐砸碎了脑袋。周树清从坑里挣扎着爬出后，又被日军扔进火堆中。几百人中，只有周树恩一人乘敌人一时不备，从火坑里滚爬逃了出来。然后，日军又把杀人魔爪伸向了妇女。他们从人群中拉出十几名年轻姑娘，在光天化日之下肆意轮番奸污，最后又把她们拖回杀人场枪挑，活埋。灭绝人性的日军还将三十多名天真活泼的幼童活活摔死在碌碡上。

铃木信指挥日伪军在潘家戴庄整整肆虐残杀了一天，制造了“潘家戴庄惨案”。全村 1765 口人中被日军杀死了 1110 人，有 27 户被全家杀绝。日军临撤退时将全村的财物洗劫一空，又纵火焚烧了一千多间房屋。

1945 年 8 月 9 日，苏联对日宣战，苏联红军出兵中国东北，当时担任关东军第一一七师团师团长的铃木启久，在吉林省白城县同苏军作战时被俘，关押在苏联西伯利亚战俘收容所，1950 年 7 月，苏联政府将血债累累的日本战犯铃木启久移交给中国政府，关押进抚顺战犯监狱，接受教育和改造。

6 月 19 日，最高人民法院特别军事法庭判处铃木启久有期徒刑二十年。

34. 山田乙三

山田乙三（1881 年—1965 年），日本长野县人，陆军大将。

1944 年 7 月 11 日，山田乙三接替梅津美治郎担任关东军司令官兼日本驻伪“满洲国”全权大使。

山田乙三上任之日，正是世界反法西斯战争节节胜利，日本走向衰败之际。为了确保日本对伪“满洲国”的统治，将中国东北变成日本的永久战略基地，大本营交给山田乙三的使命是：无论形势发生什么样的变化，即使关东军被迫进行游击战争，也绝不可丢失“满洲”。山田乙三根据大本营的训示，上任后，首先进一步加强了对东北人民的法西斯统治。按照山田乙三的命令，日伪宪兵、特务、警察可以依据《思想矫正法》和《保安矫正法》，随意抓捕他们认为可疑的东北老百姓，将他们关押进所谓的“矫正辅导院”，罚做苦役。凡是被关押进“矫正辅导院”的人几乎无一生还。以伪满鹤岗矫正院为例，从 1944 年 5 月成立至 1945 年 8 月，平均每天都要折磨死四五人。被关押进鹤岗矫正院的人，每人每天仅给六两粮，却被强迫劳动 12 小时以上，且劳动条件十分恶劣，结果，造成大批普通百姓死亡。仅 1945 年 3 月 20 日这一天，就从鹤岗矫正院抬出了三十具尸体。

在加强法西斯统治的同时，山田乙三还以“支援圣战”为名，大肆掠夺东北人民的财物，其中对粮食的掠夺最为厉害。据伪“满洲国”官方资料统计，1939 年至 1945 年，日本侵略者从中国东北掠夺到日本的粮食共计 1100 多万吨，仅 1944 年一年，山田乙三就往日本输送粮食 300 万吨。为了最大限度地掠夺粮食，山田乙三还宣布，大米是军需品，严禁东北老百姓食用。谁若是被日本宪兵特务发现吃了大米，马上就会被以“经济犯”治罪。仅在 1944 年 8 月至 1945 年 8 月的一年间，全东北地区被当作“经济犯”治罪的就达 317100 多人。

为了准备对苏联的战争，山田乙三还在东北地区加紧修筑军事工事，强制推行《劳动强制法》，强征中国劳工进行无偿劳动。由于日本侵略者实行野蛮的奴隶劳动制，造成中国劳工惊人的死亡。1944 年，根据山田乙三的命令，从东北地区各县调集了 15000 名劳工修建兴安岭王爷庙军事工程。由于劳动条件十分恶劣，劳工们在严寒中缺吃少穿，有 6000 多名劳工被迫害致死。

关东军虽然号称有百万大军，但太平洋战争爆发后，关东军的精锐师团不断被抽调到太平洋战场作战，到山田乙三上任时，关东军的兵力不足 70 万人。为了弥补兵力的不足，山田乙三一边下令从日本移民中征召后备兵员，一边积极准备细菌战。山田乙三十分重视细菌武器的生产，他就任关东军司令官第一周，就听取了关东军医务处处长梶冢隆二、兽医处处长高桥隆笃的汇报。梶冢隆二和高桥隆笃分别管理着第七三一细菌部队和第一〇〇细菌部队。

1944 年 8 月，山田乙三就任关东军司令官一个月后，亲自到第七三一部队视察。在第七三一部队部队长北野政次的陪同下，山田乙三视察了该部队各个部门。视察后，山田乙三对该部队细菌研究工作的巨大规模及制造细菌武器的能力，大加赞赏，他说："我相信第七三一部队的生产能力足以供应在大规模战争中使用细菌武器。"

为了拟订进行细菌战的详细计划，1944 年末，山田乙三专门召开了一次关东军司令部高级军官会议，讨论在战争发生时使用细菌武器的问题。会议由山田乙三主持，出席人员有关东军参谋长笠原行雄，副参谋长池田，作战部参谋竹田宫及作战部部长村野和第七三一部队长北野政次。北野政次详细介绍了使用细菌武器的各种方法，得到了山田乙三等人的赞成和支持。

为了加紧制造细菌武器，1945 年 3 月，山田乙三向第七三一部队和第一〇〇部队颁发了加紧扩大细菌武器生产的命令。同时，山田乙三还特意重新启用细菌战老手石井四郎，将他晋升为军医中将，重新担任第七三一部队部队长，具体负责细菌武器的生产。石井四郎秉承山田乙三的旨意，领导第七三一部队加紧繁殖细菌，大量生产细菌武器。到 1945 年 7 月，第七三一部队已储备了 100 公斤以上的鼠疫苗，以及大量的伤寒、霍乱、赤痢、脾脱疽等各种细菌，数量十分惊人，"足以毁灭全人类"。

虽然山田乙三自上任后即拼命准备同苏联作战，但是，当苏联红军向关东军发起突然进攻后，山田乙三还是被打得措手不及，溃不成军。

从1945年8月19日起，关东军各部队纷纷缴械投降。苏联红军共俘虏关东军将官148人，俘虏军官和士兵59.4万人。关东军司令官山田乙三也成了苏联红军的俘虏，被关押进苏联西伯利亚战俘收容所。山田乙三被苏联滨海军区军事法庭判处有期徒刑二十五年。由于认罪态度诚恳且在狱中表现良好，1956年75岁的山田乙三减刑释放。1965年，病死在日本。

35. 东乡茂德

东乡茂德（1882年—1950年），日本鹿儿岛人。

1933年1月4日，苏联外交人民委员会第二次向日本提出了缔结互不侵犯条约的建议，并强调1932年1月曾提出的相同建议“并非由于一时的考虑，而是由于和平政策的结果，因此，在将来也是有效的。”当时负责处理对欧洲外交事务的外务省欧美局局长东乡茂德，坚决主张拒绝苏联的缔约建议。他在给外相的秘密备忘录中写道：“苏联欲与日本缔结互不侵犯条约的动机是希望保障它的领土安全。因为自日本侵入满洲以后，使苏联日益感觉到对其远东领土的威胁。”东乡茂德认为，如果日本与苏联缔结了互不侵犯条约，就会干扰甚至束缚日本军部“北进”苏联的侵略计划的实施。由于东乡茂德等人从中作梗，1933年5月，日本政府再次拒绝了苏联提出的缔结互不侵犯条约的建议，进一步鼓励了日本军部将苏联确定为侵略扩张的目标。经过数年军事准备后，1938年，关东军先后制造了旨在对苏联进行武装挑衅的“张鼓峰事件”和“诺门坎事件”。

1934年，东乡茂德转任外务省欧亚局局长。此时，日本设在中国东北的经济侵略机构“满铁”，在关东军的武力支持下霸占了除中东铁路以外东北全境所有的交通设施及经营权。为了从苏联手中攫取中东铁路的所有权和经营权，实现日本对中国东北的独霸，东乡茂德就任后，便开始协助外相广田弘毅，在东京同苏联政府代表进行“关于让受中东铁路”的外交谈判。由于在此之前的1929年5月，国民党政府围绕着中东铁路经营权问题同苏联发生过武装冲突，并一度酿成“中东路事件”。自1930年10月起，中、苏两国政府为解决“中东路事件”开始进行外交谈判，但谈判尚未取得结果便爆发了“九·一八事变”。东乡茂德便充分利用“中东路事件”给日本造成的可乘之机，在谈判过程中软硬兼施，一再对苏联政府代表施加压力，最终于1935年3月23日，日本同苏联正式签订了“关于让受中东铁路的协定”。日本仅以

1700万日元的低廉价格，便获得了全长1700多公里的中东铁路及其附属财产的所有权。从此，“满铁”完全垄断了东北全境的铁路运输。

1941年10月18日，东条英机出任内阁首相，东乡茂德被委任为外相，具体负责正在进行的日美谈判。此时，日美谈判正陷于不进不退的僵局。东乡茂德为了打破谈判的僵局于11月4日宣布，将派来栖三郎作为日本政府的特使，协助日本驻美大使野村吉三郎进行日美谈判。从表面上看，这似乎表明了日本政府希望日美谈判成功的一种诚意，实际上，这不过是东乡茂德的外交欺骗手段，用他自己的话说：“派来栖去美国只是一种为了掩盖日本在攻击前的一些事态的伪装。”

来栖三郎到达美国华盛顿的第二天，即1941年11月16日，东乡茂德给来栖三郎发来一份急电：“在这几天里，就要决定帝国的命运，因此请你要加倍努力。我在电报中指出的完成谈判的最后期限（11月25日）没有任何变更，请努力理解这点，剩下的时间不多了，所以不要让美国不顾我们的建议，一味拖延谈判。为了在我们建议的基础上完成谈判，要给他们施加点压力，去干一切你能干的事，以求迅速达成协议。”

按照东乡茂德的指示，来栖三郎几乎是马不停蹄地拜会了美国国务卿赫尔和总统罗斯福。来栖三郎很快便弄清楚美国政府不会接受日本提出的谈判方案。11月18日，来栖三郎将美国政府的谈判态度电告东乡茂德。第二天，来栖和野村便收到了东乡茂德发来的一份密电，内称：

“万一发生非常事态（断绝外交关系的危险），如果国际通讯联系亦被切断，我们就在每天日间的日语新闻广播中间，播发下列暗语：

日美关系发生断绝危险时——‘东风’雨’；

日苏关系发生断绝危险时——‘北风’阴’；

日英关系发生断绝危险时——‘西风’晴’。”

这些暗语将在新闻广播中间或结尾作为天气预报播出，每句话重播两遍，听到这种暗语，请销毁所有的密码和文件。”东乡茂德的这份密电，向来栖和野村明白无误地暗示了日本即将发动同美国的战争。

12月6日，东乡茂德电示来栖和野村，一定要在华盛顿时间12月7日13时，即联合舰队预定向珍珠港发起攻击前20分钟，把作为“最后通牒”的日本外交照会递交给美国政府，以确保联合舰队偷袭的突然性和成功率。华盛顿时间12月7日13时35分，联合舰队向珍珠港发起攻击。14时20分，野村和来栖才将外交照会送交给赫尔，造成了日本不宣而战，用突然袭击方式发动太平洋战争的事实。

1945年4月7日，铃木贯太郎接替小矶国昭出任内阁首相，铃木贯太郎任命东乡茂德担任外相。此时，日本败局已定。6月25日，美军攻占了日本本土冲绳岛，九万守岛日军和十五万平民丧生，日本的门户已被打开。在世界的另一端，日本的法西斯盟友德国已于5月8日向盟军无条件投降。为了避免日本重蹈纳粹德国彻底灭亡的覆辙，东乡茂德再次出任外相，积极寻找能使日本避免无条件投降的途径。

经过一次又一次的试探，东乡茂德认为，只有苏联才能调停日本同盟军停战谈判。6月29日，东乡茂德通过前首相广田弘毅，向苏联驻日本大使马立克提出一份书面建议：只要苏联能调停日本避免在无条件投降的情况下实现与盟国的停战谈判，日本可以使“满洲国”中立，放弃在苏联海域的捕鱼权，并优先考虑苏联的其他要求。马立克只是例行公事地冷淡答称，将对日本的提案予以研究，但此后两周内，马立克借口因患痢疾而卧床不起，迟迟不肯接见心急如焚的日本代表。

正在此时，东乡茂德从搜集来的情报中得知，苏、美、英等盟国领导人预定于7月中旬召开波茨坦会议，研究对日作战问题。风闻美国总统杜鲁门为了减少美军的伤亡，将在波茨坦会议上邀请苏联、中国共同出兵攻占日本。于是，东乡茂德决定越过马立克，直接同苏联外长莫洛托夫交涉。7月10日，他电示日本驻苏联大使佐藤尚武：“请在莫洛托夫赴波茨坦之前会见他……转达天皇陛下欲使战争结束的强烈愿望。”当天晚间，东乡茂德又给佐藤大使发来第二封电报，内称：“近卫文麿将携带天皇的亲笔信前往莫斯科谈判投降细节，请与苏联交涉发给近卫入境签证。”

随之发生的是史无前例的外交碰壁。7月13日，佐藤尚武回电报告东乡茂德：“莫洛托夫没时间见我”，莫洛托夫的一位助手用电话通知佐藤：“苏联将推迟作答，因为斯大林和莫洛托夫要离国去波茨坦”。在整个波茨坦会议期间，佐藤尚武每天早晨都造访苏联外交部，焦急地等待莫洛托夫回国的消息。

7月26日，波茨坦会议结束，发表了《中美英三国促令日本投降之波茨坦公告》，宣布：“吾人通告日本政府立即宣布所有日本武装部队无条件投降，并对此种行动诚意实行予以适当及充分之保证。除此一途，日本即将迅速完全毁灭。”《波茨坦公告》是盟国向日本发出的无条件投降敦促书，但东乡茂德拒绝接受《波茨坦公告》。7 月 28 日，东乡茂德代表政府宣称：《波茨坦公告》与开罗会议制订的无条件投降政策毫无二致，“我们并不认为它有重大价值，对此当然不屑理会”。

8 月 6 日，美国空军在广岛投掷了第一颗原子弹，核武器的巨大杀伤力在日本朝野引起一片恐慌。8 月 8 日，天皇向东乡茂德训示说：“既然敌人已对我们使用这种具有巨大破坏力的武器，我们不可错过时机……转告铃木首相，朕希望尽早在《波茨坦公告》的基础上结束战争。”

8 月 8 日下午 5 时，佐藤尚武终于等到了莫洛托夫的接见。然而，莫洛托夫递给他的却是一纸宣战书：苏联废除《苏日中立条约》，向日本宣战。8 月 9 日，百万苏联红军越过中苏边境向日本关东军发起围攻。同一天，第二颗原子弹又在日本长崎爆炸。8 月 15 日，天皇被迫宣布日本无条件投降：“察世界大势及帝国现状，朕决定采取非常措施，收拾时局。帝国政府已受旨通知美、英、中、苏四国政府，我帝国接受彼等联合宣言各项条件。”

东乡茂德虽然使尽了浑身解数，最终也未能使日本逃脱无条件投降的命运。

1948 年 11 月 12 日，远东国际军事法庭判处东乡茂德有期徒刑二十年。1950 年，东乡茂德病死于狱中。

36. 重光葵

重光葵（1887 年—1957 年），日本大分县人，连任东条内阁、小矶内阁和东久迩内阁的外相。

重光葵一生从事外交活动三十余年，是日本外交界的重要官员。从 1925 年担任日本驻华公使馆一等书记官算起，重光葵前后在中国活动达十年之久，是日本发动全面侵华战争前，在外交方面策划侵略中国的主要罪犯。

1927 年 4 月，田中义一上台后，推行所谓“积极对华”的侵略政策，三次派兵侵略中国山东，阻止国民革命军北伐。5 月 28 日，田中内阁出兵 4000 人，第一次占领了山东济南。1928 年 4 月 17 日，日本第二次出兵入侵山东济南，5 月 3 日，日军制造了骇人听闻的“济南惨案”，杀害中国军民 6000 多人。然后又以这一事件为借口，扩大战端，于 5 月 9 日第三次出兵增援入侵山东的日军。日本的侵略活动使日中关系处于断绝状态。就是在这样的形势下，重光葵于 1929 年初出任日本驻上海总领事。

重光葵上任后，为了解决济南事件，同刚刚建立的蒋介石政府的外交部长王正廷进行了多次谈判，最终于 1929 年 3 月 28 日，在南京签订了《济案协定》，由于重光葵的活动和济南事件的解决，使田中政府摆脱了外交困境。

1930 年 1 月 11 日，重光葵被任命为日本驻华公使馆参事官兼驻上海总领事，以参事官资格全权代理公使。在重光葵任职期间，中日关税协定开始草签，领事裁判权和其他问题也开始谈判，蒋介石还开始聘请日本人当顾问，中日关系开始好转。但好景不长，以军部为代表的日本侵略势力，对中国东北所怀的野心越来越明显。不久，“九·一八事变”爆发，日本关东军侵占了沈阳，之后又相继在吉林和辽宁建立了伪政权，张学良在蒋介石“不抵抗”的命令下，被迫把东北军撤到锦州，但仍想伺机收复东北。此时，身为驻华公使的重光葵，积极配合日本关东军的侵略行动。他在拜会国民党政府外交部长顾维钧时说：“锦州张学良的态度是危险的。为避免与日本冲突，张学良应迅速撤出锦州，而日军也不要再前进。我认为最好是在中间设置中立地区以避免冲突。”在重光葵的外交胁迫下，张学良被迫将东北军主力撤回山海关内，而关东军却乘机攫取锦州和辽西地区，直逼山海关。仅四个月十八天，东三省大好河山便全部沦入日本之手。

1932 年 1 月，日本侵略军又在上海制造了“一·二八事变”。事变发生后，正在日本汇报工作的重光葵匆匆赶回上海。3 月 1 日，防守上海的国民党第十九路军被迫从上海第一道防线撤退后，上海战事基本结束。重光葵看到日本在上海的侵略目的已经达到，便尽全力活动，力促停战。因为 3 月 3 日是国际联盟开会审理“日华纠纷”的日子，如果日军再不停战，日本不仅在外交上极为被动，还有可能招致西方各国的谴责。因此，重光葵说服日军指挥官白川义则大将发布了停战命令。接着，重光葵又促成了有英美帝国主义国家代表参加的同中国的谈判，并于 1932 年 5 月 5 日签订了《淞沪停战协定》，规定双方自协定签订之日起实行停火，划上海为非武装区，中国取缔抗日活动等。这样，日军在屠杀了无数中国人民之后，经过重光葵的“外交努力”，由侵略者变成不受制裁的胜利者。重光葵在外交上的成功，受到了日本天皇的特别嘉奖。

1945 年 8 月 15 日，日本天皇裕仁通过广播宣读了接受《波茨坦公告》的“停战诏书”。当天下午，铃木贯太郎内阁以缺乏继续执政的信心，实行内阁总辞职。8 月 17 日，天皇打破惯例，钦命皇族出身的东久迩稔彦组阁，实际上，东久迩内阁就是专门处理投降事务的“投降内阁”，东久迩首相任命重光葵为外相，指示他与盟军接洽投降事宜。

1945 年 8 月 28 日，美军开始进驻日本。驻日盟军总司令麦克阿瑟宣布：日本的投降仪式将于 9 月 2 日在停泊于东京湾的美国海军战列舰“密苏里”号上举行。9 月 1 日，在“密苏里”号炮长霍勒斯·伯德中校指挥下，在该舰甲板上进行了接受日本投降仪式预演。9 月 2 日清晨，天色迷朦，凉气袭人，约 7 时 30 分，一艘美国驱逐舰开到“密苏里”号旁边，盟国的陆海军将领和中、美、英、苏等国代表，走下驱逐舰转上“密苏里”号。过了一小会儿，美国驱逐舰“兰斯多思”号载着以重光葵为首的十一名日本投降代表驶来。

8 时 50 分，一名美国军官领着一个头戴高礼帽、身穿燕尾服的日本文官登上“密苏里”号，这就是外相重光葵。他上舷梯时极为艰难，左腿上的假肢使得他每走一步都要呻吟一声。站在上面的那名美国军官，原以为跟在重光葵身后的梅津美治郎会搀扶他一把，但梅津美治郎把重光葵看成是日本的巴多格里奥，根本就不理会他的痛苦，故意让他出丑。后来，还是那位美国军官拉了重光葵一把。从后甲板走到举行仪式的前甲板的这段路程，使重光葵成为令人瞩目的中心。重光葵狼狈地爬上通往前甲板的扶梯，脸上露出难以掩饰的悲惨、难堪的表情。

日本代表团站好位置后，全体立正，倾听舰上的美国牧师进行祈祷。然后，麦克阿瑟走到一张桌子旁边，开始讲话：“我们，各交战国的代表聚集在这里，签署一个庄严的协定，从而使和平得以恢复。涉及截然相反的理想和意识形态的争端，正在战场上见分晓，因此我们无需在这里讨论或辩论，作为地球上大多数人民的代表，我们也不是怀着不信任、恶意或仇恨的精神相聚的。我们胜败双方的责任是实现更崇高的尊严，只有这种尊严才有利于我们即将为之奋斗的神圣目标，使我们全体人民毫无保留地用我们在这里即将取得的谅解，忠实地执行这种谅解。

“我本人真诚地希望，其实也是全人类的希望，是从这个庄严的时刻起，将从过去的流血和屠杀中产生一个美好的世界，产生一个建立在信仰和谅解基础上的世界，一个奉献于人类尊严，能实现人类最迫切希望的自由、容忍和正义的世界。”

麦克阿瑟讲完之后，朝重光葵指了指桌子另一边的一张椅子，示意他坐下来在投降书上签字。重光葵一拐一拐地上前不知所措地摸摸帽子，弄弄手套和手杖，给人以拖延时间的印象。美国的哈尔西将军事后说：“我当时气得真想冲上去给他一记耳光，并对他说：快签！他妈的！快签！”麦克阿瑟看出来重光葵是给弄糊涂了，便转身对他的参谋长说：“萨瑟兰，告诉他签在什么地方。”

重光葵代表日本政府在投降书上签字后，梅津美治郎紧接着走上前来，僵直地站立着代表日本大本营签字。然后，麦克阿瑟以盟国占领军最高统帅的身份在降书上签字。接着，尼米兹将军代表美国，徐永昌将军代表中国，弗雷泽将军代表英国，杰列维扬科将军代表苏联，布莱梅将军代表澳大利亚，穆尔·戈斯格罗夫上校代表加拿大，勒克莱尔将军代表法国，赫尔弗里西将军代表荷兰，艾西特将军代表新西兰，一一签字。签字完毕后，麦克阿瑟再次发表简短讲话："让我们祈祷，和平已在世界上恢复，祈求上帝永远保佑它。仪式到此结束。"重光葵登上了为日本代表团准备的汽艇，回到岸上，径直赴皇宫向天皇复命。

日本战败投降后，重光葵被远东国际军事法庭定为甲级战犯，判处有期徒刑七年。

37. 河本大作

河本大作（1882年—1955年），日本兵库县人。关东军司令部高级参谋，曾策划暗杀了奉系军阀张作霖。

1931年8月，“九·一八事变”前夕，河本大作受参谋本部作战课长重藤千秋的委托，专程赶到沈阳，向日本驻沈阳特务机关的花谷正少佐送交了五万日元机密费，作为关东军策划炸毁柳条湖铁路的活动经费。在沈阳，河本大作还会晤了他的老朋友、关东军高级参谋石原莞尔和坂垣征四郎。石原和坂垣详细介绍了他们制定的侵略中国东北的计划，河本大作极为赞成。石原和坂垣请求河本大作帮忙办两件事：一是要求“满铁”在关东军开始侵略行动时予以全力协助；二是要求驻朝鲜日军及时予以支援，勿使关东军陷入孤军作战的境地。河本大作满口应允。8月17日，河本大作起身回国，在途经大连和朝鲜的汉城时，他分别约见了“满铁”理事十河信二和驻朝鲜日军司令部高级参谋中山大佐，向他们转达了关东军的请求，得到他们的承诺。

“九·一八事变”发生后，1931年12月中旬，坂垣征四郎奉关东军司令官本庄繁的命令，电召河本大作到沈阳。本庄繁在司令官官邸接见河本大作时说：“西安炭矿原是张学良经营的，现在西安县长及当地军警、人民反日空气甚为浓厚，欲用武力接收，但目下正在准备攻击锦州中，无一兵一卒之余裕。愿君以和平交涉之手段，迅速接收该矿。”河本大作奉命赶赴西安县后，以残酷镇压、威胁利诱和分化瓦解等手段，收买了东边道镇守使于芷山和西安县警察局长戴东潇等人，镇压了西安县人民的抗日斗争，霸占了西安炭矿。本庄繁为酬劳河本大作，任命他为西安炭矿总办。

1932年11月至1936年10月，河本大作出任“满铁”理事。在此期间，河本大作“接受关东军的旨意，服务于统治东北的经济建设计划业务”，先后强占了抚顺煤矿等东北六大矿山。河本大作还兼任“满铁”的经济调查会长，领导下属的总务、政治、产业、金融、经济五个部门及庞大的特务情报网，为关东军掠夺东北地区的资源提供资料制定计划。

1934 年 10 月至 1941 年 10 月，河本大作担任“满洲炭矿株式会社”理事长，为了掠夺中国东北地区丰富的煤矿资源，他主持制定了一个“五年开发计划”，强行从中国资本家和业主手中低价收买或霸占了十余座矿山，使“满洲炭矿株式会社”的矿山由 6 个增加到 16 个，完全占有了已探明的东北地区煤矿 200 亿吨的储量。到 1939 年，河本大作每年从东北地区掠夺的煤炭已高达 12298430 吨。

为了掠夺煤炭资源，河本大作实行了野蛮残暴的“要煤不要人，用人换煤”的“人肉”开采方法。只要能多产煤，不惜滥采滥挖、竭泽而渔，根本就不顾中国矿工的死活，致使煤矿冒顶、片帮、瓦斯爆炸等事故不断发生。仅 1939 年，抚顺煤矿就伤亡矿工 10190 名，平均七名矿工中就有一人死亡。河本大作每从抚顺煤矿掠走 800 吨煤，就要留下一具中国矿工的尸体，而阜新煤矿每出煤 200 吨就有一名中国矿工丧命。

1942 年 9 月，为了加速掠夺山西的资源，解决物资紧缺的困难，在驻山西日军司令官岩秀义雄和参谋长花谷正的请求下，日本政府特意任命河本大作为“山西产业株式会社”社长。河本大作上任后，首先为“山西产业株式会社”确立经营宗旨：“本会社不是赢利企业，而是经济军团司令部，要增加生产以贡献于东亚战争”。

按照上述经营宗旨，河本大作通过对山西工人的剥削，积极扩大“山西产业株式会社”的规模。在河本大作任职期间，该会社的工厂数量从 36 个增加到 42 个，资金由 3 千万日元增加到 8 千万日元。该会社除直接供应驻山西日军军需外，还将大量的钢铁、煤炭、棉布、皮革源源不断地运回日本。河本大作还将该会社下属的“中央制作所”、“火具部”等改为战地工厂，直接为当地日军制造战车、火炮等武器。

为了弥补劳力资源的不足，河本大作还勾结日本山西派遣军司令部和伪山西省政府日本顾问室，将山西省十九岁至二十一岁的壮丁都强征起来，押送到“山西产业株式会社”所辖的工厂和矿山，被迫为河本大作推行的“现地自活体制”卖命。

同时，河本大作还以招收民工为名，欺骗河北、河南等地的贫苦农民到山西的煤矿和铁矿做工。在矿山，矿工们被迫进行长时间的禁闭劳动。由于劳动条件十分恶劣，生产安全毫无保障，造成中国矿工大量伤亡。仅大同煤矿，被日本侵略者迫害死的中国矿工就有 6 万多人。

1945 年 8 月 15 日，日本宣布无条件投降，但河本大作却不甘心失败，他一方面将“山西产业株式会社”的资产全部移交给阎锡山，一方面唆使日本山西派遣军拒绝八路军的受降命令，只向阎锡山的军队缴械。蒋介石发动反革命内战后，河本大作又伙同伪山西省日本顾问城野宏等人，发起所谓“在晋日人残留运动”，胁迫一部分日军官兵加入国民党第二战区太原绥靖公署暂编独立第十总队，直接参加中国内战。

1949 年 4 月，中国人民解放军对太原发起总攻击，逮捕了参加日本侵华战争和国民党反革命内战的“双料”战犯河本大作。1955 年 8 月 25 日，河本大作病死于太原战犯监狱。

38. 大川周明

大川周明（1886 年—1957 年），日本山形县人。

大川周明在日本是以擅长于策划阴谋活动而闻名的法西斯政客。在二十世纪三十年代，他参与策划了一系列促使日本建立法西斯独裁政权的阴谋活动。1931 年 3 月，大川周明伙同桥本欣五郎、小矶国昭等人，共同策划了拥立宇垣一成大将组建军人独裁政权的“三月事件”。结果，由于宇垣一成在计划即将付诸实施时突然变卦，拒绝在政变成功后出任政府首脑，导致大川周明等人精心策划的“三月事件”中途夭折。

“三月事件”失败后，大川周明马上又与桥本欣五郎一起，策划了拥立荒木贞夫大将上台的“十月事件”。当时，他们缺少活动经费，大川周明便利用“三月事件”中，小矶国昭和桥本欣五郎曾送给他一万枚准备用于政变的训练手榴弹一事，对陆军省进行讹诈，威胁说要公开揭露陆军省高级军官向他和小矶、桥本等人提供了训练手榴弹，支持他们发动武装政变，最后迫使陆军省送给他二十万日元的“遮丑费”，被大川周明和桥本欣五郎用于拥立“皇道派”首领荒木贞夫上台的阴谋活动中。但“十月事件”也以失败告终。

大川周明不肯善罢甘休。为了在日本建立法西斯独裁政权，1932 年 5 月，大川周明又策动“皇道派”青年军官古贺清志等人，在东京发动军事政变，刺杀了首相犬养毅，还袭击了一些政府机关，制造了“五·一五事件”。“五·一五事件”结束了日本战前的政党政治，法西斯军部逐渐控制了国家政权。在随后成立的由海军大将斋藤实任首相的举国一致内阁中，由于陆相荒木贞夫的庇护，大川周明作为策划“五·一五事件”的主谋，最初仅被判处十五年徒刑。1934 年 11 月第二审判决，又被改判为七年徒刑。

大川周明更多的活动是从理论上为日本法西斯服务。他的著述极多，被称为“大东亚论客”。

早在东京帝国大学攻读印度哲学时，大川周明曾读过英国人亨利·柯顿的《新印度》一书。在这本书中，大川周明了解了英国称霸亚洲和殖民印度的过程，促使他从超世脱俗的印度哲学中返回现实。大川周明开始研究英国的殖民历史和殖民政策，他从研究中体验到了统治和压迫的快乐，开始信奉弱肉强食的“哲学”，并潜心研究宣扬侵略扩张的法西斯理论。

1915 年，大川周明专程赶到中国上海，把臭名远扬的日本法西斯理论家和活动家北一辉接回国。1920 年，大川周明与北一辉共同创办了日本早期右翼法西斯团体“犹存社”。“犹存社”以北一辉撰写的八卷本《日本改造法案大纲》为理论基础，标榜所谓的大亚细亚主义，进行对外侵略扩张的宣传活动。1925 年，大川周明又创办了另一个法西斯团体——行地社”，出版了《月刊日本》杂志，提出了“建设维新的日本”，“确立国民理想”，“解放有色人种”等法西斯口号。

1931 年“九・一八事变”发生后，大川周明利用日本民众对形势的关心，在军部的唆使下，从“满铁”东亚经济调查局和“行地社”内，选拔了几十名骨干组成演讲团，到日本各地进行游说，向日本民众宣讲所谓的“满蒙是日本的生命线”、关东军侵占中国东北是为了“确保日本的生命线”等荒谬理论，企图混淆视听，博取日本民众对政府和军部侵略政策的支持。

在积极从事法西斯宣传活动的同时，在整个二十世纪二三十年代，大川周明先后撰写了《复兴亚细亚诸问题》、《复兴印度之精神根据》、《亚细亚建设者》,《近世欧罗巴殖民史》等几十本法西斯理论著作，形成了他的法西斯理论体系。大川周明法西斯理论体系的主要内容是“日本精神”。他自述经过多年探索，经过“精神上多年的游历之后，我再复归于我的魂之故乡。在日本精神之内，我才初次看到长期间所得不到的东西。”那么，大川周明所说的“日本精神”究竟是什么呢？概括起来就是，明治维新时期的“尊皇攘夷”思想，武家时代崇尚武力的“剑客”精神，在知行合一思想指导下的充分自信和随机应变的能力，还有个人灵魂和意志的磨炼修行，在大川周明这个“杂烩式”的思想体系中，贯彻始终的主线是鼓吹对外侵略扩张。

大川周明在他的多部著作中，都鼓吹要建立由日本、朝鲜、中国以及印度等国组成的“大东亚共荣圈”，并声称“共荣圈”的领导权只能归于日本。他说：“大东亚共荣圈要以领导和被领导的关系作为必然的前提。假若不是让有领导能力者行使领导权的话，秩序就会发生紊乱”，“日本掌握其领导权，可以说是为了东亚新秩序的确立和发展的极其自然而必要的事情。不能为了缓和第三国的嫉视，或者为了顾虑东亚各民族的感情而表现出过分的谦让。”

大川周明还为日本设计了对外侵略扩张的战略：“把日本、满洲、中国共同划为广阔经济圈加以巩固，以此为基础而实现从东南亚开始到印度、中亚的解放。”大川周明认为，日本要想称霸世界，就必须在中东与英国决斗，在太平洋上与美国争雄，并最终打败英、美，实现世界“维新”。为此，他竭力叫嚣战争；“天国总是存在于剑影之中，东西两强国（指日本和英国）以性命相拼赌的决斗，大概是历史安排的，为新世界诞生所不能避免的命运。”他担忧日本不能做好发动侵略战争的准备，几乎是声泪俱下地呼叫着：“日本呵！是一年后，十年后，还是三十年后，那只有天知道。说不定什么时候，天将命你赴战，要一刻也不能大意地充分做好准备啊！”

大川周明还大肆宣扬所谓的种族优越论，鼓吹日本的大和民族比其他民族优越，是“远东的雅利安人”（“雅利安人”是种族主义者所谓的“高等种族”的代称。——作者注）。大川周明呼吁要借助于侵略战争来实现大和民族的优越性。为了证明他的大和民族优越的观点，大川周明在 1924 年出版的《复兴印度之精神根据》一书中，毫无根据地胡诌什么“日本是地球上建立的第一个国家，所以它的神圣使命是统治所有的民族。”

大川周明的思想和理论，对日本法西斯运动的发展和侵略扩张政策的制定，都产生过重大影响，大川周明是当年泛滥于日本的种族主义和侵略情绪在思想上的奠基人。

日本战败投降后，大川周明被远东国际军事法庭定为甲级战犯，后因罹患精神病而逃脱了审判。

39. 冈村宁次

冈村宁次（1884—1966），第二次世界大战期间曾任日本侵华派遣军总司令官，是日本法西斯首要战犯之一。

1903 年冈村宁次从中央幼年学校毕业，升入陆军士官学校步兵科。1904 年日俄战争爆发，冈村作为陆军士官学校第 16 期学生毕业，被授予少尉军衔，分配到留守队，因而未参加战争。1907 年晋升中尉，隶属陆军士官学校学员队，担任中国留学生队的区队长。

1913 年冈村从陆军大学毕业，因成绩优秀而获大正天皇嘉奖。后被分配到参谋本部战史课工作，为了编纂日德战史，冈村被派往中国青岛。1917 年起作为参谋本部部员常驻北京。1921 年已是少佐的冈村宁次以巡回武官身份赴欧洲，参与组织忠于裕仁（当时为皇太子）的秘密军人组织。这个组织后来被称为"天皇党羽集团"，由一批少壮陆军军官组成，其目的是加强日本陆军现代化，取代守旧的长州藩阀领导，以推进对外扩张政策。核心成员除冈村宁次外，还有他在陆军士官学校的同期同学永田铁山、小烟敏四郎。这 3 个人后来在日本陆军中以"三羽鸟"（三杰）著称。他们还网罗一批下级军官，以"十一人亲信集团"而知名，其主要成员如东条英机、土肥原贤二、板垣征四郎等，后来都是日本首要法西斯战犯，成为日本陆军的中坚和侵略中国的元凶。

1923 年，冈村宁次作为参谋本部部员常驻上海。1925—1927 年，在浙江任北洋军阀孙传芳的军事顾问。1927 年升为大佐，任第 6 步兵联队的联队长。1928 年 5 月，率领日本侵略军参加占领济南的战争，大肆烧杀掳掠，是"济南惨案"的主凶。1929 年任陆军省人事局助理课长。在此前后，日本帝国主义加快了侵略中国的步伐，法西斯团体纷纷出笼。1930 年 10 月，陆军省和参谋本部少壮派军官组成以推进国家法西斯化为目的的政治团体“樱会”，冈村是该团体重要成员，与法西斯思想家、后来的甲级战犯大川周明关系十分密切。冈村还是陆军的法西斯团体“一夕会”的重要成员。

1932 年 1 月 28 日，日本侵略军进攻上海。2 月，冈村宁次被任命为上海派遣军副参谋长，指挥对中国的侵略战争。同年 4 月，晋升为少将，8 月出任关东军副参谋长兼驻伪满大使馆武官。

1933 年 3 月，日军占领热河后，大举进攻长城各口。由于蒋介石阻挠抗日，日军得以直逼平、津。5 月 31 日，冈村代表关东军同国民党政府签订所谓《塘沽协定》，逼迫国民党政府承认日本占有中国东北及热河，并划绥东、察北、冀东为日军自由出入区，为日本进一步侵占整个华北打开了大门。

1935 年，冈村出任参谋本部第 2 部部长。次年升为中将，出任第 2 师团师团长。1937 年 7 月，日本侵略军发动“七·七事变”，开始全面侵华战争。1938 年 6 月，冈村被任命为第 11 军司令官，随即参加进攻武汉的作战。他率领第 6 师团、第 27 师团、第 101 师团、第 106 师团和波田支队，沿长江两岸西进，于 6 月 12 日占领具有战略意义的安庆空军基地，拉开了武汉会战的序幕。随后率日军继续溯江而上，7 月 26 日占领九江。由于中国军队的抵抗，冈村的部队受阻，在庐山一带与中国军队打了几个月的拉锯战。日军一路烧杀，所到之处无不成为废墟，无数中国人民惨遭杀戮。9 月，冈村的部队在海空军配合下，先后攻克马头镇、田家镇等长江两岸的要塞，突破庐山天险，逼近武汉。10 月 27 日，日军占领武汉三镇。此后中日战争进入战略相峙阶段。

1941 年 4 月，冈村宁次晋升为大将。7 月，出任华北方面军司令官。在此前后，侵华日军已将其兵力用于进攻中国共产党领导的广大敌后抗日根据地。冈村指挥日军多次对抗日根据地发动大规模“扫荡”，实行极其残酷的“三光政策”，欠下累累血债。

1944 年初，日本帝国主义在太平洋战争中败局已定，同南洋的海路被切断。为了救援侵入南洋的孤军，摧毁美军在中国大陆的航空基地，日军急需打通平汉、粤汉铁路，以图建立一条从中国东北直到越南的“大陆交通线”。为此，从 4 月中旬开始日军发动了号称“一号作战”的豫湘桂战役。战役第一阶段，日军目的在于占领平汉线南部阵地。从东北、华北调集的 14.8 万日军，在华北派遣军司令官冈村宁次指挥下，分数路进犯豫中。4 月 18 日，日军从河南中牟强渡黄泛区，然后分 3 路展开攻势。22 日攻陷郑州，5 月 1 日占领许昌，25 日攻占洛阳，只用 38 天就占领了河南全省。接着，华中、华南等地的日军相继攻占长沙、衡阳、桂林、柳州、南宁等城市，于 12 月中旬达成打通大陆交通线的战略目标。在这期间，冈村由于指挥作战有功，同年 8 月被任命为第 6 方面军司令官，11 月又出任侵华派遣军总司令官。打通大陆交通线作战完成后，冈村曾向日军大本营建议进军四川，因为日本在太平洋战事吃紧而未获批准。

中国人民坚持持久抗日的方针，致使 100 多万侵华日军陷入泥潭而不能自拔。但是，冈村宁次等军国主义战争狂人仍在作垂死挣扎，他身为侵华日军最高指挥官，直到日本投降前夕的 1945 年 8 月 12 日，仍命令日军负隅顽抗，叫嚣宁可玉碎决不收兵。8 月 15 日，日本宣布无条件投降。当天蒋介石电告在南京的冈村宁次，令其停止一切军事行动，并派代表到玉山听候中国战区受降主官何应钦的命令。8 月 17 日，冈村才复电蒋介石，答应派副参谋长今井武夫等人到杭州候命。由于玉山机场大雨，跑道不能使用，临时决定改用湖南芷江机场。21 日，双方代表到达芷江，商洽受降事宜。23 日，中方通知日方决定中国战区受降签字地点在南京。9 月 9 日，中国战区日本投降签字仪式在南京陆军军官学校礼堂举行，冈村宁次代表日本方面签署投降书。至此，日本侵略中国的战争以彻底失败告终。

1947 年 8 月，冈村宁次作为战犯被国民党政府审判战犯军事法庭逮捕，关进上海监狱。不久，蒋介石出于内战的需要，从监狱里释放一批日本战犯，并从中挑选出 10 余人充任他的秘密军事顾问。于是，冈村宁次摇身一变而成为蒋介石的首席军事顾问和亲信，极力为蒋介石出谋划策，参加对解放区的进攻。

1949 年 1 月 26 日，冈村宁次被国民党政府宣判“无罪”，释放回国，这个罪大恶极的法西斯战犯逃避了应得的惩罚。1950 年，冈村宁次为了报答蒋介石的“不杀之恩”，应蒋介石之邀派 19 名陆军参谋人员到台湾，帮助蒋介石训练军队，并亲自担任台湾“革命实践研究院”的高级教官。1955 年，冈村宁次在日本纠集旧军人拼凑全国性法西斯组织战友联，任副会长，积极参与复活军国主义的活动，并在幕后为组建日本自卫队起过重要作用。1966 年 9 月 2 日，冈村宁次病死，结束了罪恶的一生。

40. 石井四郎

石井四郎（1892 年—1959 年），日本千叶县人，是臭名昭著的细菌战犯，他不仅首创了日本的细菌部队，而且使用大量战俘和平民进行惨无人道的细菌实验，并在侵华战争中多次使用细菌武器。

石井四郎进行细菌武器的研制和发明，都是在活人身上进行实验的。在第七三一部队内，设有一个专门关押用作实验者的特别监狱，负责管理特别监狱的是直属石井四郎领导的第七三一部队特别班。为了保守第七三一部队这个“秘密中的秘密”，石井四郎任命他的二哥石井刚男为特别班班长（即监狱长），特别班的五十多名队员也大多来自石井的家乡。石井四郎把关在监狱内准备用于实验的活人叫作“马路大”①。

石井四郎的实验在试验室或靶场进行。在实验室，石井四郎命人把鼠疫、炭疽热、鼻疽等烈性传染病菌直接注射到受实验者身上，然后再观察被感染病菌后的效果。受过此种实验的人多半都死去了，一时没死的还要拿去再做实验，直到死亡为止，死亡者的尸体经过病理学解剖后，最后送入焚尸炉火化。

最惨无人道的是用活人进行生理解剖实验。第七三一部队一名曾亲眼目睹过活人解剖的队员，在几十年后胆战心惊地回忆说：在手术台上，对受实验者施行麻醉后，便开始动刀了。手术刀从喉咙处一条线割下来，从左边绕过肚脐，一气割到阴部（耻骨缝），受害者浑身是粘乎乎的鲜血，露出了白色的脂肪。手术刀在腹腔上打开一个小孔，执刀者插入两个手指，使劲把腹壁往上一拉，插入铁夹，然后把手术刀插进腹腔里，往下方割，里面露出复杂的纠结在一起的内脏……受害者就这样不知不觉地被活活解剖了。

---

① 日语マルタ的译音，意即“木头”。

除了进行活人解剖外，还有同样歹毒的靶场实验。凡是第七三一部队研制出的细菌武器，石井四郎都指示要拿到近似于实战条件的靶场进行实验。第七三一部队的专用靶场在距平房镇约260公里的安达。通常采用的实验方法是将数名受实验者捆绑在靶场上，然后由低空飞行的飞机投下细菌炸弹。凡是在靶场实验用的都是极有效的致命武器，受实验者都在痛苦中悲惨地死去。据可靠资料统计，1940年至1945年8月间，在第七三一部队内受残害者不下三千人。

石井四郎将细菌武器大规模地用于侵华战争前后共有三次。第一次是在1940年7月，石井四郎亲自率领第七三一部队细菌远征队，乘飞机在宁波地区散布了染有鼠疫的跳蚤，结果引起宁波、鄞县、衢县等地鼠疫病流行，造成中国平民大量死亡。1941年夏季，石井四郎又派出由一百人组成的第二批远征队到常德和洞庭湖一带，用飞机散播了大量鼠疫菌。结果，引发了强烈的鼠疫症。1942年夏季，石井四郎再次亲自率领第七三一部队细菌远征队到浙江金华等地投放细菌，石井四郎这次采用了地面投掷的方法，指挥部下将细菌投入水中，还做好三千个放有伤寒菌和副伤寒菌的馒头，分发给中国俘虏吃，然后释放了这些俘虏，让他们再去传染别人。石井四郎在侵华战争中使用细菌武器杀害了数千名中国军民。

1945年，世界反法西斯战争进入决战阶段后，垂死挣扎的日本帝国主义，竟丧心病狂地准备进行一场细菌战。为此，参谋本部和关东军重新启用了细菌战专家石井四郎，将他晋升为军医中将，派他返回第七三一部队重新担任部队长。石井四郎复任后，在对第七三一部队的骨干训示时说：1945年6月至9月间，将会发生日本与中、美、苏等国的最后决战，因此，“我们必得极周密地准备对美国及苏联作战……要使用最后极端手段，包括细菌武器在内，以资争得有利于日本的转变。”最后，石井四郎发狂似地喊道：“关东军除细菌战之外，没有得胜希望。”

为了准备进行细菌战，石井四郎下令加紧繁殖跳蚤和大量制造细菌，要求在9月份以前培养出三百万个鼠类，用于繁殖跳蚤。于是，第七三一部队及所属各支队组织了多个“捕鼠专业队”，穿梭于哈尔滨、长春等地的街道、田野，挨门挨户地捕捉老鼠。仅第七三一部队的海拉尔支队，就捕获和繁殖了一万三千只老鼠。

为了大量繁殖跳蚤，石井四郎下令从第七三一部队下属的四个支队中各抽五人，组成一个二十人的特别训练班，研究培养跳蚤的方法。在石井四郎的督促下，到1945年7月，第七三一部队已生产储备了一百公斤以上的鼠疫苗，以及大量的伤寒、霍乱、赤痢、脾脱疽等各种细菌，这些细菌的数量十分惊人。日本专门研究第七三一细菌部队的著名作家森村诚一曾科学预断："假如把第七三一部队储存的细菌和数吨跳蚤、老鼠等散布到苏联各大城市，可怕的传染病很快就会蔓延欧洲大陆。从理论上讲，第七三一的储备量毁灭全人类也是绰绰有余的。"

然而，未等石井四郎施展细菌战，1945年8月9日，苏联红军以迅雷不及掩耳之势向日本关东军发动了强大的攻势，打得关东军溃不成军。8月10日上午，石井四郎收到了关东军司令部下达的迅速撤退的命令。为了销毁罪证，石井四郎又指挥第七三一部队进行了一场大屠杀、大破坏。

8月10日晚，第七三一部队用卡车将一千个人体标本扔进了松花江。来不及带走的实验记录和材料都被烧毁。大量的细菌培养器、冷冻设备、显微镜、化学天秤、陶制细菌炸弹等，一件一件地都被毁掉了。然后，又用极其残暴的手段杀害了三百余名被监禁者。最后，石井四郎下令用炸药和重油摧毁了第七三一部队的所有建筑物。

为了不走漏第七三一部队生产细菌武器的罪恶秘密，8月16日，石井四郎在长春火车站，威胁准备撤退的第七三一部队队员及家属说："日本战败了，你们就要回到国内去。你们无论到哪里，都要保守第七三一部队的秘密。如果谁要泄露了军事机密，我石井就是追到天涯海角，也要把他找到！"部署完了破坏和撤退后，石井四郎携带有关研制细菌武器的重要资料，先行逃遁回国，但第七三一部队的一部分队员因来不及逃跑，被苏联红军俘虏，关押在苏联西伯利亚战俘营。苏联政府通过对第七三一部队被俘人员的审讯，才初步了解并向外界揭露了日军细菌部队的秘密。

1946年5月，当远东国际军事法庭开庭审判日本甲级战犯时，苏联政府根据已掌握的材料，要求将石井四郎列为甲级战犯逮捕并审判。但是，苏联的提议遭到美国的阻挠和反对。美国政府出于其反共目的，决定给予石井四郎、北野政次等原第七三一部队骨干以庇护，以换取他们提供有关制造细菌武器的材料。1947 年 9 月 8 日，美国国务院给太平洋战区美军司令兼驻日盟军最高司令麦克阿瑟发来一封密电：“美国当局从美国安全保障的立场出发，不追究石井及其同伙的战犯责任”，因为，“日本的细菌战经验，对美国的细菌研究计划具有重要价值”，“第七三一部队的细菌战资料对于美国国家安全保障上的价值，远远比利用它追究石井等人的战犯罪重要。”这样，双手沾满中国人民鲜血的细菌大战犯石井四郎，轻易地被美国政府“赦免”了。

此后，石井四郎一度销声匿迹，去向不明。1959 年 10 月 9 日，石井四郎因患癌症病死于日本千叶县的家中。

41. 石原莞尔

石原莞尔（1889 年—1949 年），日本山形县鹤冈市人。陆军中将，是日本帝国主义对外侵略扩张政策的积极推行者，曾与坂垣征四郎等人一起合谋制造了“九·一八事变”。

石原莞尔是日本帝国主义侵略扩张政策的理论奠基人之一，根据自幼接受的日本军国主义教育和留学德国时学到的欧洲军事思想，再加上佛教信仰的影响，早在当陆军大学教官期间，石原莞尔便形成了自己独特的思想体系。从 1927 年起，石原莞尔陆续撰写发表了《现在及将来的日本国防》、《战争史大观》、《扭转国运的根本国策——满蒙问题解决案》、《关东军领有满蒙计划》、《从军事上看日美战争》、《满蒙问题我见》等文章，提出了一系列的侵略理论和主张，被人们称为“石原构想”。

石原莞尔之所以要把占领中国东北列为他侵略“构想”的第一步，有着深刻的政治经济背景：二十世纪二十年代末三十年代初，日本发生严重的经济危机，政治动荡不安，以军部为首的日本法西斯势力乘机抬头。他们认为，要想使日本从经济危机的困境中摆脱出来，必须从两方面着手：一是改造国家，打倒政党政治，建立军部独裁政权；二是对外侵略，首先侵占“满蒙”。这两者是密切结合，相辅相成的。但孰先孰后在军部内存在两种不同的意见，有的主张先发动政变、夺取政权、再侵占“满蒙”，即所谓“国内先行论”；有的主张先占领“满蒙”，然后夺取政权，“改造”国家，即所谓“国外先行论”。石原莞尔赞成“国外先行论”，于是把侵占中国东北列为“石原构想”第一步要实施的目标。

1931 年“九·一八事变”后，“石原构想”侵占中国东北的第一步目标已经实现。于是，石原莞尔又进一步提出，日本要最后战胜西方的代表美国，称霸世界，必须巩固、加强、开发日本的战略基地伪“满洲国”。然而，石原莞尔发现，正在实行第二个五年计划的苏联已对伪“满洲国”构成严重“威胁”。因此，“石原构想”的第二步目标是制服苏联，“解除北方之威胁，以便对南洋及中国积极推行日本国策”。而实现这第二步构想的前提，是进行“国家改造”，石原莞尔认为，若不建立军部独裁政权，就无法发动侵略苏联的大规模战争。为此，1936年末，石原莞尔秘密拟定了一个《政治工作五年计划》，准备建立“日本国权社会党”，以1941年为目标夺取全国政权，建立以他本人为核心，包括坂垣征四郎在内以关东军“满洲派”为主的政府，进而全面实现“向南洋发展，在决战中打败美国”、称霸世界的“石原构想”。这个计划被披露后，有人评论说，如果条件具备，石原莞尔很有可能成为日本的希特勒或墨索里尼。

“石原构想”在日本军国主义侵略扩张的历史上占有重要位置，它不仅直接指导日本侵略军发动“九·一八事变”和发起针对苏联的武装挑衅活动，而且成为日本军部制定侵华政策和发动太平洋战争的“理论依据”。仅从这一点来说，石原莞尔可称得上是日本侵略扩张政策的一名理论奠基人。

1937年3月1日，石原莞尔晋升为陆军少将，调任参谋本部作战部部长。不久，“七·七事变’爆发，石原莞尔立即指导作战部拟订了《处理时局纲要》、《处理华北时局要领》，提出“增兵华北，将中国军队驱逐出平津方面”的主张。7月10日，石原莞尔又批准了作战部制定的向中国派遣兵力和作战行动准则的命令。7月11日，石原莞尔告诉即将赴任的中国驻屯军司令官香月清司，关东军一部和第二十师团及国内三个师团即将开赴华北，调归他指挥，示意香月清司可以放手扩大侵华战争。7月16日，石原莞尔以作战部长的身分再次作出决定：“当转向对华北全面作战，战局扩大到全中国时，华北方面的作战以陆军为主，华中、华南方面的作战主要由海军担任”，“在上述情况出现时，还可根据需要动员必要的师团派往华北及满洲，以利发展战局和对第三国，尤其对俄国的警戒。”7月18日，石原莞尔又批准了作战课提出的“对华全面作战”的设想，下令“以国内三个师团为基干的兵力于华北集中”，“根据情况派遣一部兵力到青岛、上海”。在石原莞尔的怂恿、策划下，日本帝国主义发动的侵华战争全面展开。

1938年12月5日，石原莞尔出任舞鹤要塞司令官。1939年8月，又调任驻守京都的陆军第十六师团师团长。在此期间，石原莞尔出面组织了一个“东亚联盟运动”。这个运动表面上打着所谓日、“满”、华提携的招牌，实际上，所谓“三方提携的东亚联盟”，必须以承认“满洲国”为前提，并且日本作为东亚的保护指导者要理所当然地居于“盟主”地位，实质是日本控制中国，使中国彻底沦为日本的殖民地。

石原莞尔退出军界后，以立命馆大学为基地，担任国防研究所所长，专门讲授《国防论》，继续宣传他的侵略主张。1945 年日本战败投降后，石原莞尔为了不使自己也被当作发动侵略战争的罪犯受到审判，便利用盟国对日本头号战犯东条英机万分痛恨的情绪，将自己装扮成受东条英机迫害的“和平战士”。同时，石原莞尔还投美国人所好，接连发表《我们的世界观笔记》、《新日本的出路》等文章，一改昔日狂妄好战的侵略腔调，假惺惺地提出么“放弃战争”，建设“不要战争的文明”的主张，企图混淆视听，欺世盗名。为了博取占领军的欢心，石原莞尔躺在病床上给驻日盟军总司令麦克阿瑟写了一封建议书，提出所谓“超阶级的政治”，“过去的政治是为阶级利益的政治”，而“超阶级政治”只是“为了理想”。由于石原莞尔的见风使舵、投机钻营，最终竟侥幸逃脱了审判和惩罚。

1949 年 8 月 15 日，石原莞尔病死家中。

42. 裕　仁

裕仁（1901—1989），日本第124代天皇，又称昭和天皇。他是明治天皇的皇太子明宫嘉仁亲王（大正天皇）和王妃九条节子（贞明皇后）的长子。出生不久，按照习惯被寄养在川村纯义海军中将家中。4年后裕仁回到宫中，由宫中顾问官木户孝正负责养育。1908年，裕仁进入专供皇族攻读的学习院初等科读书。当时的学习院院长是曾在日俄战争中立下“战功”的军国主义分子乃木希典大将。裕仁在乃木的严格教导下，开始接受武士道的启蒙教育。

1912年7月，明治天皇死，嘉仁即位为大正天皇。同年9月，裕仁被封为皇太子，并被授予中尉军衔和海军少尉军衔。1914年从学习院初等科结业后，裕仁进入东宫御学问所深造，由几个专职老师给他讲课。御学问所总裁是曾在日俄战争中取得日本海大海战胜利的东乡平八郎海军大将。在以后近7年中，裕仁学习了军事、历史、数学、博物学、伦理学等学科。一位专门研究满洲的男爵曾详细地给他讲述满洲对日本的重要性。教伦理学的杉浦重刚是一个对外扩张主义者，不遗余力地向裕仁灌输皇室中心主义和军国土义思想。青少年时代的裕仁整天身着陆军军服，在军人的指导下学习。在此期间，他学会了游泳、马术和玩高尔夫球，并对日本海湾昆虫和贝壳产生了浓厚的兴趣。

1921年3月初，裕仁乘“香取号”军舰出访欧洲的英国、法国、比利时、荷兰和意大利等国，9月初回到日本，成为日本第一个出国访问的皇太子。11月25日，由于大正天皇长期患精神病，皇室会议宣布裕仁为摄政，从此，裕仁以天皇的名义行使最高权力。

1924 年 1 月 26 日，裕仁与久迩宫邦彦亲王的女儿良子举行结婚典礼。右翼团体为婚礼担任警戒，黑龙会头子头山满应邀出席。

1926 年 12 月 25 日，大正天皇死，裕仁继承皇位，改年号为“昭和”。“昭和”出典于中国《书经》的《尧典》，取“百姓昭明、万邦协和”之意。但具有讽刺意味的是，此后不久日本迅速走上对外侵略的战争道路。

1927 年 4 月，陆军长州藩阀巨头田中义一上台组阁，日本军国主义加快了侵略中国的步伐。5 月，为阻止国民革命军北伐和扩大对华侵略，日本出兵山东。6 月，田中在东京召开“东方会议”，确定对外侵略扩张的具体方针。根据会议内容而提呈天皇的“田中奏折”声称，“欲征服中国，必先征服满蒙；欲征服世界，必先征服中国”，要“利用中国的丰富资源征服印度及南洋群岛，并进而征服中小亚细亚以及欧洲”。1928 年 4 月，日本第二次出兵山东。5 月，日军占领济南，奸淫掳掠，屠杀中国军民 5000 余人，制造了“济南惨案”。日军的这一系列侵略行动，是经过裕仁批准的。

1928 年 6 月，日本关东军未得到天皇命令而炸死奉系军阀张作霖。裕仁为“维护军纪”，命令处罚肇事者。由于陆军和政友会反对处罚，首相田中义一向裕仁作假报告，说陆军内没有凶手，遭到裕仁的申斥。田中失去裕仁的信任，被迫辞职。但是，由于裕仁事后的“宽容”态度，这一事件的元凶——关东军参谋河本大作等人只受到轻微的处分。同年 11 月，裕仁在京都御所紫宸殿举行即位大典时，却大谈什么“永保世界和平”，足见其虚伪性。田中的辞职，也表明了绝对主义天皇制的实质。

1931 年 9 月 18 日，日本关东军制造九・一八事变，不久整个东北都被日军侵占。对于这种不经宣战即占领一个国家领土的侵略行径，掌握宣战大权的裕仁并不反对。当侵略中国的胜利消息频频传来时，因擅自从朝鲜调兵增援关东军而犯有越权罪的驻朝鲜军司令官林铣十郎，反而受到裕仁的称赞。1932 年 1 月，裕仁发布敕语，对日本侵略军大加赞扬，同时嘉奖策划九・一八事变的关东军司令官本庄繁，说什么“皇军已威震四海，朕深嘉之”，授予他一等旭日大绶章等。1937 年本庄繁晋升为大将，被任命为天皇的侍从武官长。由此可见，裕仁是同意和支持侵略中国的。

1932 年 1 月 28 日，经裕仁批准日本侵略军进攻上海。事后，裕仁对侵略军大加褒奖，说什么“使皇军威武扬于海内外，朕深嘉其忠烈”。同年3月1日，日本在中国东北制造伪“满洲国”傀儡政权。9月，裕仁批准《日满议定书》，日本宣布承认伪“满洲国”。1933年2月24日，在国际联盟日内瓦会议上，除日本外（42比1）各国一致反对日本在中国东北的军事占领，不承认伪“满洲国”。日本政府按照裕仁的事先批准，随即退出国际联盟，为此，裕仁还发表诏书，满口仁义道德，继续重弹“保卫和平”的老调。

1935年，日本发生所谓“天皇机关说”事件。东京帝国大学的美浓部达吉教授在解释明治宪法时把天皇解释为“国家机关”，以军部为首的法西斯势力认为此说有损天皇的绝对权力而激烈反对。日本政府因此两次公布“国体明征训令”，取缔天皇机关说，宣布统治权的主体在于天皇。

九·一八事变前后，日本右翼团体与军阀紧密勾结，鼓吹“昭和维新”，提出“清君侧”，要求“天皇亲政”，从而推进国家法西斯化。与此同时，法西斯军人在拥戴天皇的名义上不断策动政变，规模较大的有五·一五事件（1932年）和二·二六事件（1936）。在这种形势下，裕仁出于自身统治的需要，反对一部分人的过激行动，下令对二·二六事件的叛乱分子加以镇压，但最后还是确定了叛乱分子所要求的军部法西斯独裁政权。1936年11月，经裕仁批准，日本和德国签订“反共产国际协定”。

1937年7月，日本发动七·七事变，开始全面侵华战争。8月13日，日军进攻上海。11月12日上海沦陷。裕仁虽然没有发布宣战昭书，但对发动大规模侵略战争积极支持。当胜利捷报传来时，裕仁兴奋不已，接连发布敕谕，激励日军将士迅速“戡定敌军”，以宣扬“皇威于国内外”。同年11月，裕仁亲自负责指挥战争，在宫内设立帝国大本营凌驾于参谋本部之上。身为统帅全军的大元帅，他并不下令停战，致使侵略战争不断扩大，这充分证明裕仁对战争负有责任。12月13日，日军在华中方面军司令官松井石根指挥下占领南京，制造了震惊中外的“南京大屠杀”。松井回国后，裕仁并不追究其罪责，反而亲自接见，大加奖赏，授予一级金鹰勋章。大屠杀的其他罪魁祸首也都得到裕仁奖赏。

随着侵略战争的扩大，以陆军大臣板垣征四郎为首的法西斯军人积极推进缔结日、德、意三国同盟。裕仁担心同美、英开战，表示反对。当他得知陆军没有按照他的旨意办时，大为震怒，严厉申斥板垣。可见天皇的外交大权是不容侵犯的。

1939 年 9 月，第二次世界大战全面爆发。德国在欧洲侵略战争的胜利，使裕仁忘乎所以，终于在 1940 年 9 月同意签署日德意三国同盟条约。于是，日美战争不可避免，日本由此迈出了走向全面崩溃的第一步。

1941 年 6 月，德国进攻苏联。在 7 月 2 日御前会议上，日本政府确定了《帝国国策纲要》，决定在准备对苏战争的同时，不惜同美英一战。裕仁同意这个纲要。在此前后，日军经裕仁批准侵占了整个印度支那，由于苏联以重兵坚定边境，日本北进企图未能得逞。9 月 6 日—11 月 5 日，经数次御前会议，最后决定对美英荷开战。从 11 月 1 日起，裕仁下达一系列作战命令，并批准袭击美国在太平洋的海军基地珍珠港，同时进攻马来半岛。12 月 8 日，日军偷袭珍珠港，太平洋战争爆发。同日裕仁发布宣战诏书，日本向美英宣战。整个战争期间，每当战果辉煌之时，裕仁都要发布敕语，煽动军队和国民的战争狂热。

在中国人民、亚洲各国人民以及美国等反法西斯盟国的共同抗击之下，日军在战场上步步失利，到 1943 年初已被迫由攻势转入守势。但裕仁并不打算停止战争，对主战的东条英机等人始终十分信赖，支持他们竭尽全力将战争继续下去。

1945 年 5 月，德国投降后，日本孤立无援，战败已成定局。7 月 26 日，中美英三国发表《波茨坦公告》，促令日本无条件投降。8 月 8 日苏联对日宣战。8 月 6 日和 9 日，美军接连在广岛和长崎投下原子弹。这时，日本政府和军部内部，接受投降的主张和反对投降的主张尖锐对立。裕仁看到日本已势穷力竭，在 8 月 14 日的御前会议上被迫决定接受公告。当晚日本政府根据裕仁的意见起草了投降诏书，并由裕仁亲自朗读录音。次日中午，日本广播天皇的投降诏书，正式宣布无条件投降。9 月 2 日，日本签署无条件投降书。

美国占领日本后，盟军最高司令部最高司令麦克阿瑟面临首要问题之一是如何处理天皇。他原先认为天皇应对日本发动的侵略战争负责。当时参战的各国政府和国际舆论也都认为裕仁是第一号日本战犯。但美国出于其占领日本和反共产主义的需要，从战争结束之日起就确定下保留天皇及在一定限度内维护天皇制的方针。结果，麦克阿瑟改变了原来的看法，动用权力处处袒护裕仁，以致裕仁没有被以战争罪起诉。1945 年 9 月 27 日，裕仁降尊拜会麦克阿瑟，昔日被奉若神明的天皇的尊严从此一去不复返了。历史事实表明，裕仁对日本的对外侵略战争负有不可推卸的责任，是逃脱了国际正义惩罚的第一号日本战犯。

美军占领初期，占领当局发布废除神道特权、禁止天皇神格化、冻结皇室财产等一系列指令，同时实行政治、经济改革，对于摧毁绝对主义天皇制起了一定作用。1946 年元旦，裕仁发表“人间宣言”，宣布自己不是神，而是普通的人。同年 11 月公布《日本国宪法》（从 1947 年 5 月 3 日起实施），从此天皇神化的迷信被彻底破除，专制独裁的近代天皇制变成了象征性天皇制。

战后 40 多年来，日本国内围绕天皇制存废问题曾有激烈的斗争，但由于战前天皇制教育的影响根深蒂固，天皇在许多日本人尤其是年龄较大的人心目中仍有一定的地位。1971 年，裕仁身为在位天皇出访欧洲各国，1975 年出访美国。据说，裕仁还是海洋生物学者，经常在宫内生物学研究所研究海洋生物。

1989 年 1 月 7 日，裕仁因病去世，皇太子明仁继位，改年号为“平成”，昭和时代结束。

43. 克卢格

克卢格（贡特尔·汉斯·冯·克卢格 1882—1944），纳粹德国陆军元帅，第二次世界大战时期曾任集团军司令、集团军群司令和西线德军总司令。

1901 年，克卢格从军校毕业，成为少尉炮兵军官。1912 年，克卢格毕业于军事学院，任职于总参谋部。大战时期，克卢格先后在军师司令部任参谋。1918 年 10 月在凡尔登作战中身负重伤。

1919 年，克卢格被新组建的德国国防军录用而任职于第 3 军区。1921 年晋升为少校，1924 年调入国防部陆军训练局。1926 年出任第 3 炮兵团营长。1927 年晋升为中校，1928 年调任第 1 骑兵师参谋长。1930 年改任第 2 炮兵团上校团长。1932 年任第 3 步兵师炮兵指挥官。1933 年晋升为少将，任通讯兵总监。希特勒的秘密扩军为克卢格继续晋升创造了条件，1934 年晋升为中将，先后出任第 6 步兵师师长和第 6 军军长兼第 6 军区司令。1936 年晋升为炮兵上将。1938 年 2 月，克卢格因“受弗里契事件”的牵连而被迫提前退役，时年 56 岁。如果不是愈益迫近的战争风云，克卢格的军事生涯也许就到此为止。1938 年 10 月，希特勒重新起用克卢格，让他出任新编第 6 集团军司令。

希特勒此时提升克卢格，主要是从对外战争的需要来考虑的。对于克卢格的军事才能，希特勒半信半疑，再加上戈林经常说些克卢格的坏话，希特勒很想在战争中检验他的作战指挥能力。1939 年 9 月，德国入侵波兰，克卢格受命指挥第 4 集团军，与屈希勒尔指挥的第 3 集团军组成北方集团军群。第 4 集团军迅速突破波军的防御，3 天时间就切断了但泽走廊，继续向华沙猛进。就在这时，克卢格因飞机坠毁事故而受伤，中途退出战争。不过，德国第4集团军的战绩业已表明，克卢格通过了希特勒的“考试”。

波兰战役后，克卢格很快恢复健康，并晋升为上将。1940年5月，他指挥第4集团军参加西欧战役。不过，这次他的部队没有担任主攻任务，而是从战线的北翼进攻比利时，策应从阿登山区突破的A集团军群。但他成功地将比军和增援的英军分割开来，迫使比利时投降，继而挥师南下，沿巴黎两侧推进，包围溃退中的法军，攻占布列塔尼半岛。1940年7月，克卢格晋升为元帅。克卢格对希特勒满怀敬意和忠诚，渴望为元首继续拼搏。对于希特勒即将推行的入侵苏联的计划，德国许多高级将帅持有或多或少的怀疑态度，而克卢格却是少数绝对支持的将帅之一。

德国侵苏战争于1941年6月22日凌晨开始。克卢格的第4集团军配属有“闪击英雄”古德里安的第2装甲集群，共21个步兵师、3个摩托化步兵师、5个装甲师、1个骑兵师，构成中央集团军群的右翼以莫斯科为目标，担负侵苏战争的主攻任务。

克卢格部在布列斯特地域发起进攻，一举撕裂苏军防线。一个星期后，和左翼的第9集团军一起，合围了比亚威斯托克的苏军。与此同时，两翼的装甲集群跑得更快，已突到300公里以外的明斯克，形成了更大的包围圈，20个师的苏军被合围。

这时，希特勒对中央集团军群的编制重新调整，两个装甲集群合编成第4装甲集团军，统由克卢格指挥。克卢格命令装甲集群停止前进，参加聚歼被围苏军，但古德里安仅留下少量兵力，主力则继续前冲。

克卢格对装甲集群不顾后续步兵的高速推进一向有顾虑，西欧作战时，奔袭敦刻尔克的坦克被三次叫停，其中就有克卢格的意见。克卢格与古德里安的私人关系一直不睦，在波兰战役中，古德里安也是配属克卢格作战，两人别扭不断，不和的原因并不在于个人成见，而在于军事见解相左。这与他们相似的性格也有关，就像两头暴躁的公牛，只要一见面，马上就要斗起来。

实践证明，让克卢格独立指挥装甲集团军是不适宜的，希特勒也认识到这一点，时隔不久，中央集团军群又恢复原来的编制。

明斯克、斯摩棱斯克、维亚济马，克卢格所在的中央集团军群和100多年前的拿破仑入侵大军走的是同一路线，径直向莫斯科突进。但是，苏军的抵抗也在逐步加强，莫斯科似乎是不可攻克的。可怕的俄罗斯寒冬已经来临，拿破仑的法军曾被压垮，德国人可能也要重蹈覆辙。苏军开始反攻，许多德军部队溃不成军。但是，希特勒不许后退半步。12 月 19 日，克卢格被提升为中央集团军群司令，取代博克元帅。克卢格全力执行希特勒的命令，主张原地固守。而古德里安认为，军队必须撤退，撤到能安全过冬的有利地形坚守。克卢格和古德里安的矛盾已难以调解，古德里安提出，他们中间必须有人辞职。希特勒决定留下克卢格。12 月 26 日，古德里安愤然去职，这应该说是克卢格的胜利，然而，克卢格的军事理性、独立人格，却为他对元首的忠诚、盲从所湮灭。尽管以后他也想过要反抗，并且在行动上有所表示，但是，克卢格已经陷得太深而不能自拔了。

从 1941 年 12 月到 1943 年 10 月因车祸受伤离职，克卢格一直是中央集团军群司令。他指挥的战役有胜有败，与苏德战场的整个形势密切相关。当希特勒的干预较少时，他可以得心应手地从容指挥；当希特勒直接控制时，他就成了驯服的工具。在战争的紧要关头，克卢格唯希特勒之命是从，成为希特勒的传声筒，或者揣摩元首的心事，察言观色，玩一些两面手法。因此，克卢格获得绰号“聪明的汉斯”。汉斯既是克卢格的名字，又是格林童话中貌似聪明而实则愚蠢的人物。希特勒对克卢格无疑很赏识，于 1942 年 10 月克卢格 60 岁生日时特批 25 万马克作为其生日礼物和奖金。

克卢格的这种“聪明”劲，还表现在对国防军内反希特勒集团的态度上。克卢格的作战部长特雷斯考是反希特勒集团的领导人之一，在德军战况江河日下之时，他们想依靠陆军的力量除掉希特勒，“挽救”德意志民族。克卢格成为他们争取的目标。但是，克卢格犹豫不决，尽管也对这个集团的人表示同情，但绝不让自己卷进去。

1944 年 5 月，盟军在诺曼底登陆，德国西线告急。7 月初，希特勒起用已经伤愈的克卢格为西线德军总司令。然而，作为 B 集团军群司令的隆美尔元帅和克卢格意见相反，两人发生激烈争执。克卢格指责隆美尔悲观失望，执行元首命令不力，隆美尔则反驳道，只要亲自到前线就会知道发生了什么。克卢格对前线进行短暂的视察之后，似乎也失去了信心。

1944 的 7 月 20 日，德国发生谋杀希特勒的爆炸事件。当天傍晚，正在前线的克卢格得到两条相互矛盾的消息：一条来自反希特勒集团，说希特勒已死；另一条是电台广播，说希特勒活着，午夜将对全国发表广播讲话。克卢格拨通最高统帅部参谋长凯特尔的电话，凯特尔则肯定地告诉他，元首活着，密谋分子已经失败。稍后几位参与密谋的将军来到克卢格面前，希望他出来领导。克卢格拒绝担当此任。

在前线司令部昏暗的烛光下，克卢格与这些将军共进晚餐。将军们进言："元帅阁下，在俄国前线时，您曾答应支持我们。现在，千百万德国人的命运和陆军的荣誉都在您的掌握之中！"克卢格则说："是的，我答应过，但是有个前提，那就是希特勒的死亡。可是现在，希特勒还活着，他仍有号召力。"

将军们走后，克卢格立即致信希特勒，严厉谴责密谋分子，表示效忠元首。

但是，已经晚了。根据被捕者的供词，克卢格和隆美尔都被牵连在内。

克卢格对密谋分子的招供自然不知，但是也觉察到了希特勒对他的不信任，因为他的作战计划接连被希特勒否定。

8 月 17 日晚，奉命接任的莫德尔元帅出现在西线德军总司令部，带来了解除克卢格职务的命令。

当时，纳粹对密谋分子的搜捕正在进行，克卢格对自己的结局非常清楚。8 月 19 日，克卢格在回国途中驱车来到邻近德国的梅斯（第一次世界大战时期曾在此战斗），在草坪上吞服氰化物胶囊而自杀。克卢格在留给希特勒的遗书中写道："我的元首：当您接到这封信时，我已经不在人世了……德国人民已经忍受了无数难言的痛苦，快下定决心制止这场毫无希望的战争吧！"信件送到希特勒手中，但元首未作任何表示，只是命令悄悄将克卢格的遗体埋葬。德国官方的新闻广播声称，克卢格元帅因脑溢血而不幸去世。

44. 隆美尔

隆美尔（埃尔温·隆美尔 1891—1944），纳粹德国陆军元帅，人称“沙漠之狐”。

1891 年 11 月 15 日生于德国乌尔姆附近的海登海姆的教师家庭。他的父亲是中学教师，母亲是高级官员的女儿。中学期间，他的理想是当工程师，可是命运却使他成为军人。

隆美尔 1910 年应征入伍，不久即进入军校学习，9 月后重返部队，晋升为少尉。1916 年与露西·莫林结婚。隆美尔在军队服役 34 年，但实际经受炮火洗礼仅有 9 年。假如没有战争，他或许会默默无闻。

第一世界大战中，隆美尔转战西、东战场，很少呆在战壕中，“我一再发现在遭遇战中，胜利总是属于首先用火力重创对手的一方。”隆美尔偏爱快速机动、出奇制胜的战术原则。事实上，这是他成功的决窍，大战期间曾获得一级铁十字勋章和普鲁士高级勋章。

战后，隆美尔当了 12 年的上尉，长期没有晋升。他潜心研究战史，在调任德累斯顿步兵学校战术教官后，根据亲身经历和研究所得，写成《步兵进攻》一书，反复强调进攻和更多更快地发扬火力的重要性。1930 年，他晋升为少校，调任步兵营长。1935 年晋升为中校。不久，他的书引起了希特勒的重视，并任命他为希特勒青年团上校军训教官。尽管他因看不惯这些傲慢青年而很快卸任，但这却成为他以后担任指挥要职的进阶。此后，他担任过新维也纳市军校校长和元首警卫营营长。德波战争前夕，希特勒又任命他为大本营少将指挥官。1940 年 2 月 15 日，调任第 7 装甲师师长。

1940 年 5 月 10 日，德国发动对西欧国家的突然袭击，隆美尔的第 7 装甲师作为闪击法国的“箭头”而独放异彩。进攻命令一下达，隆美尔指挥第7装甲师如脱弦之箭，迅速突破对方的防线，两天后强渡马斯河。5月19日攻克康布雷。6月7日，突破法军索姆河防线。接着，隆美尔率领部队绕过前进道路上的设防据点，一鼓作气渡过塞纳河，急转向西，路经80英里，抵达第厄普海岸。一举切断了法国第10集团军左翼5个师的退路，迫使他们向隆美尔投降。6月18日，隆美尔率部队攻占瑟堡，结束了他在德军横扫西欧中的主要战斗。他的出敌不意的闪电式攻击，使第7装甲师赢得了“魔鬼师”的称号，他本人也获得铁十字骑士勋章。

1941年初，希特勒应墨索里尼之请而同意派兵北非，解救危难。2月10日，希特勒指派隆美尔为德国非洲军军长，两天后隆美尔飞抵的黎波里。经过对敌情的分析，隆美尔不顾上级要他等待5月底2个装甲师运到后才进攻的命令，决定在3月底以1个德国轻装师和2个意大利师突袭昔兰尼加。为了虚张声势，他以德国的大众牌汽车做了许多假坦克，还以卡车扬起漫天尘埃来掩盖缺乏坦克的真相。在隆美尔的突袭下，英军仓促溃退。4月4日，德意军进入班加西，英军两个装甲旅投降。10月，隆美尔又占领离埃及边境只有几英里的巴尔迪亚，并在塞卢姆越过埃及国界线，直接威胁英国在埃及和苏伊士运河的地位，英军被迫退守埃及。

初战获胜后，隆美尔于5月3日攻打英军在昔兰尼加的孤立要塞托布鲁克，失败后转入防御。11月21日，隆美尔决定二打托布鲁克。为了争夺托布鲁克防线的战略要地西迪拉杰格，他决心集中德意军队的坦克部队与英军进行殊死争战。双方的1千多辆坦克在大量飞机火炮支援下，展开了前所未有的沙漠坦克战。德意军队虽然占领了西迪拉杰格，但托布鲁克守军也顺利突围。隆美尔虽然达到了战役目的，终因损失过大而放弃空城，于1942年1月将坦克群撤到雷加休整。

在得到补给、恢复实力后，隆美尔决定对不熟悉沙漠战的英国第1装甲师实施围歼。为了出其不意，他既不把意图通报北非意军总部，也不报告德国最高统帅部，组成两个突击群，亲率先头部队挺进阿杰达比亚。1月22日夜，德意军队开始包围该部，经过激战，英军主力溜出了封锁线。25日，隆美尔向姆苏斯进攻，要彻底歼灭该部。德军快速度挺进，缴获12架飞机，96辆坦克。

隆美尔决定继续进攻。这时意军总参谋长卡瓦莱罗飞抵前线予以阻止。

为此，还剥夺了隆美尔继续指挥意军的权力。但隆美尔不为所动，以佯动欺骗对手，同时亲率突击队冒倾盆大雨，越过难行地段，从东面攻打班加西，使英军大感意外。29 日，隆美尔第二次拿下班加西，俘虏第 4 印度师 1 千多人。这一胜利使隆美尔晋升为上将。英军退守贾扎拉防线，德军占领昔兰尼加突出部。此后，北非德军扩编为装甲集团军，隆美尔升任装甲集团军司令。

1942 年 4 月，德意首脑在上萨尔茨堡商讨非洲作战的战略问题，隆美尔强烈要求最高统帅部占领马耳他岛，以便攻击贾扎拉，夺取托布什克。希特勒和墨索里尼同意隆美尔进攻。

隆美尔制定大胆而简明的计划，决定由意军第 10、第 21 军为主向贾扎拉发动正面进攻，自己亲率非洲军和意军第 20 军夜间迂回贾扎拉，从后方向英军发动进攻。5 月，隆美尔认为有充分迹象表明，英军正在作进攻准备，决定先发制人。5 月 26 日夜，隆美尔率部迂回敌后，第二天拂晓发动进攻，一举夺占雷特马据点，给英国第 2 装甲师以毁灭性打击。此后双方进行一系列旋风般的混战，德国装甲集团军司令部也被英军冲散。29 日晚，非洲军的弹药和汽油告急，隆美尔决定后撤，打通供应线。次日，隆美尔以重兵夺取西迪穆夫塔，生俘英军 3000 人。6 月 11 日，隆美尔在击毁英军坦克 100 多辆、粉碎英军反攻后，率部向骑士桥据点以南推进，从后面攻击英国第 2 装甲旅和第 22 装甲旅，击毁英军坦克 120 辆，拿下莱格岭。当晚，骑士桥守军被迫突围，弃守贾扎拉防线。

6 月 15 日，隆美尔又把主攻点指向防守托布鲁克的关键之所在阿德姆高地，迫使阿德姆守军次日晚突围，使托布鲁克本身的防御无足轻重。6 月 20 日，隆美尔部以猛烈的火力打入托布鲁克，第二天，英军升起白旗，33000 名官兵投降。隆美尔的一再成功，主要依靠机动作战，集中局部优势兵力攻击被分割的敌军，审时度势，不断地由进攻转入退却，由退却转入进攻。6 月 22 日，希特勒晋升隆美尔为元帅。隆美尔的胜利使英国舆论哗然，邱吉尔政府面临信任危机。隆美尔随后争取到希特勒的同意，把攻打马耳他推迟到 9 月，为他入侵埃及让路。

6 月 23 日，隆美尔率部进入埃及，企图把英军赶出阿拉曼，征服尼罗河三角洲。26 日，隆美尔向马特鲁港发动进攻，29 日占领该港。隆美尔命令经过连续作战而已疲惫的军队跟踪追击，攻打精兵把守的筑垒防线阿拉曼。他再次采用穿插迂回的战术，企图迫使英军再次仓皇逃窜，然而历史没有重演，穿插受到坚决阻击。从此，隆美尔陷入注定要失败的消耗战，不再能依靠灵巧的机动制胜。到7月1日，隆美尔只有12辆可供战斗使用的坦克了。隆美尔的补给线太长，遭到英国皇家空军的有效攻击。隆美尔开始为没有事先占领马耳他而受到惩罚。

8月30日，隆美尔决定作进军尼罗河的最后尝试。他故伎重施，在对英军正面进行牵制性攻击的同时，亲率突击群迂回英防线左翼。如此举成功，则分兵向亚历山大里亚和开罗进攻。德意军队的进攻一开始，英军第8集团军新任司令蒙哥马利率部进行了有效阻击。次日，隆美尔迂回成功，向阿拉曼的战略要地阿拉姆哈勒法岭发动进攻，损失惨重，预定计划成为一纸空谈。两天后，由于补给困难，隆美尔只得扔掉50辆坦克、400辆汽车，率突击群全速向东撤退，回到原地。9月23日，隆美尔因病回国休养。10月23日，蒙哥马利发动反攻，希特勒立即将隆美尔派回非洲，但大势已去。唯一值得称道的是他指挥了有条不紊的远程大撤退。退抵突尼斯之后，隆美尔升任德意“非洲集团军群”司令。

1943年3月，希特勒同意隆美尔免职疗养，还授予他栎树叶钻石勋章。隆美尔从此永远离开他已经失去信心的北非战场。同年8月，希特勒任命隆美尔为驻意大利B集团军群司令。9月，隆美尔获悉意大利与同盟国签署了秘密停战协定，立刻同凯塞林一起解除了80万意军的武装。12月，隆美尔调任驻法国的B集团军群司令，但他对成功阻止盟军登陆作战缺乏信心。

1944年6月6日，盟军发动诺曼底登陆。当时，隆美尔正好离开司令部回到自己家里，庆祝夫人的50岁生日。作为集团军群司令的隆美尔在诺曼底战役打响之际竟成了“旁观者”，为此他深感痛心。隆美尔多次提出撤退部队收缩防线的建议，都遭到希特勒的拒绝。7月，盟军登陆部队已达100万人，他对西线的战争完全失去信心，主张与盟军议和。7月17日，隆美尔在视察前线返回途中遭到空袭，头部受伤，只得住院治疗。暗杀希特勒未遂事件发生后，希特勒认为隆美尔涉嫌其中，决心除掉他。1944年10月14日，希特勒派人迫使隆美尔自杀。10月18日，希特勒为隆美尔举行国葬，并向隆美尔夫人发去唁电：“谨对贵夫君逝世表示至为沉痛的哀悼，元帅英名将和非洲军的英雄业绩一样永垂不朽。”

45. 莫德尔

莫德尔（沃尔特·莫德尔 1891—1945年），1891年1月24日生于德国马格德堡附近的根廷，1909年，从瑙姆堡中学毕业，到帝国陆军第52步兵团服役，次年晋升为少尉。第一次世界大战时期，先在西线作战，参加过凡尔登战役，曾数次负伤而获一级铁十字勋章，后调入总参谋部工作，而这对没有进过军事学院的莫德尔来说，实在是一种殊荣。大战结束后，赴东普鲁士的第2步兵团任职。在此期间，莫德尔晋升很慢，到1932年11月才成为中校，却写了一本关于格奈瑟瑙元帅的著作。1934年10月，莫德尔晋升为上校。

希特勒上台后，莫德尔很快成为狂热的纳粹信徒，经戈培尔介绍而受希特勒接见，并得到赏识和重用。1935年，他从国防部陆军训练局局长之职调任陆军技术局局长，负责重整军备技术问题。他曾到苏联访问，交流军备问题。1938年，莫德尔晋升为少将。

1939年，莫德尔担任第4军参谋长，在北方集团军群编成内参加波兰战役。波兰沦陷后，调任第16集团军参谋长。1940年5月，随部参加进攻西欧的战役，在A集团军群编成内从特里尔附近突破法军防线，于6月15日占领凡尔登。11月，因战功晋升为中将，不久又调任第3装甲师师长，驻扎东线准备入侵苏联。

苏德战争爆发后，莫德尔率部在中央集团军群的第2装甲集群编成内迅速突破布格河、别烈津纳河和第聂伯河，占领博布鲁伊斯克，参加了比亚威斯托克、明斯克、斯摩棱斯克大合围。1941年9月15日，莫德尔的装甲师作为古德里安第2装甲集群的先头部队，不顾跟进的步兵而大胆穿插，在洛赫维察与第1装甲集群的先头部队第9装甲师会合，将50多万苏军封闭在基辅附近的合围圈内。这是第二次世界大战最大的一次合围，苏联西南方面军司令基尔波诺斯阵亡。莫德尔因而获得铁十字骑士勋章，并晋升为装甲兵上将。10月，莫德尔升任第41装甲军军长，在霍特第3装甲集群编成内参加“台风”战役，从伏尔加河上游进攻莫斯科，但在莫斯科城下接连受挫。这年冬季，苏军在莫斯科城下实施局部反攻，德军失利，中央集团军群北翼第9集团军被包围，集团军司令因病不能理事，1942年1月，莫德尔接任第9集团军司令职务。这是他第一次受命于危难之时。2月5日，他在奥列尼诺和勒热夫附近同友军一起从东西两面向包围他们的苏联第29集团军发起进攻，反过来包围该部并予歼灭。此役使莫德尔在德军中被视为“转危为安”的将领，因而获得栎树叶骑士十字勋章。

此次作战期间，莫德尔首次与希特勒发生争吵。1月20日，莫德尔飞抵“狼穴”，请求增派1个集团军支援。希特勒虽同意增援，但命令该集团军在维亚济马东北的格扎茨克集结展开，莫德尔则坚持反攻突破地段选在勒热夫，援军必须在那里集结展开。两人为此争吵激烈，莫德尔对希特勒盲目干预集团军的行动很反感，讥讽道：“究竟谁在指挥第9集团军，我的元首，是你还是我?”他自信比希特勒更了解前线情况，而后者只是依靠地图。希特勒大为震惊，终于同意莫德尔的计划。莫德尔认为，一名指挥官如果失去自主权，被捆在命令上，充其量只能打顺利仗，但永远打不赢硬仗、恶仗。

1942年7月，莫德尔在瑟恰夫卡西部地区进攻苏军防线的突出部，击溃苏联第39集团军，俘虏3万人。

斯大林格勒战役后，苏军在高加索等方向发起反攻，取得一系列胜利。为了夺取战略主动权，希特勒决定向库尔斯克发起代号“城堡”的夏季进攻，命令莫德尔的第9集团军从奥廖尔突出部向南进攻，霍特的第4装甲集团军从哈尔科夫向北进攻，歼灭库尔斯克突出部的苏军。战役发起前，莫德尔曾含蓄地表示，鉴于力量对比悬殊，对进攻的成败没有把握。1943年7月5日，率部向苏联中央方面军发起进攻。由于苏军已获悉进攻的发起时间，德军未达成战役突然性，进攻锐势大减，人员伤亡惨重。7月12日，苏军实施反攻，莫德尔被迫率部（包括受其指挥的第2装甲集团军）退守布良斯克附近。“城堡”作战失败后，德军再也没有重新掌握东线的主动权。

这年秋季，苏军又实施秋季攻势。莫德尔拒绝执行希特勒让其固守每个阵地的命令，又从迭斯纳河后撤到索日河的“美洲豹”防线，免遭被歼厄运。在撤退过程中，莫德尔实行“焦土攻策”，烧毁成熟待割的庄稼，劫掠大批牲畜等财产，将25万苏联平民驱赶到德军后方服苦役，协助党卫军残酷迫害犹太人和苏军俘虏。

1944年1月，苏军对德国北方集团军群发起强大攻势，卢加地段的德军一败涂地。希特勒以擅自撤退为由，将希勒尔撤职，任命莫德尔为北方集团军群司令。莫德尔采取“盾与剑”方针，有目的地撤退，为将来反击争取时机，从而暂时稳定了列宁格勒方面的战局。莫德尔因而再度赢得希特勒的信任，被称为“防御勇上”并晋升为元帅。3月30日，希特勒解除曼斯坦冈南方集团军群（后改成北乌克兰集团军群）司令职务，让莫德尔接任。莫德尔很快以坚定的决心、周密的措施、果断的行动在喀尔巴阡山和东加里西亚成功地建立起一条连贯的防线，阻止了苏军在第聂伯河右岸实施的乌克兰进攻战役的攻势。

6月，苏军实施代号“巴格拉手昂”的白俄罗斯战役，突破德国中央集团军群的防线，德军的37个师有28个师被消灭或投降。希特勒急忙撤掉布施之职，让莫德尔接任中央集团军群司令。于是，莫德尔成为德军第一个同时指挥两个集团军群的元帅，足见希特勒对莫德尔的信任。

莫德尔果然不负所望，不等希特勒答应的援军到达，便从北乌克兰集团军群抽出几个装甲师调到中央集团军群的战区，在东普鲁士接近地那累大河和维斯杜拉河一带建立绵亘的防御正面，并歼灭孤军深入的苏联第3坦克军，再次暂时稳定了防线。莫德尔被希特勒誉为“东线的救星”，在德军中以“元首的消防队员”而著称，获得栎树叶双剑钻石勋章。

然而，莫德尔无力改变整个战争的结局。1944午6月盟军在诺曼底登陆后，大踏步向法国腹地挺进。希特勒于8月17日调莫德尔接替克卢格任西线德军总司令兼B集团军群司令。这时，盟军正向法莱斯进攻，准备合围德军。莫德尔立即采取措施，在盟军合围前将部分德军撤出，免遭灭顶之灾。8月下旬，法国爱国者举行巴黎起义，希特勒严令镇压。此时，莫德尔已无心顾及起义，匆忙把德军主力撤到塞纳河以东组织新防线。他认为，只要过了塞纳河，就可避免“法莱斯合围战”的厄运。9 月 3 日，莫德尔被免去西线德军总司令职务，留任 B 集团军群司令。

12 月，战争已逼近德国本土，希特勒为挽回颓势，决定孤注一掷，在阿登地区发动大规模反击，莫德尔认为德军兵力不足，目标超出了作战能力，因而力劝希特勒放弃此举，但是未被采纳。是月 16 日，莫德尔率部执行“莱茵河卫兵”计划，在芬纳高地和卢森堡北部之间地带发动阿登攻势。莫德尔虽然反对这个“轻率”的行动，却一反常态，怀着对希特勒的忠诚而坚决执行作战命令，初时，德军取得一些进展，将美国第 106 步兵师围歼在施内—艾菲尔山。12 月 22 日，巴顿的美国第 3 集团军开始反攻。盟军夺取了制空权，对德军运输线进行地毯式轰炸，切断了德军供给，使其机动性顿时消失。至 1945 年 l 月末，德军被全部赶到原进攻出发阵地，阿登作战遂告失败。

阿登战役结束后，盟军推进极其迅速。莫德尔意识到德军败局已定，心情极度悲观痛苦，从前那种勇猛机智顽强的指挥作风已荡然无存。过去，莫德尔从不消极防御，曾屡次拒绝执行希特勒下达的死守硬拼的命令。但是，盟军强渡莱茵河时，莫德尔却消极防御。1945 年 4 月，莫德尔所部被盟军合围在鲁尔工业区。莫德尔既没有执行希特勒关于炸毁所有工厂的命令，也拒绝接受盟军要他投降的命令。莫德尔看着眼前的破壁残垣道：“一名元帅不会成为阶下囚，这种事情不可能发生。”莫德尔几次到前沿视察，想让对方子弹打死自己。4 月 17 日，盟军占领鲁尔工业区，歼灭 32 万德军。4 月 21 日，莫德尔对情报参谋说：“我的死期已到。”随后率副官走进杜伊斯堡附近的树林中。莫德尔在要求副官对他开枪遭到拒绝后说：“我从来没有这样失望过，因为我忠于德国。没有任何事情比落入俄国人手中更为可怕。我死之后，望你把我埋葬。”说完即举起手枪自尽。

46. 希特勒

希特勒（阿道夫·希特勒 1889—1945），法西斯纳粹党和德意志第三帝国元首，第二次世界大战时期兼任德国武装力量最高统帅。

希特勒于1889年4月20日生于奥地利的布劳瑙。父亲是个海关官员，脾气粗暴，经常酗酒并毒打孩子。母亲性格温顺，疼爱孩子。希特勒在父亲的冷酷和母亲的溺爱中逐渐形成内向、固执、富于幻想、放荡不羁、易于激动和暴躁的性格。希特勒对德国历史和神话故事极感兴趣，日耳曼民族的历史激起他强烈的民族意识。1903年，其父病逝，全家靠母亲的劳作和遗孀养老金维持生活。1907年和1908年希特勒两次报考维也纳艺术学院，均未被录取。1907年12月，其母去世。1908年2月，希特勒把妹妹交由同父异母姐姐照顾，自己则前往维也纳靠做零活或出售临摹画糊口，受到泛日耳曼民族党的影响。希特勒后来声称，“维也纳过去是、现在仍然是我一生中最艰苦的学校。在那里形成的世界观和人生哲学。日后成了我一切行动的巩固基础。除了我当时打下的基础以外，后来很少再需要学习什么东西，也不需要改变什么东西”。而这种世界观和人生哲学就是“人类之所以为万物之灵，并非基于人道的原则，而是凭最野蛮的斗争……假使你不奋斗，则你也就无法生存”。

1913年，希特勒来到德国的慕尼黑。1911年8月，希特勒入第16巴伐利亚步兵团服役。后来参加过伊普莱斯战役和索姆河战役。因作战勇敢而获得一级铁十字勋章，晋升为下士。

德国战败后，希特勒决定投身政治。1919年9月，希特勒奉陆军政治部之命调查慕尼黑的“德国工人党”。希特勒在该党集会上的发言引起“德国工人党”领导人的注意后，应邀入党，成为该党负责宣传工作的委员。1920年2月，希特勒在《二十五点纲领》中指出，所有日耳曼人应在强大的大德意志国家内统一起来，废除凡尔赛条约和圣歇尔曼条约。4月，希特勒脱离军队，将“德国工人党”改为“国家社会主义德国工人党”①。稍后，希特勒为纳粹党组织了名为体育运动俱乐部的纠察队（1921年10月改为冲锋队）。希特勒采用卍蛙字做党徽，亲自没计了红地、白圆、黑卍蛙字居中的党旗。“红色象征我们这个运动的社会意义，白色象征国家主义思想，卍蛙字象征雅利安人胜利的斗争的使命”。1921年7月，他修改纳粹党章，改组纳粹党，确立“领袖原则”，担任党的主席，拥有独裁权力。从此“元首”就在德国政治舞台上出现了。1923年希特勒又将《人民观察家报》办成纳粹党报。

1923年11月8日晚，希特勒在慕尼黑发动“啤酒店暴动”，扣押巴伐利亚州军政官员，宣布“全国革命已经开始”。经过次日同警察的流血冲突后，纳粹的首次夺权企图失败了。据说希特勒在与其同事讨论纳粹党今后的任务时宣称：“宣传、宣传、宣传，全部工作就是宣传。”希特勒被捕，判刑5年。但希特勒于1924年12月20日获释。他在狱中由赫斯帮助而著成《我的奋斗》。

《我的奋斗》是希特勒最重要的理论著作，集国家主义、帝国主义、反犹太主义和反对民主主义思潮于一体。其中首次提出“生存空间’问题，认为德国生存的真正空间不是非洲，而是在东欧；而要征服东欧，必须避免重蹈两线作战的覆辙，决不让欧洲出现与德国对立的大陆势力；要做到这一点，必须先摧毁法国，因为法国是德国的死敌；为摧毁法国，德国必须割断法国与东欧国家的同盟关系，并与英意结盟，而保障德法边界暴露翼侧的要全，从而孤立法国。这就是希特勒战略的精髓。此点对于认识希特勒干涉西班牙内战、收回萨尔区、重占莱茵兰、与意大利结成同盟、强夺捷克斯洛伐克、建立齐格菲防线、与苏联签订互不侵犯协定等诸多事件至为重要。

希特勒认为：“德国的复兴只有通过重新回到世界大国行列中才能实现。但是，它的前提条件并不是武器，……而是意志的力量。”因而拼命鼓吹斯巴

① 根据德语“国家社会主义”的缩写字母读音而简称纳粹党。

达主义、泛日耳曼主义，进行精神动员，培养极端的复仇主义心理。希特勒在《我的奋斗》中还作过这样的表白："压抑着我的只是我当时所受的那种彻头彻尾的蔑视气氛。"

出狱以后，希特勒吸取教训，企图改用合法斗争手段，夺取政权。尽管最初时运不佳，但他仍不屈不挠，从未丧失希望和信心，发愤从事党的建设工作。到1929年，纳粹党党员已发展到17.8万人。希特勒在党内设立各种部门（特别注重宣传部），负责研究和指导党的工作。他还建立多种外围组织，使纳粹运动具有广泛的群众基础。

1929年，资本主义世界经济危机爆发，德国失业人数达300多万，生产削减，税收减少，而失业救济开支却不断增加，从而对政治产生巨大的反作用。希特勒及纳粹党以民族复兴和变革现实为号召，向社会各阶层分别许诺，乘机展开大规模的宣传和竞选活动。结果在1930年9月14日的国会选举中，纳粹党获得650万张选票，在国会得到107个席位，一跃成为德国第二大党。在1932年7月31日的国会选举中，纳粹党获得37.4%的选票，拥有230个席位，成为国会第一大党。这时，德国经济危机加剧，政局极度混乱，许多工商资本家急欲物色强有力的人物组织政府，希特勒的出现恰逢其时。1933年1月30日，希特勒终于获得兴登堡总统的信任，出任政府总理，组织内阁。

甫一上任，希特勒便着手建立独裁统治。1933年2月，解散国会，制造旨在迫害共产党和反对派的"国会纵火案"。3月，希特勒操纵的新国会通过授予希特勒全权的法案。紧接着，取消各州议会，使各州政府完全服从中央。在解散政党和工会之后，纳粹党成为德国唯一的政党。1934年6月，处决冲锋队首脑罗姆，将冲锋队与党卫队（1925年至1926年间建立）合并，以取得国防军的支持。8月2日，根据8月1日颁布的法律，希特勒在兴登堡去世之后，兼任总统和总理，希特勒既是纳粹党的领袖，又是国家元首和政府首脑，统一的头衔为"国家元首兼总理"。此外，希特勒还是武装部队的最高统帅。至此，第三帝国正式建立。

希特勒不断推行巩固独裁统治的政策：经济方面，优先发展重工业和大型化学工业，消灭失业，扩大就业；通过有控制地发行支付手段来发展经济，挖掘生产潜力，并通过物质生产又为新的支付手段创造出等价物；实行农业保护主义，解除农民债务，固定农民中等阶级的占有关系；尽量减少对世界经济的依赖性，始终保持工资和物价的稳定。种族方面，残酷迫害犹太人，淘汰其他“无生存价值的生命”。教育方面，实行纳粹教育改革，“整个教育的主要目标，决不可以只是灌输知识，而是要造就十足强健的体魄”，青年学生必须加入希特勒青年团和青年义务劳动大队、取消私立学校等等。文化生活方面，成立文化协会，用纳粹纲领控制新闻、作家、音乐、戏剧、电影等领域，凡是非纳粹书刊、报纸一律取缔。宗教方面，迫害基督教会、教徒，成立对纳粹政权俯首听命的国家教会。这些政策使德国经济开始复苏，巩固了第三帝国的统治。公民投票表明，有90%的人表示愿意接受这个独裁政权。

希特勒在取得政权之后，仍然重视宣传工作，不仅政府设有国民教育与宣传部，而且总是宣称“宣传帮助我们夺取政权，宣传帮助我们巩固政权，宣传还将帮助我们获得整个世界”。

希特勒制定的征服欧洲、称雄世界的战略是：首先建立囊括中欧的“大德意志帝国”；其次，打败法国，消灭苏联，夺取欧洲大陆的霸权；最后，向海外发展；战胜英美，称雄世界。但是，希特勒深知自己力量有限，不可能一蹴而就，因而采取渐进手段：1933 年 10 月，德国退出裁军会议和国际联盟；1934 年 1 月，德国与波兰签订互不侵犯条约，将凡尔赛安全体系撕开缺口；1935 年 1 月，通过公民投票从法国手里收回萨尔；3 月德国公开宣布扩军；1936 年 3 月，德国重新占领莱茵非军事区；1936 年 11 月，成立柏林—罗马轴心；德国出兵干涉西班牙内战；1938 年 3 月，德国吞并奥地利；9 月，德国与英法举行慕尼黑会议，占领苏台德；1939 年 3 月，德国占领捷克斯洛伐克全境。希特勒既冒险、又谨慎，利用西方国家的矛盾、和平主义思潮、东西方国家的分歧，通过欺骗、分裂、恫吓、讹诈等手段，瓦解对方的意志，断绝对方的外援，使他们不能形成同盟。德国只需坐收渔利，不断前进即可。

希特勒深知胜利是以军事力量为后盾的，所以他上台后，即着手扩军备战。1935 年 3 月，德国宣布重建空军（战前德国拥有第一线飞机达4093 架）；3 月 16 日，德国宣布实行普遍义务兵役制；在 8 月份提出的新扩军计划中，规定在 1939 年 10 月之前，建立 102 个野战师；1935 年 6 月，德国与英国签订海军条约，重建海军。希特勒对机械化部队极为重视，早在 20 年代他就曾预言，下一次战争是机械化战争。他以其灵敏、独到见解和抢先运用之能，将新的军事技术结合进大变革的勇敢，终于产生了破坏性极大的、机械化战争条件下的闪击战样式。

希特勒对军队用极权手段控制，独揽一切，特别对陆军实行宏观指挥上的高度集中。1938 年 2 月，他通过制造“弗里奇危机”，把德军中老一代“不听指挥”的将领清洗出去。取消国防部，成立武装力量最高统帅部，自任最高统帅。此后，希特勒一方面用纳粹向外征战的思想统一德军思想，提高德军的战斗力，另一方面为最高统帅部制定了“协调、灵活、冒险”的原则，以提高军事指挥艺术。

随着独裁政权的建立和完善，希特勒开始着手推行自己的侵略扩张计划。1937 年 11 月 5 日，他向国防部长、外交部长和陆海空三军总司令宣布：“现在是德国最终地解决它的生存空间问题的时候了，”德国第一个目标是“征服奥地利，同时征服捷克斯洛伐克……以消除一旦向西方采取行动时侧翼受创的威胁”。此后，第三帝国的军事、经济势力大为增强，希特勒便把侵略矛头指向波兰。1939 年 8 月，为避免两线作战，他成功地与苏联签订互不侵犯条约。随后，他下令进攻波兰。9 月 1 日，德军从两个战略方向进攻波兰，9 月 3 日，英法对德宣战，第二次世界大战全面爆发。

战争初期，希特勒注意处理战争事务的策略，并不全线出击。征服波兰后，占领挪威、丹麦（1940 年 4 月），空袭英国之前（1940 年 8 月）又征服了法国（1940 年 6 月）。德军在希特勒的指挥下成功地冲垮西方国家匆忙筑起的反法西斯的防线。在作战中，他始终追求达到既定的战略意图，表现出不论在什么情况下，不论有多大困难，不论有多少疑虑，都要迅速取得决定性胜利的信心。

横扫西欧后，希特勒又派军队占领希腊和南斯拉夫。罗马尼亚、匈牙利、保加利亚被迫成为德国的仆从国。这时，希特勒认为有足够的力量征服欧洲，毋需与“一个布尔什维克统治的国家”为友。1941 年 6 月 22 日，希特勒撕毁苏德互不侵犯条约，闪击苏联，苏德战争爆发。苏军由于战略判断失误，战争初期有近百万军队被合围，损失大量武器装备，德军则进至莫斯科城下。12 月 7 日，日本偷袭珍珠港，希特勒对美国宣战。

希特勒命令希姆莱在欧洲建立起多座灭绝人性的集中营。在德、波、苏和其它德军占领区，估计有 450—550 万犹太人被杀，其他民族的人们亦遭劫难。此外，还有数百万战俘和占领区人民被强掠到德国军备工业中去劳动，掠夺占领区的原料资源及粮食，以维持战争需要。

1941 年 12 月 5 日，苏军在莫斯科突然发起局部反攻，数处突破德军防线。希特勒出于傲慢和自负，撤换一批高级将领，亲自接过陆军作战指挥权，兼任陆军总司令。从此，他首先自视为军人，对作战拥有至高无上的控制权，开始插手战术行动，而对总参谋部及很多将帅极不信任。正当党卫队在德占区犯下滔天罪行的时候，盟军和苏军分别在北非和斯大林格勒取得大胜。1943 年 7 月，苏军又在库尔斯克战役中大败德军。从此，德军丧失在东线作战的主动权，由战略进攻转为战略防御。1943 年 7 月，盟军在西西里岛登陆成功，并开始轰炸意大利本土。7 月 24 日。墨索里尼法西斯政府倒台，意大利退出战争。在大西洋上，德国潜艇的初期优势在 1943 年初被盟军的反潜措施彻底粉碎。

为了挽回战争颓势，希特勒于 1943 年 2 月 18 日宣布实施“总体战”，试图重振当年横扫欧陆的威风。

然而，陷入绝望的人们开始起而反抗。共产党的“红色乐队”、社会民主党的密谋团体、部分官僚的“克莱骚集团”、基督教会、青年大学生等都积极从事反希特勒的活动。1944 年 7 月 20 日，德军内部的反希特勒军官企图炸死希特勒，反映出军队的不满。这导致希特勒对军队更不信任，改用纳粹官员充任军事要职，并对陆军进行大清洗，处决或赐死包括维茨莱本、隆美尔在内的大批将帅，使德国战争机器从内部受到严重损伤。

盟军和苏军攻入德国本土之后，希特勒已处于歇斯底里的狂暴和幻想中，拒绝听取不愉快的消息，严令禁止军队投降，实施大规模破坏行动。1945 年 4 月下旬，苏军攻入柏林，展开激烈巷战。希特勒拒绝离开柏林，仍留在总理府地下室负隅顽抗。4 月 29 日，希特勒与爱娃·布劳恩完成“死婚”，写下“政治遗嘱”，拟定了以邓尼茨海军元帅为首的新政府名单。次日 3 时 30 分，希特勒退入卧室用手枪自杀，爱娃服毒身亡，两人遗嘱死后焚烧尸体。

希特勒的统治给欧洲带来约 4000 万人的死亡，各国损失的物资、文化遗产更是无法计算。希特勒是人类历史上最大的战争恶魔。

47. 戈培尔

戈培尔（保罗·约瑟夫·戈培尔 1879—1945），纳粹党宣传部部长，国民教育部长，被认为是“创造希特勒的人”。

1897 年 10 月 29 日，戈培尔出生于德国莱茵地区信奉天主教的职员家庭。从天主教中学毕业时，戈培尔代表全班所作的毕业演讲获得好评。从 1917 年夏到 1921 年春，戈培尔主要依靠天主教艾尔伯特·马格努斯协会的资助，先后在波恩大学、弗莱堡大学、乌兹堡大学、幕尼黑大学和海德堡大学攻读历史和文学。1921 年 4 月，戈培尔在海德堡大学犹太文学史家弗里德里希·贡道尔夫教授的指导下获得哲学博士学位。

戈培尔起先致力于创作小说、剧本和诗歌，著有小说《迈克尔》、剧本《流浪者》和《孤客》，但当时根本没有出版商愿意出版。直到 1926 年，戈培尔的小说《迈克尔》才得到出版。

1922 年，戈培尔受到希特勒演讲的感染，加入纳粹党，谋求通过政治活动而出人头地。戈培尔大肆散布关于德意志民族和种族优秀的陈词滥调，认为同盟国、马克思主义者和犹太人为了取得第一次世界大战的军事胜利而欺骗了德国人。1925 年，戈培尔出任纳粹党鲁尔区党部书记，成为纳粹党北德派领袖格里戈尔·施特拉塞的主要合作者。戈培尔创办并编辑《纳粹通讯》等属于施特拉塞兄弟的出版物。为了笼络人心，戈培尔和施特拉塞兄弟经常发表迎合劳动群众情绪的言辞，提出纳粹党与共产党和社会民主党共同开展征用贵族财产运动，主张将大工业和大庄园收归国有。

希特勒与施特拉塞分裂之后，戈培尔被人推荐给希特勒。希特勒欣赏这位擅长宣传鼓动的演说家，以亲笔签名的《我的奋斗》相赠，邀请戈培尔到慕尼黑发表演说。戈培尔受宠若惊地记载：“我进入大厅，欢声震耳，……我讲了两个半小时，……最后希特勒拥抱了我。”1926年2月，戈培尔在纳粹党班贝格会议上完全倒向希特勒一边。8月，戈培尔通过《人民观察家报》发表与施特拉塞决裂的声明。

1926年11月，戈培尔被任命为纳粹党柏林——勃兰登堡区党部书记，负责清党和机构整编，很快就使该区的纳粹党成为强有力的组织。1927年，戈培尔创办《进攻报》并兼任主编，加强纳粹宣传工作。戈培尔设计广告画，出版宣传品，组织大游行；举行慕尼黑啤酒店暴动纪念集会和柏林体育馆大型演讲会；制造元首“一贯正确”的神话，把希特勒描绘成“主宰者”，诱导人们盲目服从；将被人杀死的冲锋队头目霍斯特·威塞尔生前所作的进行曲《威塞尔倒下了》作为纳粹党歌，鼓吹为纳粹事业献身。1929年，戈培尔被任命为纳粹党宣传部部长。

戈培尔的工作能力给希特勒留下深刻的印象，以至希特勒在1942年回顾起来仍颇有感慨：“戈培尔博士带有言辞和才智两件礼物，没有这些礼物，柏林的局势就无法控制……对戈培尔博士来说，他以言辞的真实感情赢得了柏林。”

从1928年起成为魏玛共和国国会议员的戈培尔曾经这样宣称：“我们进入国会，以便我们能从其武库中取出民主武器来武装自己。我们应该成为国会议员，以便魏玛观念形态帮助我们摧毁它。”这对纳粹党的夺权策略有着重大的影响。在1930年9月的国会选举中，纳粹党获得640万张选票，得到197个议席，成为仅次于社会民主党的国会第二大党。

在1932年总统竞选活动中，戈培尔力促希特勒参加竞选。戈培尔与希特勒周游全国，频繁发表竞选演说，煽动党徒的狂热情绪。

戈培尔调集全部人马，开动宣传机器，利用募集的经费，发动前所未有的宣传运动。纳粹党在全国各地张贴100万张彩色宣传画，散发800万本小册子和1200万份党报特刊，有时一天之内就有3000个动员大会，首次将电影和唱片用于总统竞选活动，尽管希特勒经过两次投票均未能当选，但获得的选票却翻下一番。

1933年1月，希特勒被兴登堡总统任命为政府总理，奉命组阁。戈培尔欣喜若狂，立即与希特勒“定下同赤色恐怖进行斗争的方针”。第三帝国很快就查封德国共产党的60种报纸和德国社会民主党的71种报纸，强行封闭德国共产党中央委员会大楼。2月27日，戈培尔伙同戈林制造“国会纵火案”，以此为借口迫害、镇压德国共产党。

1933年3月，戈培尔出任纳粹德国国民教育与宣传部部长，不遗余力地宣传纳粹内外政策，推行文化专制主义。国民教育与宣传部主要设有下述职能部门：行政管理局，负责管理全部行政事务；宣传局，负责组织反对共产主义、犹太人、教会或支持种族纯正的宣传运动，组织各种规模的集会；广播局，负责从政策高度指导并监督德国广播公司的工作；新闻局，负责每日新闻发布和出版；对外局，负责对国外的宣传工作以影响国外的公众舆论；电影局，负责指导和审查影片的制作与放映。德国文化协会也隶属该部领导，下辖美术、音乐、戏剧、文学、新闻、广播和电影等6个协会，从事上述职业的人必须加入相关的协会，对纳粹主义不热心的人或“政治上不可靠的人”将遭到开除并剥夺从事文化活动的权利。纳粹党对宣传的重视和纳粹宣传的成功，使戈培尔赢得了纳粹党高层领导人的信任和尊敬，原来称之为“资产阶级知识分子”的人亦改称为“我们的博士”。

戈培尔认为，宣传的唯一目的就是“征服民众”；“我们的宣传对象是普通老百姓，故而宣传的论点必须粗犷、清晰和有力，真理是无关紧要的，完全服从于策略和心理”；“我们信仰什么，这无关紧要；重要的是只要我们有信仰”；“政治不再是可能的艺术，我们相信奇迹，相信不可能和可望而不可即。在我们看来政治正是不可能的奇迹”；“宣传的基本原则就是不断重复有效论点，谎言要一再传播并装扮得令人相信”。

1935年5月10日的夜晚，拥有博士学位的戈培尔在柏林发起随后遍及全国的焚书运动，那些被视为“对我们的前途起着破坏作用”的书籍，如马克思、恩格斯、卢森堡、李卜克内西、梅林、海涅和爱因斯坦等名人的著作，都被付之一炬。戈培尔向参加焚书的学生们说：“德国人民的灵魂可以再度表现出来。这火光不仅结束了旧时代，而且照亮了新时代。”戈培尔因此获得“焚书者”的万恶之名。

戈培尔对报刊、广播和电影以及新闻工作人员实施严格控制，旨在消灭任何与纳粹党对立的传播媒介。《法兰克福日报》的犹太老板被赶出报社，颇有影响的《伏斯日报》被勒令停刊，全国报纸由 3607 种减为 2671 种（纳粹统治的前 4 年），戈培尔或其部属每天就新闻编发问题作出口头训令或书面指示。德国广播公司和电影公司亦成为纳粹驯服的舆论宣传工具。

在万湖会议上，希特勒最后决定在整个西欧开始屠杀犹太人。戈培尔起先似乎想将屠杀行动同镇压天主教会一样推迟到所谓“最后胜利”之日，但既然希特勒决心已定，他也就步步紧跟了。1935 年，戈培尔主持德国的反犹太人活动，宣称“我们再也不想要犹太人了”（6 月），将犹太人逐出国防军和劳役部门；颁布纽伦堡法律（9 月），剥夺犹太人的德国公民权，禁止犹太人和雅利安人通婚，犹太人和非犹太人之间的任何交往均属犯罪行动。戈培尔还气势汹汹地扬言：“只有将所有犹太人消灭干净，才能解决犹太人问题。只要还有一个犹太人活着，这个犹太人就始终会与国家社会主义德国为敌。因此，不能对犹太人讲任何宽容和人道。”1938 年，戈培尔再次组织反犹太人运动，情报与安全局局长海德里希奉命逮捕 17000 名波兰犹太人，并用闷罐车驱逐出境（10 月）；为纪念啤酒店暴动而制造“水晶之夜”（亦称“砸玻璃之夜”），将犹太人经常集会的会场、住宅和店铺的玻璃全部砸碎（价值 500 万马克），却诡称为德国人民“自发的示威”，身穿褐色制服的纳粹党冲锋队员还高唱“今天，德国是我们的；明天，整个世界都是我们的！”

在纳粹德国发动波兰战争之前，戈培尔操纵宣传机器煽动战争狂热。《柏林日报》先使用大字标题警告“当心波兰！”，后又谎称“波兰军队推进到德国国境边缘”。《领袖日报》则动用危言耸听的标题“华沙扬言将轰炸但泽——极端疯狂的波兰人发动令人难以置信的挑衅！”《十二点钟报》报道波兰人攻击 3 架德国客机。《人民观察家报》编发特大通栏标题“波兰全境处于战争狂热中！上西里西亚陷入混乱！”1939 年 9 月 1 日的早报则竞相报道所谓“波兰志愿人员和上西里西亚叛乱分子”袭击靠近边界的德国格莱维茨广播电台的消息，而实际上袭击行动是纳粹党卫队保安处的特工人员炮制的。

纳粹德国发动侵略战争后，最高统帅部在作战部设有国防军宣传处负责军事新闻检查和编发国防军公报。戈培尔在整个战争时期都力图把国防军宣传处变为国民教育与宣传部的职能部门，以便使政治宣传和军事宣传协调起来，但是未能成功，戈培尔与里宾特洛甫争夺对外宣传权的斗争也以妥协告终。尽管如此，戈培尔仍竭力利用手中的宣传工具，为配合法西斯战争而鼓噪呐喊，且颇具成效。1940 年 6 月，在侵苏战争之前，戈培尔试图让人们相信 3 个星期或 5 个星期之内德军将入侵英国，告诫人们“不要试图猜测——你们不会猜着，继续你们的工作。可以肯定届时你们将听到你们必须知道的消息”。1943 年 2 月 2 日，德军在“命运之城”斯大林格勒战役中惨败后，戈培尔下令全国娱乐场所关闭 3 天，在第一天和第三天停止交通 1 分钟。2 月 18 日，戈培尔在柏林体育馆向精选的 15000 名听众发表著名的煽动性演说《论总体战》，演说历时 2 小时 15 分钟，据称是纳粹领导人在战争时期所作的最长的演说。演说直言不讳地以“经过国家社会主义教育和训练的德国人民能够承受全部真相”开头，第一部分不讲德军的败绩而强调“犹太人—布尔什维克”的危险，指明德国胜利的必然性；第二部分则旨在说服德国公众相信胜利必须通过总体战来赢得；演说最后以西奥多·科纳的诗句“国家屹立而风暴消失”作为结尾，获得雷鸣般的掌声。演说之后，戈培尔下令关闭柏林的豪华饭店和娱乐场所，装模作样地带头不用宽敞阔气的客厅、不上高级茶点，并通过纪录影片大肆宣传。戈培尔还经常为希特勒朗诵《腓特烈大帝史》，共同期待第三帝国“时来运转”。

1944 年 6 月，戈培尔出任德国总体战动员委员会全权总监。7 月 20 日，德国发生谋杀希特勒事件，戈培尔积极组织镇压并及时通过广播电台发布挫败谋杀的公告，挽救了垂死的纳粹政权。8 月 24 日，戈培尔下达总动员令。

1945 年 1 月，戈培尔出任柏林城防司令，鼓吹焦土政策和毒气战，下令枪毙被俘盟军飞行员，主张固守柏林。4 月，戈培尔夫妇迁居总理府地下室。决定自杀的希特勒立下遗嘱任命邓尼茨为总统、戈培尔为总理。戈培尔则写下《元首政治遗嘱的附录》，声称“要在元首身边结束我的生命”，“在今后的艰苦岁月里，树立榜样比活着更为重要”。5 月 1 日，戈培尔夫妇先让人毒死他们的 6 个孩子，然后让党卫队员从背后开枪致死。

48. 希姆莱

希姆莱（海因里希·希姆莱 1900—1945），历任纳粹党卫队队长、党卫队帝国长官、纳粹德国秘密警察首脑、警察总监、内政部长等要职。

希姆莱于1900年10月1日出生在德国幕尼黑，是天主教会学校校长的儿子。早年在兰茨胡特中学学习，第一次世界大战结束之时在第11巴伐利亚步兵团服役。1918年考入慕尼黑高等技术学校，攻读4年而获得毕业文凭。从事一段饲养和推销工作之后，加入准军事的国家主义组织。1923年11月，作为紧跟恩斯特·罗姆的旗手参加幕尼黑啤酒店暴动。此后出任斯特拉塞的秘书、纳粹党巴伐利亚区党部副书记。1925—1930年任代理宣传部长。1927年结婚之后，曾经重返家禽饲养场，惨淡经营。1929年被任命为希特勒私人卫队党卫队队长。在希姆莱的组织领导下，党卫队由当时的仅200人的弱小机构发展为控制着整个纳粹帝国的庞大组织。党卫队拥有貌似庄严的黑色制服以及由令人恐怖的骷髅和神秘莫测的SS组成的标志。

自1930年当选为国会议员之后，希姆莱集中精力扩张党卫队的势力并使党卫队独立于罗姆的冲锋队之外。1931年，希姆莱建立由海德里希领导的党卫队保安处作为纳粹党的情报机构。到1933年，党卫队发展到5.2万人。希姆莱和海德里希巩固了纳粹党在巴伐利亚的权力地位。1933年，希姆莱先后出任慕尼黑警察局长、巴伐利亚政治警察总监和德国政治警察部队（普鲁士除外）司令。1934年4月，希姆莱成为普鲁士警察总监和盖世太保首脑。1934年6月30日，希姆莱奉希特勒之命组织指挥党卫队摧毁以罗姆为首的冲锋队，此举成为希姆莱及其党卫队发迹的重要里程碑。从此，党卫队成为负责“保卫……国家社会主义思想的化身（即希特勒）”和将纳粹政权的种族主义转化为有力的行动准则的“独立机构”。

1936年6月，希姆莱升任德国警察总监、盖世太保首脑和党卫队帝国长官，具体组织实施法西斯恐怖统治。早在1933年，希姆莱就亲自领导建立起第一座样板集中营——达豪集中营。1936年9月，萨克申豪森集中营建立。1937年7月，布痕瓦尔德集中营建立。1938年5月，弗罗森堡集中营建立。1938年，还建有（奥地利）茅特豪森集中营。战争时期建立的最主要的集中营有：波希米亚的特莱西恩施塔特集中营，波兰的马伊达内克集中营、奥斯威辛集中营和施图特霍夫集中营，阿尔萨斯的纳茨魏勒－施特鲁特霍夫集中营，波罗的海诸国的考纳斯集中营和里加集中营，德国本土的诺因加默集中营、格罗斯罗森集中营、贝尔根——贝尔森集中营和多拉集中营。希姆莱认为，集中营的作用就是制造恐怖气氛，使纳粹的秩序得到维护和遵守。

1937年1月，希姆莱在演说中声称“没有任何地方能比集中营拥有更多的有关遗传与种族法的活证据。你可以在那里发现大量的劣等人：脑积水者、斜视者、畸形人和半犹太人”，德国人民的使命就是“灭绝世界上的劣等种族”。希姆莱主张将种族问题的解决变成党卫队的专门任务。

为了实现希特勒对德国国防军的有效控制，希姆莱积极参与制造1938年的“布洛姆贝格事件”和“弗里奇事件”，导致德国国防部长布洛姆贝格和陆军总司令弗里奇的去职。1938年2月4日，纳粹党机关报《人民观察家报》声称2月4日是“国家社会主义具有历史意义的日子和里程碑”；希特勒则向德国宣告“从现在起，整个国防军的指挥权都直接掌握在元首手中”。

1939年德波战争之前，希姆莱为制造战争借口而拟定“希姆莱计划”，命令穿着波军制服的党卫队队员及部分集中营死囚“袭击并占领”靠近波兰边境的德国格莱维茨广播电台，用波兰语发表挑衅性演说，造成波兰进攻德国的假象。紧接着希特勒于9月1日10点向德国国会和人民发表演说：“无数波兰人侵入德国境内，其中有波兰正规军攻击了格莱威茨广播电台。”此时，德军早已奉命进攻波兰，挑起侵略战争。德波战争期间，希姆莱组建了5支担负“特别任务”的党卫队保安处别动队。别动队紧随在德军后面，负责围剿和处决波兰的知识分子以及其他被认为可能起来反对德国统治的人，其中多为犹太人。

自从成为党卫队帝国长官开始，希姆莱就鼓吹种族甄别条例和特别婚姻法。希姆莱甚至设立专门机构，让经过挑选的德国姑娘与党卫队人员生养子女，以此制造所谓“超人”种族。希姆莱签发致党卫队全体人员的命令(1939 年 10 月 28 日)，称“怀着深切的情感而非轻浮的情感成为参战军人的孩子之母是拥有优良血统的德国妇女和姑娘的庄严任务”，以及要求允许战争英雄重婚，所反映的也是这种企图。

1939 年 11 月 8 日晚，希特勒在慕尼黑的贝格勃劳凯勒啤酒店发表啤酒店暴动纪念演说，遭遇定时炸弹的袭击。此后，戈培尔操纵的纳粹宣传工具宣称谋杀元首的勾当乃是“英国特工所为”，希姆莱则从荷兰境内绑架 2 名英国特工作为所谓人证，而真正的作案者艾尔塞则被关进集中营并在战争结束前夕被处死。

1941 年 6 月，德国入侵苏联。希姆莱的别动队跟在德军后面，开始系统地消灭苏联的犹太人。在设置犹太人保留地的计划业已失败，马达加斯加流放计划遭到搁置、将欧洲犹太人放逐到苏联内地的计划亦因德军未能速胜而破产的情况下，1941 年底，希特勒作出对欧洲“犹太人问题”实施“最后解决”（即灭绝犹太人）的决定。1942 年 1 月，纳粹党举行万湖会议，研究“犹太人问题”的“最后解决”。希姆莱是实施“最后解决”计划的组织指挥者。为了灭绝犹太人，希姆莱在 1942 年指挥建立了许多灭绝营，主要有：贝尔根—贝尔森灭绝营，索比鲍尔灭绝营，奥斯威辛灭绝营，特莱布林卡灭绝营，马伊达内克灭绝营，切尔诺灭绝营和贝乌泽茨灭绝营。1943 年 10 月 4 日，希姆莱在波兹南向党卫队高级领导人发表演说，大肆鼓吹“最后解决”欧洲犹太人，宣称“这是我们的历史上空前绝后的光荣一页”。一般认为，在“最后解决”中惨遭杀害的仅犹太人就有约 500 万。

1942 年 5 月 29 日，德国保安总局局长兼波希米亚与摩拉维亚执政官赖因哈德 · 海德里希在乘坐梅塞德斯轿车由乡村别墅驶往布拉格古堡途中，遭到经特种作战执行局训练而由英国皇家空军空投的捷克斯洛伐克抵抗运动人员的袭击，后在医院因伤势过重而命归黄泉。希姆莱恼羞成怒，命令对此组织实施一系列报复行动，其中最为著名的是“利迪斯惨案”。利迪斯是捷克斯洛伐克的波希米亚境内靠近克拉德诺市的村庄。1942 年 6 月 9 日，大批德国保安警察突然对利迪斯实施包围，禁止人们离开村庄。6 月 10 日，该村年满 16

岁的男人全部被枪杀，儿童被押送至格内森瑙集中营，妇女被囚禁于拉文斯布吕克集中营，利迪斯经焚烧和爆炸而被夷为平地。

希特勒不仅通过党卫队直接管理集中营和灭绝营，而且组建武装党卫队（即党卫军）以防范国防军、加强法西斯武装力量，1943 年 8 月 20 日，希姆莱取代威廉·弗里克而出任德国内政部部长，权倾一时，进一步强化警察统治机器。

1944 年 7 日 20 日谋杀希特勒事件发牛之后，德国国防军被迫接受缺乏军事指挥经验的希姆莱为预备集团军司令，稍后他又被任命为西线的上莱茵集团军群司令。

到 1944 年末，希姆莱的党卫队和警察系统发展到 12 个主要行政机构，即：党卫队首脑总部、党卫队中央局、党卫队中央指挥部（下辖一般党卫队指挥部、武装党卫队指挥部）、“种族与人口调整”局、党卫队司法局、党卫队人事局、保安总局（先后由海德里希和卡尔登勃鲁纳任局长。下辖人事、编制与组织处，行政一经济处，国内保安处和国外保安处，指挥国家秘密警察和刑事警察的保安警察处，以及思想调查处）、民事警察总局、“经济和行政”组织、海斯梅约高级专员部、德国少数民族总局和负责强化德国国体的专员部。

1945 年 1 月至 3 月，希姆莱出任德国维斯杜拉集团军群司令。率部与苏军作战，进行垂死挣扎。

在第三帝国濒临崩溃之际，希姆莱感到末日来临，开始寻求退路。1945 年 4 月，希姆莱在波罗的海沿岸的卢伯克瑞典领事馆与瑞典红十字会会长福尔克·贝纳多特伯爵会晤，表示同意西线德军（包括驻丹麦和挪威的德军在内）向艾森豪威尔投降，实现单独媾和，以求在东线继续与苏军顽抗。希姆莱甚至梦想于 1945 年 5 月出面重新组织一个纳粹政府。希特勒得知其最忠实的追随者背叛自己的消息，狂怒不已，下令把希姆莱作为卖国贼予以逮捕，解除希姆莱的一切职务并将其开除出党。因而，邓尼兹政府中并没有希姆莱的位置。

纳粹德国土崩瓦解之后，希姆莱改头换面，身着陆军士兵制服，剃去短胡子，左眼贴上眼罩，准备潜逃。5 月 21 日，希姆莱被英军俘虏。

1945 平 5 月 23 日，希姆莱为了逃避正义的惩罚，咬破藏在口腔的氰化钾胶囊而自杀。

49. 戈 林

戈林（赫尔曼·威廉·戈林 1893—1946），纳粹德国的第二号要人，德国进行侵略战争的元凶之一。他既是德国法西斯政治、经济与军事的首脑，也是镇压残杀犹太人的主谋，因此，纽伦堡审判判定他是“仅次于希特勒而集全体被告罪恶活动之大成的人物”。

1893 年 1 月 12 日，戈林出生于德国巴伐利亚的外交官家庭，排行第四，有 8 个兄妹。少年时期的戈林就显示出性格急躁、固执任性、难于教化、喜欢冒险的特性，特别神往于古代骑士和查理大帝、腓特烈大帝等历史人物的故事和传说。12 岁时被送进卡尔斯鲁赫的军校，16 岁时又进入柏林附近的格罗斯利希特费尔德高级军校。

1912 年戈林从军校毕业后进入驻米尔豪斯的步兵团服役。第一次世界大战期间，米尔豪斯被法军占领，他两次率突击队打入该城。他注意到空军在当时和未来战争中的作用，想方设法进入空军。1915 年，戈林从飞行学校毕业后，驾机重返前线，立志要做最出名的战斗机飞行员。1917 年因作战勇敢，获得 3 枚勋章。次年获最高战功勋章，并担任德国空军的王牌——里希特霍芬战斗机大队大队长。

战争结束后，戈林先后到丹麦和瑞典闯荡。1921 年回国，进入慕尼黑大学学习。他对《凡尔赛和约》的条款极为不满，听了希特勒的讲演后，觉得与他的思想完全合拍，遂主动参加纳粹党。当时的戈林身材魁梧、仪表堂堂、精力过人、敢作敢为，希特勒正迫切需要这样的人。1923 年 5 月 1 日，戈林参加啤酒店暴动，大腿中枪，被迫流亡瑞典和奥地利。

1927 年大赦后，戈林回到德国，先后任数家飞机公司和汉莎航空公司的顾问。次年国会选举，戈林成为纳粹党 12 名国会议员之一。此后，他积极在上层人士中活动，为希特勒与工业界巨头和高级军官之间建立联系。1932 年，戈林当选为议长，成为第一流的政客。1933 年初，希特勒担任总理后，戈林任不管部长，兼任普鲁士的内政部长。他利用职务之便，以 4 万冲锋队、党卫队、钢盔队人员组成一支辅助警察部队，牢牢控制了占德国面积 2/3 的普鲁士的局面。他利用“国会纵火案”，逮捕纳粹的反对者，巩固希特勒政权。同年 4 月，他把政治警察改为国家秘密警察，即盖世太保。不久，他取代巴本成为普鲁士总理。戈林的青云直上，使他愈加狂热粗暴，凶狠毒辣，贪得无厌。他注重仪表，讲究穿着，追求享乐，为自己建起多处占地广阔的行宫别墅。1933 年 5 月，他被任命为航空部部长后，立即着手准备建立空军。

1936 年 9 月，对经济一无所知的戈林被任命为德国经济四年计划的全权代表。在他的领导下，德国经济开始转入总体战轨道。1942 年，他听说由于钢材不够，使机车生产不足，就召集有关人员，居然提议用水泥来制造机车，用数量来弥补质量，但究竟怎样制造，他也不知道。

1938 年 2 月，希特勒接管整个武装部队指挥权后，授予戈林元帅军衔。1940 年 7 月，希特勒又授予他位居其他元帅之上的大德意志帝国的帝国元帅军衔，他还获得独一无二的大十字勋章。

戈林仇视犹太人，在主持德国经济后，就着手掠夺扰太人的财富，把犹太人驱赶出国，只留下他们的财产。提议在城市建立犹太人隔离区和犹太人移民局，通过屠杀来最后解决犹太人问题。

1939 年 9 月 1 日，德国法西斯悍然发动侵波战争，希特勒在演说中宣布，如果战争时期他遇到不测，戈林将成为他的继承人。这样，戈林就获得了希特勒法定继承人的地位。在战争中，戈林出动他的机群对波兰空军突然袭击，使波军的许多飞机毁于地面。德国的轰炸机还对波军的防线和城市进行狂轰滥炸，使许多城市化为灰烬。戈林的空军对于使波兰抗战三周就被迫投降起了重要作用。

空军在侵波战争上的胜利，使戈林更加野心勃勃，狂妄自大，总以为空军能够解决战争中的一切问题。1940 年 5 月 24 日，德国装甲部队已经到达距离敦刻尔克 20 英里的阿运河地区，准备对处于包围圈中束手待擒的 30 多万英法联军实施围歼。但希特勒突然命令陆军停止前进，把消灭敌军的任务，留给空军。其中的重要原因，就是戈林向希特勒建议用他的空军来单独消灭被包围的敌军，以减少宝贵的装甲部队的损失。实际上，戈林是要为空军取得最后决战的机会，捞取“唾手可得”的胜利果实的荣誉。但由于气候恶劣影响了德国空军攻击的效果，同时德国空军还受到英国新型喷火式飞机的有效抗击，故而戈林的空军虽然破坏了敦刻尔克港口，炸沉 243 艘英国运输船，但戈林向希特勒夸下的歼灭英国远征军的海口，并没有兑现。英法联军在德军的鼻尖下从敦刻尔克海滩上夜以继日地撤离，创造了历史的奇迹。

戈林作为世界上规模最大的空军的总司令，虽然没有获得最后解决英法联军的成功，但他并不为他的吹嘘感到懊悔，反而自鸣得意，认为给了英国军队致命的一击。

1940 年 8 月，德军横扫西欧以后，希特勒发布从空中和海上消灭英国海空军，为登陆英伦三岛扫除障碍的命令。戈林认为单靠空军就能使英国屈服，海军也认为只有取得制空权，才能渡海作战。戈林组织并发动代号为“鹰”的对英国大规模空中攻势，戈林深信 4 天内就能摧毁英国战斗机在英国南部的防御，2—4 周就可以完全摧毁英国皇家空军。早在 7 月，戈林就指挥空军对英国的港口和军舰进行不断的试探性攻击，企图引诱英国战斗机出来作战，但未得逞。

8 月 15 日，戈林把他的 3 个航空队的大部分飞机都投入英伦空战，共出动战斗机 1149 架次，轰炸机 801 架次。德英空军战斗的结果是，德军损失 75 架飞机，皇家空军损失 34 架。按这个比例，德国很难战胜英国空军。

英国同力量悬殊的德国空军作战，靠的是雷达装置。8 月 12 日，戈林曾命令空军重点袭击雷达站，击中英国 5 个雷达站，炸毁 1 个。但由于他不了解雷达站对英国防御的极端重要性，没有继续命令对雷达站进行攻击，这是他的第一个重大失误。

从 8 月 24 日到 9 月 6 日，戈林平均每天派出 1 千多架飞机，把摧毁英国空军防御力量的核心——战斗机作为主要目标。德国空军数量的优势开始显现出来，英国前线机场都遭到巨大的破坏，指挥空战的通讯系统也处于被摧毁的边缘，被击毁和严重损伤的战斗机达446架，飞行员的伤亡已达1/4，局势对英国皇家空军非常不利。德国空军如果坚持作战，英国就会完全丧失空中防御力量，德军的登陆作战就有可能成功。然而就在这一关键时刻，德国空军的战略改为大规模夜袭伦敦。事实证明，这是戈林的第二个重大失误。这一变化，拯救了被打得晕头转向的皇家空军，为皇家空军恢复元气提供了喘息之机，成为史无前例的英伦空战的转折点。由于戈林不能取得制空权，9月17日，希特勒开始无限期推迟"海狮"计划的实施。

戈林因在英伦空战中没有取得希特勒所期望的、他曾经在其它战场上取得过的惊人胜利，使德军无往不胜的神话第一次破灭，而在希特勒面前开始失宠。此后，戈林就把指挥空军实际作战的权力委任给别人，自己退到第二线。

在准备入侵苏联的计划中，希特勒指定戈林负责掠夺苏联经济财富工作，夺取苏联的经济资财，供德国使用。他领导的东方经济工作处规定：不许把苏联黑土地带的剩余粮食运往工业区，因为工业区必须破坏，工人将移居西伯利亚。他在备忘录中写道："在战争的第3年里，如果俄国能够为我们所有的武装部队各军种提供给养的话，战争才能继续进行。毫无疑问，这个结局将是我们从俄国攫取一切有用的物资，而那里的数百万人将死于饥饿。"

戈林把已被德国占领的国家的经济并入德国战争经济之中，他授权希姆莱使波兰"日耳曼化"，并派出懂行的官员到法国、比利时、荷兰等国侵占掠夺德国需要的物资，并使这些国家的军事工业高速运转，以满足德国侵略战争的需要。

1942年冬季，苏军发动冬季攻势，在斯大林格勒包围德国第6集团军以及第4坦克集团军一部。在最后讨论被围部队坚守或是突围的时候，戈林满面春风地出现在会议室，庄重地向希特勒保证：可以通过空运接济被围部队。戈林的一句大话，使希特勒坚定了不准突围的决定。此后戈林不断被希特勒叫去汇报，他总是借口天气恶劣，不能按计划出动飞机，保证一旦天气好转，如数把给养运到。但是一直到1943年1月底，被围德国第6集团军全军覆没，戈林的保证也没有实现，为此，戈林不断受到希特勒对他领导空军不力的严厉批评。戈林一怒之下甩手不干，作长时间的休假。此后，戈林成为空军乃至德军历次败绩的替罪羊。希特勒在战争形势讨论会上经常当着高级将领的面，用最尖刻和侮辱性的语言辱骂帝国元帅，戈林从此名誉扫地。

但希特勒并没有让戈林完全靠边站，仍让他负责其它的事务，因为希特勒认为戈林的威望和功绩对维护德国的领导层来说是不可缺少的。此后，戈林尽可能少地参与战争的实际指挥，他的影响逐渐减小，最后他干脆躲进卡琳哈尔庄园，只关心与自己利益有关的事，而对德国空军的兴趣和对德国经济的管理都日益减少。

戈林追求享乐、贪得无厌。他爱穿丝绒长睡衣，脸上搽胭脂，指甲上涂红色指甲油，不时拿出一些未镶的宝石，在手上玩弄，就好象是文艺复兴时代的侯爵。他千方百计地运用职权聚敛钱财、收集艺术品。他每年的生日都会收到众多的部下、宾客、企业家的大量珍贵礼品和巨额赠款，他还主动要求别人向他交纳贡品。戈林喜欢打猎，经常饮酒作乐，体重达到125 公斤。

戈林醉心于收集各种艺术珍品，通过对占领区的掠夺，不断扩充私人收藏。占领法国后，为了抢夺巴黎卢浮宫的艺术精品，他发出密令，规定分类处理艺术品的原则：元首保留决定权者；对充实帝国元帅收藏有用者。仅希特勒和戈林两人从法国掠夺的文物，就装满两节车厢。到战争后期，他通过各种手段和途径强取豪夺各国历代油画精品和其它艺术品约 1500 多件，价值达 6 亿马克以上。

1945 年 4 月 20 日，戈林参加最后一次希特勒的生日聚会之后，同面临死神的希特勒告别，带领满载金银珠宝的汽车大队撤离柏林。他相信，希特勒的死期将近，自己就要成为继承人了。4 月 23 日，戈林在科勒的鼓动下，准备出山担任和平谈判的使者，遂召集顾问商议。大家认为希特勒既然决定留在柏林，业已与外界和政府断绝联系，事实上已不能视事。根据希特勒 1941 年 6 月 29 日发布的公告，戈林有责任接管政权。于是戈林电告希特勒，要求把这一权力委托肯定下来。

希特勒收到电报后，在纳粹党办公厅主任马丁·博尔曼的挑动下怒不可遏，回电说戈林已犯下叛国罪，如马上辞去全部职务，可免一死。博尔曼为了扫除通往最高权力之路的障碍，电令在贝希特斯加登的党卫队总部，以叛国罪逮捕戈林及其部下。这样，第三帝国的二号人物，德国历史上唯一的帝国元帅就成了阶下囚。希特勒在自杀前一天的政治遗嘱中，重申撤销戈林的一切职务，并把他开除出党。

盟军占领德国后，戈林在5月21日被押送到卢森堡边境的蒙道尔夫美军战俘营，9月又被押到纽伦堡监狱。在纽伦堡审判中，戈林顽固坚持法西斯立场，一再否认自己的罪行。1946年10月1日，法官劳伦斯勋爵代表国际军事法庭宣读对戈林的判决，确认戈林犯有策划战争罪、破坏和平罪、战争罪和违反人道罪，判处绞刑。

此后，戈林提出他作为军人应以枪毙处决，但遭到拒绝，遂决定自杀。1946年10月15日晚，戈林这个法西斯罪魁服毒自杀，结束了他丑恶的一生。

50. 赫 斯

赫斯（鲁道夫·沃尔特·理查德·赫斯 1894—1987），纳粹副元首。

1894 年 4 月 26 日出生于埃及亚历山大里亚的德国商人家庭。赫斯先后在亚历山大里亚的德国教会学校、德国的巴德戈迪斯堡教育学院、瑞士的纳沙泰尔商业学校和德国的慕尼黑大学学习。青年时代的赫斯对于继承其父衣钵经商致富并无兴趣，对于物理和数学倒是情有所钟。赫斯与慕尼黑大学教授、地缘政治学创始人卡尔·豪斯霍弗关系颇为密切，豪斯霍弗的地缘政治学理论对赫斯的世界观影响极大。

第一次世界大战期间，赫斯加入希特勒所在的团队，先后在西线和东线参战，两次身负重伤，获得二级铁十字勋章，晋升为预备役中尉，最后转入德国空军服役。

赫斯于 1920 年 7 月 1 日参加纳粹党，成为该党的第 16 名党员。大约在 1921 年 5 月纳粹党的某次晚会上，赫斯第一次听到希特勒的演讲，对其演讲才能极为钦佩。想必是有感而发，赫斯在其题为《领导德国恢复旧日光荣地位的人应当是怎样的人》的文章中有如是说："在一切权威荡然无存的时候，只有一个来自人民的人才能确立权威……独裁者在广大群众中扎根越深，他就越能了解在心理上应该怎样对待他们，工人们也就越不会不信任他，他在最活跃的人民阶层中也就越会得到更多的支持。他本人与群众并无共同之处。象一切伟大人物一样，他有伟大的人格，必要时他不会因害怕流血而退缩。重大问题总是由血和铁来决定的。"这样的文章自然能博得希特勒的欢喜。

1923 年 11 月，赫斯追随希特勒在慕尼黑的贝格勃劳凯勒啤酒店举行暴动。暴动失败后，赫斯脱逃至奥地利，稍后回到德国，被判在兰德斯堡监狱（希特勒正在其中服刑）服刑 7 个月。正是在该监狱，赫斯激起希特勒对地缘政治学的兴趣，笔录了希特勒的名作《我的奋斗》。

纳粹党于 1925 年重组之后，赫斯成为希特勒的私人秘书，这是赫斯青云直上的起点。1932 年 12 月，赫斯被希特勒任命为纳粹党中央政治委员会主席。同年，赫斯成为德国国会的纳粹党议员，晋升为党卫军上将。继希特勒出任德国总理、纳粹党登上国家权力舞台之后，1933 年 4 月 21 日，赫斯被任命为纳粹党副元首。同年 6 月 29 日，赫斯还被任命为德国不管部长，统管除外交政策和武装部队以外的一切事务。赫斯对希特勒无条件地忠诚，他说过："简单地说，希特勒就是纯粹理智的化身。"人们通过新闻片看到当他在群众大会上介绍希特勒时他的眼神和声音所反映出来的虔诚的热情。1934 年，赫斯在群众大会上说道："我们骄傲地看到有一个人从未受过任何批评，这是因为每个人都感到并且知道希特勒总是正确的，他仍将总是正确的。"纽伦堡审判期间，赫斯仍未放弃对希特勒的忠诚："我得承认自己在我的国家的千年历史所产生的最伟大的儿子的领导下生活和工作过多年。"1935 年 9 月 24 日，赫斯得到参与任命所有纳粹高级官员的授权。1936 年，赫斯在德国柏林的第 11 届奥林匹克运动会期间结识了英国的汉密尔顿公爵，此人便是日后赫斯驾机飞往英国后求见的第一位要员。1938 年 2 月 4 日，在希特勒改组军事与政治机构之际，赫斯被任命为德国秘密内阁会议成员。1939 年 8 月 30 日，赫斯成为德国同防委员会委员。就在此时，赫斯被希特勒任命为继戈林之后的元首继承人。

1941 年 5 月 10 日下午，赫斯与妻子伊尔莎·赫斯匆忙告别，在副官、传令官、保安官和司机的陪伴下驱车来到德国奥格斯堡机场。赫斯换上德国空军尉官制服，留给副官一封如果赫斯离开 4 个小时之后仍未返回就得尽快转交希特勒的信件，然后单独驾驶业已准备就绪的 Mello 战斗机飞往英国苏格兰，其时为中欧时间 17 点 45 分。当晚 23 点 09 分，飞临苏格兰的赫斯伞降在汉密尔顿公爵住宅区所在的格拉斯哥附近。令人吃惊的是，听到这架陌生飞机的噪音正在野外散步的当地著名工程师沃尔特·拉姆齐对儿子说："那可能是鲁道夫·赫斯。"拉姆齐刚说完这句话就以警告的口吻中断这次谈话："忘记我刚才所说的活，不要对任何人谈及此事”，拉姆齐本人直到去世也没有再提及此事。飞机坠毁的巨大响声引起了人们的注意。农场总管戴维·麦克莱恩找到带有轻伤的赫斯并将其带往农场。赫斯在路上用英语对麦克莱思说："我是德国人，我的名字是艾尔弗雷德·霍恩上尉，我是来此执行特殊使命的，我想向汉密尔顿公爵提供重要情况。”赫斯先后被带到吉福诺克国民自卫队总部和格拉斯哥，一再申明要见汉密尔顿公爵。5月11口，赫斯终于和业已担任皇家空军某歼击航空兵群司令的汉密尔顿公爵上校相见，公开表明自己就是鲁道夫·赫斯。赫斯说明自己在执行人道使命，元首并不想征服英国而是要实现停战；元首认为德国将迅速赢得战争，而赫斯想停止这种不必要的流血，建议德英双方共同讨论可行的和平方案，同时转达希特勒的和平条件：要求英国国王保证赫斯的行动安全和自由意愿。5月13日至15日，英国前驻德国大使馆一等秘书伊冯·柯克帕特里克爵士奉政府之命数次与赫斯接触。6月9日，英国大法官西蒙勋爵亦曾奉邱吉尔之命与赫斯谈判。9月9日，英国飞机生产大臣比弗布鲁克勋爵在前往莫斯科进行武器装备供应谈判之前与赫斯交谈。除此之外，被转移到伦敦塔的赫斯实际上处于软禁状态，因而深感失望。

赫斯飞英之谜的主要问题包括：赫斯飞英的动机何在？赫斯飞英是自作主张，还是奉令行事？赫斯飞英纯粹是德国的一厢情愿，还是英国和德国事先有过某种默契？赫斯飞英之谜引起人们的广泛关注，有关的著作大量出版发行，但对于上述问题却是众说纷纭，莫衷一是。

赫斯的儿子沃尔夫·赫斯认为，1940年夏季行将结束之际，赫斯就在豪斯霍弗父子（他们与汉密尔顿公爵关系密切）的协助下开始拟订德国与英国之间的和平计划，因为他认为如果德国不能通过军事或政治手段使英国停止战争，一旦德国与苏联之间爆发战争，德国最终将被迫实施两线作战。赫斯原计划在中立国与英国的汉密尔顿公爵就和平协议举行谈判，后因未能得到汉密尔顿公爵的满意答复而于1940年12月决定亲自飞往英国会见汉密尔顿公爵。赫斯为此行作过精心策划。已被希特勒禁止飞行的赫斯密请梅塞施密特飞机制造公司总裁、著名的飞机设计师威利·梅塞施密特为其提供Mello战斗机并安装远程飞行训练装置，还曾集中精力学习驾驶技术和空中导航，布置收集有关的气象资料，标有飞行路线图，此外还备有一份和平计划。赫斯给希特勒的信件以“我的元首：当你收到此信的时候我将身处英国”开头，结尾则表示“我的元首，如果我的计划失败（我得承认成功的机会极少），如果命运决定与我作对，那么此行也不会给你或德国带来不幸的后果。你可以选择任何时机与我断绝关系——就说我疯了。”赫斯的和平计划的主要内容有：德国和英国在维持现状的基础上就全球政策达成妥协，所谓维持现状即德国不得为争取生存空间而与俄国发生战争；德国放弃对殖民地的要求并承认英国的海上霸主地位，英国则承认中欧为德国的利益范围；德国和英国之间目前的实力关系将得到维持，即英国不得从美国得到增援；德国将在法国陆军和海军全面解除武装之后离开维希法国，德国专员将留驻法属北非，从实现和平之日起德国部队仍将留驻利比亚5年；德国将在波兰、丹麦、荷兰、比利时和塞尔维亚建立卫星国，但在实现和平2年后将从挪威、罗马尼亚、保加利亚和希腊（克里特除外）撤出，且德国将在东面、北面、西面和南面（奥地利和捷克斯洛伐克显然仍将留在第三帝国之内）的问题圆满解决后放弃在东地中海和中东对英国地位的压力；德国将承认阿比西尼亚和红海为英国的势力范围。

美国作家威廉·夏伊勒则认为：赫斯的动机是清楚的，他真诚希望同英国媾和。此外，“战争使他个人黯然失色。战争期间，作为希特勒的副手管理纳粹党是一种很无聊的且不再是非常重要的职务。目前，德国的重要工作是处理战争和外交事务……这些事情使戈林、里宾特洛甫、希姆莱、戈培尔和将军们处于重要地位。赫斯感到既失望，又嫉妒。为了恢复他以前在他们爱戴的元首身边的地位和他在国内的地位，单枪匹马地安排德国和英国之间的和平，这样一种大胆而显赫的政治成就，岂不是最好的办法吗?”

根据《鲁道夫·赫斯事件》的编著者里斯的说法，赫斯对于德国空军1940年大举空袭伦敦极为反感，因此想到飞往英国，以便与他认为存在于英国的人数众多的反战派讲和。正因为如此，当听到豪斯霍弗表示有同感时，赫斯便受到感动。豪斯霍弗提及汉密尔顿公爵是通情达理的人，必定厌恶这种极为愚蠢的屠杀。豪斯霍弗还说自己曾二次梦见赫斯驾驶一架飞机，不知飞往何处。赫斯认为这些话语出自这样的人之口，必定是上天授意，让他飞往英国作为和平使者会见汉密尔顿公爵，然后由他引见乔治国王，而英国现政府将被推翻，由希望和平的政党取而代之。赫斯坚持说不与现在执政的

“集团”打交道，因为这个集团将极力阻挠他。或许是为了淡化赫斯飞英事件的影响，英国首相邱吉尔在其回忆录中援引里斯的说法，得出这样的结论：赫斯事件乃是医学事件而不是犯罪事件，应该如此看待。

苏联方面长期认为赫斯飞英后曾经有过某种深入的谈判或策划，由德国和英国联合起来进攻苏联，但该项计划最终流产了。苏联方面最近公布的克格勃绝密文件表明赫斯飞英是英国方面诱骗的结果。英国情报部门假意答应谈判一项和平解决方案，以把赫斯骗到英国。而在希特勒于1941年6月22日进攻苏联前夕，赫斯相信能够说服英国与德国签订和平条约。这些绝密文件包括充当苏联间谍的英国人金·菲尔比的2份绝密报告。菲尔比通过他的朋友、英国外交官汤姆·杜普雷获得情报后于1941年5月22日向在伦敦的苏联情报人员报告：赫斯在飞来英国之前给汉密尔顿公爵写过信，但这封信被英国情报部门所截获；赫斯认为英国国内存在强大的反邱吉尔派，他们想利用他飞来英国同德国人媾和。因此，英国情报部门在赫斯于1941年5月11日在苏格兰降落以前，早就知道赫斯要来英国。

再说1941年5月10日深夜，希特勒将赫斯副官送达的信件阅读完毕，竟不露声色地问道“现在赫斯在哪里?”并暗中通知戈林和里宾特洛甫（请注意未通知戈培尔和希姆莱——作者），因为赫斯约定如果使命进展顺利，就向苏黎世的姑妈拍发电报。5月11日，希特勒终日没有收到赫斯的只言片语，对赫斯使命能否成功的怀疑有所增加。当天下午，在戈林和里宾特洛甫来到上萨尔茨堡的伯格霍夫别墅之后，赫斯的副官方遭逮捕。5月12日，希特勒对赫斯或许可能成功的希望化为泡影，遂安排新闻处长迪特里希发布公报，命令博尔曼行使赫斯的职权，向小豪斯霍弗询问赫斯飞英的细节。5月12日夜晚，德国广播电台播发公报，称赫斯业已违背命令驾机起飞，到今仍未回返；赫斯“留下的信件以其混乱状态而不幸地表现出精神错乱的迹象，这使人感到党员赫斯恐怕是妄想症的牺牲品”，因此赫斯或许已在某地坠毁。公报并未透露赫斯业已飞往英国媾和。5月13日，在英国政府宣称赫斯在苏格兰降落并受有轻伤之后，希特勒向集中在上萨尔茨堡的纳粹党高级官员指出“在指挥官们随时可能奉命开始最为困难的军事行动（指入侵苏联——作者）的时刻，赫斯离开了我。当我的高级政治领导人根据他自己的计划离开战场的时候，我怎么能指望我的将军们服从这项命令?”，因此党应当将赫斯的名字从记忆中勾销。鉴于德国人民对赫斯事件的解释存在“可怕”的情绪，希特勒和戈培尔决定在5月13日晚发布第二份公报。公报声称“赫斯似乎处于幻觉之中，这种幻觉使之感到通过在过去认识的英国人之中采取个人行动，他能够促成英国和德国之间的谅解”，“国家社会主义党对这个理想主义者沦为这种灾难性幻觉的牺牲品深表遗憾。然而，这丝毫也不会影响强加给德国的这场战争的继续”。沃尔夫·赫斯认为希特勒和戈培尔似乎不想将后门堵死，故而实际上承认赫斯“对于元首的大量和平方案的了解比任何人都多”。既然赫斯已经“叛逃”，那么赫斯家族也就在劫难逃了。其实不然，1941年10月2日，赫斯的父亲去世，希特勒即给赫斯的母亲发去私人唁电，博尔曼据此得出希特勒并未与赫斯家族断绝关系的结论，亦随后发出唁电。综上所述，可以认为赫斯飞英并非自作主张，而是奉令行事；“精神错乱”、“发疯”、“幻觉”都是纳粹为摆脱赫斯使命的失败所带来的困窘而寻找的托辞。不过，赫斯使命只有希特勒、戈林、里宾特洛甫等极少数纳粹要员知情。至于具体的飞英日期，则是赫斯自行决定的。

沃尔夫·赫斯通过对大量事实的分析研究，认定赫斯飞英是英国情报机构设定的圈套。其中最重要的事实是，赫斯飞抵苏格兰之时，汉密尔顿公爵正在苏格兰西海岸的特恩豪斯空军基地值班，通过雷达掌握有关情况，而在此之前汉密尔顿公爵曾亲自驾机升空观察。

1945年10月8日，赫斯被转移到纽伦堡。1946年10月，赫斯被纽伦堡国际军事法庭判处无期徒刑。1947年7月，赫斯被转移到西柏林的施潘道盟国军事监狱，编为第7号囚犯。随着1966年10月施佩尔等人的释放，作为施潘道监狱仅存囚犯的赫斯成为“世界上最孤独的人”。施潘道监狱由苏联、美国、英国和法国各指派1名监狱长共同管理，各组织30名卫兵轮流看守。有关的经费全部由德意志联邦共和国政府承担。从1960年10月到1984年，纳税人为此共付出2650余万德国马克。赫斯的监狱生活是有规律的：早晨7点醒来，起床，洗漱，早餐，阅读；午餐；阅读，散步，晚餐；大约在晚上22点，眼镜被摘掉，同时熄灯。根据通信与探视条例，赫斯获准阅读指定的3份德文报纸，每月可由家人提供4本书籍作为读物，1978年起室内备有1台电视机。不过，赫斯对外部世界的了解仍然是有限的。因为赫斯不得收听新闻广播或收看有关当代历史的节目，有关第三帝国、纽伦堡和施潘道的报刊文章事先被删剪。赫斯获准每个星期与家人来往信件各一。篇幅均不得超过1300字，且来往信件均需经过监狱长检查；每个月接受家人1名探视一次（12月份有两次），时间不得超过1个小时，且每次探视必须提前2个星期向狱方提出申请，由监狱长审核批准或予以拒绝。

沃尔夫·赫斯一家长期为争取释放赫斯而努力，赫斯则声称自己不会请求宽恕，因为“对我来说我的名誉比自由更为重要”。

1987年8月17日，赫斯在施潘道监狱自杀身亡。赫斯单独驾机飞英之谜的真相究竟如何，人们很可能要到英国档案公布于世之后才能知晓。然而，英国封存的审讯赫斯的有关档案，要到2017年才能解密。

51. 齐亚诺

齐亚诺（加莱阿佐·齐亚诺 1903—1944），曾任意大利新闻与宣传大臣，法西斯最高委员会委员和外交大臣等要职。

1903 年 3 月 19 日生于意大利里窝那的显贵之家。他的父亲坦佐·齐亚诺即卡布里伯爵，是墨索里尼的至交，法西斯元老，与墨索里尼共同策划罗马进军的主要成员，后来还被任命为墨索里尼的继承人，担任过多年的交通大臣和法西斯众议院议长。老齐亚诺的这种资历和背景使自己的儿子在三方面受益匪浅：一是倚仗权势聚敛起来的巨大财富为儿子提供了雄厚的物质基础；二是与墨索里尼的特殊关系为儿子今后的发迹提供了攀援的梯子；三是长期的从政生涯对儿子有着潜移默化的影响，使齐亚诺逐渐养成强烈的政治野心。

齐亚诺于 1925 年从罗马大学法律系毕业后即从事新闻工作，同年进入意大利外交部门工作。1930 年以前，他先后被派往驻里约热内卢、布宜诺斯艾利斯、北平和梵蒂冈等地的使领馆供职。在华期间，齐亚诺有幸结识了墨索里尼的爱女爱达。齐亚诺健壮的体格、非凡的谈吐和机敏的幽默感令爱达倾慕，爱达特殊的身份则使齐亚诺大喜过望。他们很快坠入情网，并于 1930 年结为夫妻。这段姻缘使齐亚诺从此官运亨通，青云直上。齐亚诺先被任命为驻上海领事馆总领事，稍后升任驻中国公使馆公使。1934 年，齐亚诺出任意大利出版局局长，后来改任墨索里尼的新闻办公室主任。1935 年，齐亚诺被提拔为新闻与宣传大臣。1936 年，出任法西斯意大利的外交大臣，成为墨索里尼的心腹，不仅负责外交工作，而且还参与党务、内政等方面的重大决策。

齐亚诺天资聪颖，又受过高等教育，因此看问题比较敏锐，有一定的远见和主见，而同时又有强烈的政治野心。所以，齐亚诺不断地进行政治投机，企图把自己的见解与主子墨索里尼的意图巧妙地结合起来，而当两者发生冲突时，他往往服从于自己的政治野心，但又时刻不能忘怀自己的“真知灼见”。这就决定了他政治生涯的特点就是不间断的投机，并为悲剧性的人生结局埋下隐患。

1935 年 6 月，齐亚诺出任意大利新闻与宣传事务次官不久，即升任新闻与宣传大臣。1936 年 6 月，齐亚诺改任外交大臣一职之后，完成的第一桩大事是和德国结盟。1936 年 10 月 21 日，齐亚诺和德国外交部长纽赖特签订一项秘密议定书，宗旨是规定德国和意大利在外交方面的共同政策。柏林——罗马“轴心”由此形成。但在内心深处，齐亚诺反对与德国签订军事同盟，认为没有理由与纳粹德国的命运生死与共。为此他曾策划拖延同德国缔结军事同盟的要求达一年之久，但是墨索里尼固执己见，齐亚诺最后还是于 1939 年 1 月 22 日与里宾特洛甫签订德意“钢铁盟约”。

从希特勒吞并奥地利起，齐亚诺就认识到希特勒的扩张给意大利带来的危险以及世界大战爆发的可能。因此，他曾先后与里宾特洛甫和希特勒谈判关于避免战争的问题，但都无济于事。从这时起，齐亚诺就坚信德国人“正在拖着我们跟着他们一起去冒险”，因而极力劝阻墨索里尼不要过早参战，同时积极配合墨索里尼对附近弱小国家的侵略，以壮大意大利的力量。

在齐亚诺劝阻下，墨索里尼暂时放弃了与希特勒共同冒险计划，集中力量来对付阿尔巴尼亚、南斯拉夫和希腊。1939 年 4 月，齐亚诺奉墨索里尼的旨意下令对阿尔巴尼亚发动军事占领。武装占领完成以后，齐亚诺又恩威并用，迫使阿尔巴尼亚选举团的成员同意把阿尔巴尼亚的王冠授予意大利国王，从而完成了意大利对阿尔巴尼亚的吞并。此后，齐亚诺又开始策划利用南斯拉夫的克罗地亚地方力量和阿尔巴尼亚人内外策应，企图迫使南斯拉夫就范。同时，齐亚诺伙同墨索里尼开始考虑侵略希腊。

而在国内的政治舞台上，齐亚诺进一步确立了中心的地位。1939 年下半年，墨索里尼计划对法西斯党和政府的各个部门作一定的调整。齐亚诺向墨索里尼积极进言，施加影响，使墨索里尼接受他的意图而更换大批党政要员。谋求飞黄腾达的官僚朝齐亚诺蜂拥而至，通过各种渠道向他寻求各自向往的职位。齐亚诺权盖朝野，进入其政治生涯的鼎盛时期。意大利新内阁因而有“齐亚诺内阁”之称。

1940 年上半年，希特勒的战争冒险取得巨大成功。面对希特勒的胜利，墨索里尼再也忍耐不住，终于在 6 月 11 日下定决心，排除一切干扰向法国宣战。此时，齐亚诺明白一切背离参战的言行已成多余，遂一反常态而主张参战，并以实际行动来表示自己的战斗决心和对墨索里尼的忠心。他担任驻比萨的轰炸机中队的指挥官，得意地成为“士兵大臣”，受到墨索里尼的高度称赞。6 月下旬，齐亚诺指挥所部向法国出击，给法军以沉重打击。10 月，当意大利的侵略魔爪伸向希腊时，齐亚诺又一马当先对希腊的中心城市进行猛烈的狂轰乱炸，使大批无辜的平民惨遭杀害。

齐亚诺任外交大臣期间，作为墨索里尼的心腹，不仅负责外交工作，也参与党务、内政等方面的重大决策，对这个时期的意大利内政外交及与德国的合作非常熟悉。他把自己掌握的很多有价值的情况记入日记，其中最珍贵、精彩的部分有战争狂人希特勒的狰狞面目，墨索里尼在希特勒胜利面前的嫉妒与尴尬，德意“轴心”之间的互相倾轧与狼狈为奸，意大利法西斯党内部矛盾及意大利实力空虚的事实情况等。齐亚诺写这些日记，本来并未打算原封不动地出版，而是为了晚年写自传积累材料，因而对许多事件不加掩饰，事后也未加修改。因此，日记的事实性总的说来是可靠的，具有很高的参考价值。德国情报部门曾千方百计想得到它，乃至不惜重金收买以免落入英美敌国之手。齐亚诺身陷囹圄之后，他的妻子化装成怀孕的农妇，用细绳把日记吊在裙子里逃出德国占领区，偷越国境到瑞士。第二次世界大战之后日记得以出版，为研究历史提供了颇有价值的材料。

52. 墨索里尼

墨索里尼（贝尼托·墨索里尼 1883—1945），法西斯主义的创始人，意大利法西斯党魁，意大利法西斯政府首相，第二次世界大战的主要战犯。

墨索里尼 7 岁开始进寄宿学校读书，小学毕业后考取福利姆波波里的师范学校。他对父亲的能言善辩继承无遗。在校期间，墨索里尼轻易不笑，安于独处；喜爱读书，但个性桀傲不驯，报复心强，藐视教师。墨索里尼曾对母亲说："将来我要让世界发抖。"

1901 年，墨索里尼获得毕业证书之后，在瓜尔铁里村小学当代课教师。他并不是个好教师，酗酒嗜赌，打架斗殴，还与女人姘居，代课期满后即告失业。1902 年 6 月，墨索里尼来到瑞士谋生，先后当过建筑工人、屠宰工人和送货人。

早在师范学校期间，墨索里尼就自称为社会主义者，并加入了社会党。在瑞士，历来对政治和宣传鼓动工作感兴趣而又富有演讲才能的墨索里尼经常为社会党的报纸写文章，在群众中发表煽动性和谴责性的演讲，宣传社会主义。他读了不少马克思、黑格尔、马基雅维里、拉萨尔、尼采、巴勒多等人的著作，尤其受马克思和尼采的影响甚深。据称，从尼采那里，他学会了痛恨群众；从马克思那里，他又学会了爱护群众。由于宣传社会主义，多次遭到当局拘捕乃至驱逐出境。

1904 年，墨索里尼回到意大利。这时，他已经以强硬的革命派面目而在社会党中闻名。他于年底加入意军，1906 年 9 月退役后仍操教书旧业。1909 年，他移居奥地利，担任社会党报刊的编辑。此间他写了不少文章，还著有

《大主教的情妇》和《约翰斯传记》。1910 年 10 月，墨索里尼到米兰参加社会党年会，这是他第一次在全国性的会议上露面。

此时的墨索里尼仍被称为社会主义者，反对党内走议会道路的倾向，反对穷兵黩武的侵略战争。1911 年意大利为了夺取利比亚，发动了意土战争。墨索里尼因发动反战运动而被捕入狱，判处 5 个半月的徒刑。在狱中，他读了不少书，还写了一本自传。刑满出狱后，墨索里尼已经成为当地的知名人士了。

1912 年 7 月，社会党在勒佐举行大会。在会上，墨索里尼的革命派取得优势，他也进入领导阶层。4 个月后，墨索里尼被委任为党报《前进报》主编，使该报的发行量在 3 个月内猛增 3 倍。虽然他在报上猛烈抨击议会，但墨索里尼本人在 1914 年初被选为米兰地方议会议员。墨索里尼在思想上开始与党发生分裂。10 月，他发表《从绝对中立转向积极、有效的中立》一文主张参战，受到社会党的指责，被迫辞去主编一职，随后被开除党籍。

但是墨索里尼得到主张参战的工商富豪和政府的支持而于 11 月 15 日在米兰办起《意大利人民报》，宣传参战。这张报纸是墨索里尼的发家之宝，后来的一切都是从这里开始的。它一创刊，就引用了两句格言：一句是布朗基的“谁有铁，谁就有面包”；一句是拿破仑的“革命是一种理想，需要刀枪维持”。墨索里尼实际上已抛弃社会主义，而对尼采的理论推崇备至。1915 年 5 月，意大利终于参战，墨索里尼也于 9 月穿上军装，投入对奥作战。墨索里尼在战场上被提升为下士，1917 年 2 月负伤后退役，再次担任《意大利人民报》主编。

尽管 1917 年意军在战场上遭受巨大的损失，但是美国参战以后，墨索里尼敏锐地感到胜利在握，遂开始考虑战后如何夺取政权的问题。他从战争中认识到要夺取政权，没有政党是不能成功的，没有武装力量也是不行的。他相信战时穿上军装的大批意大利人就是他将要倚借的一支重要力量。于是，墨索里尼就在他的报纸上以引人注日的极端主义笔法、狂热的情调歌颂战争和一切现役与退役军人。

第一次世界大战结束后，墨索里尼俨然成了退伍军人的领袖，一位老练的政治家。1919 年 3 月 23 日，墨索里尼发起一场“法西斯主义运动”，在圣塞普尔克罗广场的一座大厅里召开有 50 多人参加的会议，建立“战斗法西斯”组织，但它颇为诱人的纲领直到 6 月才提出来。

战后初期，意大利掀起反对资产阶级的斗争高潮，人民斗争彼伏此起，同时，国内民族主义情绪也高涨起来。在这种情况下成立的“战斗法西斯”适应了资产阶级统治的需要，但在年底的大选中，法西斯党却遭到失败。这表明，左倾情绪仍占上风。为了改变困境，他提出反对资产阶级的口号以争取工人；又提出反对社会主义的口号以安慰资本家。他决定与自由党、国家主义党一道竞选，在 1921 年充满暴力和威胁的议会选举中，法西斯党取得 35 个议席，墨索里尼也成为议员。

1921 年 11 月，法西斯主义运动第三次全国代表大会在罗马召开。墨索里尼将法西斯主义运动改名为国家法西斯党，并极富煽动性地宣称：只有在他的领导下，法西斯运动才能成功。于是法西斯力量统一起来了。

但是墨索里尼还在等待合适的时机。1922 年 l0 月，他制订出夺权计划：命令他的党徒向罗马进军，法西斯的人流从不同方向疯狂地涌向罗马，资产阶级政府吓破了胆，乖乖地交出了政权。29 日，国王任命 39 岁的墨索里尼为意大利第 27 任首相，墨索里尼乘火车来到罗马，晋见国上，迅速组成多党联合政府，而由他本人执掌大权。

墨索里尼首先制服议会，迫使上下两院同意授予他全权。1923 年 2 月，他又在内阁中成立与党的执委会不相上下的法西斯大议会，其任务是讨论总的方针政策，其目的是与内阁抗衡，成员由他指定。在 1924 年选举中，他又杀害反对党领袖贾科莫·马太奥蒂，获得议会中 2/3 的多数。于是墨索里尼的独裁统治建立起来了。

意大利资产阶级抛弃了较为民主的统治方法，代之以法西斯独裁专政。在他当政的头几年里，墨索里尼残酷镇压无产阶级和其它劳动人民，剥夺他们的民主权利，在经济上由鼓励资本私有化发展、以牺牲劳动者和小资产者的利益来保证垄断资本的利益。在 1922 年到 1925 年，国民经济平均增长度为 4%，其中工业产量增长了 55%。

墨索里尼与古往今来的著名人物一样，有他自己的特性。他对艺术和社交不感兴趣，不尚奢侈，生活节俭，不贪钱财；他喜爱女人，尽管他生活中的女人大多并不出色；他工作有条不紊，具有领导才能而迷恋权势；他生性多疑，但头脑不失精明；他知识广博，懂得德语、英语、法语，长于演说，尊重知识和人才。

然而，他崇尚暴力，认为只有战争才能解决问题。他深受尼采哲学的影响，鼓吹意志至上。他的思想融合成一个反动体系——法西斯主义。他创建了法西斯党，给世界带来了莫大的痛苦和灾难。墨索里尼认为从政只需“百分之九十七的宣传，百分之三的实际成效”，难的是如何恰当使用“胡萝卜和大棒”。他还对人说，“谁停止不前，谁就会湮没无闻”。

30 年代资本主义世界经济大危机也无可避免地降临到意大利头上，墨索里尼也无力回天。经济危机激化了国内外各种矛盾，更进一步把意大利推上了战争轨道。

1933 年，纳粹在德国取得政权。从 20 年代起，墨索里尼就对纳粹分子提供了不少援助，但是，墨索里尼和希特勒之间也存在着矛盾，1934 年 6 月举行的威尼斯会议并未消除分歧。7 月，墨索里尼因他所支持的奥地利总理陶尔斐斯被暗杀，把军队调到意奥边境，重新宣布要保卫奥地利的独立。

从 1933 年起，墨索里尼兼任陆军大臣（始自 7 月）、海军大臣和空军大臣（始自 11 月）。

当 1935 年希特勒还在撕毁凡尔赛和约、开始重整军备的时候，墨索里尼已经做好入侵阿比西尼亚（今埃塞俄比亚）的准备。30 万意军于 1935 年 10 月 3 日向阿比西尼亚发起进攻。墨索里尼在侵略战争中对阿比西尼亚军队游击队和手无寸铁的和平居民进行惨无人道的野蛮屠杀。意军的格拉齐亚尼将军下令；“能够烧毁的全部烧毁，能够消灭的全部消灭。”到 11 月中旬，意军使用了化学武器，用飞机喷射芥子气，大批阿比西尼亚国民被化学武器杀害。由于英法等国对墨索里尼的纵容，以及双方力量对比悬殊，1936 年 5 月 5 日，亚的斯亚贝巴陷落。9 日，墨索里尼宣布合并阿比西尼亚。

1936 年 10 月，希特勒和墨索里尼在柏林签订《柏林协定》，规定在重要国际问题上采取共同的方针。墨索里尼为此发表演说，声称“新时代已经开始”，“罗马和柏林之间的垂直线不是屏障，而是轴心”。罗马——柏林轴心遂告形成。从此，墨索里尼逐步成为希特勒的仆从。

1937年7月，在德意法西斯的支持下，西班牙反动军官发动叛乱。德意勾结起来，公开干涉西班牙内战。8月，墨索里尼在意大利成立“武装干涉西班牙委员会”。德意两国除了向佛朗哥叛军提供军事装备外，还把它们的军队派到西班牙屠杀共和国军民。在西班牙三年内战中，墨索里尼共派往西班牙15万意大利正规军，其中有空军轰炸机3个团另2个大队，驱逐机1个团另2个大队；在3年中，墨索里尼还运给西班牙叛军约2000门大炮，1万件自动火器，24万枝步枪，900辆坦克等。在德意支持下，西班牙叛乱分子建立了佛朗哥法西斯独裁政权。

中国抗日战争初期，墨索里尼是支持中国蒋介石反对日本的，但随后觉得有必要让日本在东方牵制英美，便断然从中国撤回军事、经济使团。1937年11月，意大利加入德日反共产国际协定。12月，墨索里尼宣布退出国联。

希特勒很早就有建立一个德意志人统一国家的宏大计划，1938年3月，墨索里尼帮助他实现了。早些时候，墨索里尼充当着奥地利的“朋友和保护人”，的确在1934年也曾保护过，但此时，他却宣称奥地利对意大利是无关紧要的。于是，希特勒就兵不血刃地回到了他出生的地方。然而，希特勒是贪得无厌的，他又向捷克斯洛伐克提出领土要求，而后者一向与英法关系密切。由于墨索里尼对希特勒的坚定支持和英法的绥靖政策，一场出卖捷克斯洛伐克的肮脏勾当就在慕尼黑完成了。希特勒如愿以偿，得到了他所需要的东西。

1938年，墨索里尼下令取消议会，在国内完全建立起他个人的独裁恐怖统治。墨索里尼自称为“国际主义者”，但他的国际主义就是要恢复古罗马的疆界、地位，把地中海变成意大利的内湖。法西斯就是侵略，墨索里尼也是要向外扩张的。虽然墨索里尼在1939年4月抢先侵占了阿尔巴尼亚，但他觉得还没有作好打一场世界大战的准备，而且缺乏信心，因此，当希特勒通知他要求意大利一起准备向英法作战时，老奸巨滑的墨索里尼拒绝了。1939年5月，齐亚诺奉墨索里尼之命在柏林与里宾特洛甫签署德意军事同盟条约，号称“钢铁同盟条约”。1939年9月，希特勒进攻波兰，第二次世界大战爆发。墨索里尼并没有跟随德国向英法宣战，而是宣布他的国家处于“非交战状态”。同时，他对希特勒所取得的成就既羡慕又嫉妒，但他仍缺乏信心。

希特勒在巩固东线之后，又在西线发动进攻，获得巨大胜利。这位意大利独裁者终于认为参战有利可图。为了和希特勒平分秋色，共享贼物，他不顾意大利的经济、军事力量不足，不顾意大利的资源贫乏，下定决心宣战。1940 年 5 月，墨索里尼组建最高统帅部并出任最高统帅，掌握大战时期意大利的最高权力。6 月 10 日，意大利向英法宣战。

意军在巴尔干向希腊发动突然袭击，企图占领巴尔干半岛，控制出海口，以便将来和希特勒讨价还价，但由于意军实力不足，意军很快遭到失败，被迫撤回阿希边境；在北非，单凭意大利军队明显是无法取胜的，但是墨索里尼不愿德国人来分享他所统帅的军队的“伟大胜利”，便轻率地拒绝德国的援助。意大利法西斯的虚弱本质立刻暴露出来，战争进行半年后，意军被迫从进攻转入防御。

希特勒为使墨索里尼不致单独媾和，决定插手巴尔干。潮水般的德军疯狂涌向希腊，两星期之内，希腊便投降了。隆美尔将军接过北非的军事指挥权，一下子便把英军赶回埃及边界。墨索里尼大肆吹嘘这是意军在德国人帮助下取得的胜利。

1941 年墨索里尼还派遣精锐军团参加对苏联的进攻，但是意大利军队实在太糟糕，被打得落花流水。是年底，日本在东方向英美开战，墨索里尼也曾心花怒放了一阵，但由于他不愿放弃在北非的指挥权，英军在北非又取得重大胜利，德意法西斯的军队最终在阿拉曼受到决定性的打击。

失败主义情绪象阴冷的寒风袭击亚平宁半岛，墨索里尼威信扫地，法西斯政权也处于瓦解之中。墨索里尼察觉到昔日的亲信们甚至女婿齐亚诺对他的信任都在动摇，为此，墨索里尼于 1943 年 2 月，对政府进行大改组，几乎所有的大臣都被解职，换上好战的法西斯军人。

1943 年初，意大利本土遭受盟军进攻的可能性越来越大。墨索里尼开始正视欧洲战场对法西斯势力的不利局面，呼吁希特勒向苏联求和，然后集中兵力于西线对付英美军队，但是希特勒拒绝了，7 月 10 日，英美联军在西西里岛登陆成功，意大利全国一片慌恐，墨索里尼也陷入绝望之中，他担心的事情终于发生了。24 日，在大多数成员的要求下举行的法西斯大议会会议以 19 票对 8 票通过对墨索里尼的不信任案。次日下午，墨索里尼去晋见国王，国王告诉他鉴于军事失败不可避免，军心涣散，巴多格利奥元帅将接替首相职务。墨索里尼随后被逮捕关押。

墨索里尼的倒台使希特勒大为震惊。在巴多格利奥的政府宣布投降后，希特勒于9月12日派遣滑翔机部队从监禁地救出了墨索里尼。墨索里尼通过电台宣布重新执掌政权，建立“意大利社会共和国”（史称萨洛共和国）。从此，墨索里尼再也没有回过罗马，1945年4月，墨索里尼认为有被盟军、游击队生擒的危险，为逃避正义的制裁，遂化装逃跑，但被意大利游击队认出而遭逮捕。

1945年4月28日下午，墨索里尼和情妇克拉拉·贝西塔等15人在科摩湖岸被枪决。墨索里尼的尸体被拖到米兰中心广场，倒悬于加油站外的木椽上，真是罪有应得。

53. 里宾特洛甫

里宾特洛甫（约阿希姆·冯·里宾特洛甫 1893—1946），第二次世界大战时期的纳粹德国外交部长，有“俾斯麦第二”之称。

1932 年 5 月 1 日，里宾特洛甫加入纳粹党，一年之内即成为国会议员、党卫队上校和希特勒的外交顾问。里宾特洛甫在柏林郊外的豪华别墅则成为 1933 年 1 月希特勒为组织第一届内阁而举行秘密会议的理想场所。

里宾特洛甫于 1934 年出任德国裁军事务代表兼驻国际联盟大使。里宾特洛甫组建“里宾特洛甫办公室”，一方面与康斯坦丁·冯·纽赖特主持的外交部分庭抗礼，一方面设法搜集有关希特勒的情况（兴趣爱好、会访日程、言谈举止等），颇受希特勒赏识。

1935 年 6 月，里宾特洛甫奉命以无任所大使的身份前往伦敦，与英国谈判并签订“英德海军协定”，使德国的海军吨位可为英国的 35%，为德国扩建海军创造了条件。1936 年 8 月，里宾特洛甫出任德国驻英国大使。在驻英国的两年任期中，里宾特洛甫因受到英国社交界的排挤而大为恼火，认为英国与德国的对立是不可调和的；在向希特勒报告英国不会反对第三帝国在欧洲的征服政策的同时，将英国描述为“我们最危险的敌人”；经常越过外交部长纽赖特向希特勒直接报告有关情况，参与德国的重大外交活动。1936 年 11 月，里宾特洛甫在柏林与日本代表谈判并签署“德日反共产国际协定”。次年 10 月，里宾特洛甫促成意大利在该协定上签字，导致柏林—罗马—东京轴心的形成。

1938 年 2 月 4 日，里宾特洛甫被希特勒任命为纳粹德国外交部长。3 月 11 日，根据与英国首相张伯伦、外交大臣哈里法克斯勋爵的长谈，里宾特洛甫向希特勒提出报告，认为“英国不会对奥地利采取行动”。随后，他又奉命起草对奥地利的最后通牒。在纳粹武力的胁迫和英法绥靖政策的纵容下，德国吞并了奥地利。里宾特洛甫还极力主张把捷克斯洛伐克变为德国的保护国，向希特勒保证能“使法国置身事外”，英国则“只要你向他们表明你决不会退缩，他们就会让步。”此种判断与希特勒的计划不谋而合，慕尼黑危机的发展似乎又证实了此种判断正确，因而，里宾特洛甫备受希特勒的青睐也就不足为奇。

慕尼黑危机之后，里宾特洛甫为推行德国的战争政策而加紧开展外交活动，频频得手。

里宾特洛甫凭借三寸不烂之舌，鼓动意大利首相墨索里尼签定德意军事同盟条约，导致 1939 年 5 月号称“钢铁同盟条约”的德意军事同盟条约的签订。

早在 1938 年 10 月，里宾特洛甫向波兰提出蛮横的领土要求：同意德国占领但泽，将“波兰走廊”让给德国；德国宣传机器则大肆宣传波兰境内的“日耳曼人遭到迫害”，制造但泽危机。1939 年 3 月，里宾特洛甫威胁波兰大使，声称元首“对波兰的态度已越来越感到惊讶，波兰必须认清它不能在俄国和德国之间采取中间道路”，波兰的出路在于“同德国及其元首保持合理的关系”。

1938 年 12 月，里宾特洛甫赴巴黎与法国签订所谓友好条约，旨在离间英法关系。

1939 年 1 月，里宾特洛甫在陪同希特勒会见捷克斯洛伐克外交部长时威胁道，捷克斯洛伐克必须照德国人要你们做的一切去办，否则便有“不堪设想的后果”。两个月之后，里宾特洛甫为斯洛伐克起草所谓“独立宣言”，并伙同希特勒、戈林胁迫捷克斯洛伐克总统哈查签署取消捷克斯洛伐克独立的“德捷协定”。

1939 年 7 月，里宾特洛甫与意大利大使谈论波兰问题，宣称“如果波兰胆敢进攻但泽的话，德国将在 48 小时内在华沙解决但泽问题！如果法国居然为但泽出面干涉，从而掀起大战的话，也随它去，德国没有比这再高兴的了，这样法国就会被消灭；英国如果胆敢轻举妄动的话，结果将是大英帝国的覆灭……美国呢？元首的一篇演说就足以将罗斯福打败。”

为了实施先西后东战略、避免东西两线作战，里宾特洛甫奉希特勒之命一面以德英谈判破坏英法苏谈判，一面力图改善德苏关系。1939 年 8 月 3 日，里宾特洛甫指示德国驻苏联大使舒伦堡表示“德国方面希望改善德苏关系”，他本人随时准备为此与苏联谈判。苏联对此不予理睬。8 月 14 日，里宾特洛甫急电舒伦堡（要求他亲自将电文译读给苏联外交人民委员莫洛托夫），声称德苏关系已经“面临历史性转折点”，“德国和苏联之间不存在任何实际的利害冲突”，历史表明“当两国是友邦的时候就一切顺遂，当两国是敌国的时候就不然了”，再次表示愿意前往苏联谈判。苏联则予以拒绝。17 日，舒伦堡奉命转达德国准备与苏联缔结互不侵犯条约的意愿。20 日，希特勒急电斯大林，要求允许里宾特洛甫访问苏联，就签订互不侵犯条约举行谈判，次日，苏联宣布英法苏谈判破裂，复电希特勒同意里宾特洛甫访问苏联。22 日，里宾特洛甫携带希特勒签发的全权证书飞赴苏联谈判。8 月 23 日，“苏德互不侵犯条约”签订，里宾特洛甫的外交活动达到巅峰。

为欺骗世界舆论、麻痹英法等国，1939 年 8 月 29 日，里宾特洛甫向英国提出“请波兰派遣一位全权特使前往柏林”谈判的建议，并要求波兰特使于 30 日到达。8 月 30 日夜，里宾特洛甫对英国大使呈送的答复照会不屑一顾，而快速宣读为表明德国直到最后一分钟仍在为“合理”解决波兰问题而努力的 16 点建议，宣读完毕即称这些建议“业已过时”。

1939 年 9 月 1 日凌晨，德国闪击波兰。9 月 3 日，英国、法国对德国提出最后通牒并在里宾特洛甫代表德国拒绝之后对德国宣战。

尽管里宾特洛甫为推行纳粹外交政策效尽犬马之劳，但纳粹德国统治集团内部对他的评价并不一致。戈林公开称里宾特洛甫为“肮脏的小香槟酒贩子”。戈培尔则不无刻薄地说：“他的名字是用金钱买来的，钱财是通过婚姻获得的，官职是靠诈骗弄到的。”然而，希特勒听不进任何反对里宾特洛甫的话，认为里宾特洛甫是“俾斯麦第二”，甚至称赞他是“比俾斯麦更伟大的外交部长”。

1939 年 9 月 28 日，里宾特洛甫在波兰灭亡后赴苏联签订新的德苏边界条约，使德国边境线东移。

当对德国持同情态度的温莎公爵（即因与美国的辛普森夫人结婚而逊位的英国国王爱德华八世）于1940年被任命为巴哈马群岛总督时，里宾特洛甫策划在里斯本劫持温莎公爵并利用他反对英国国王乔治六世。但是，英国反间谍机构的努力和温莎公爵对国王的忠诚挫败了这项荒诞的诡计。里宾特洛甫因此大失脸面。

1941年6月22日凌晨，里宾特洛甫接见苏联驻德国大使，准备就德国飞机入侵苏联领空提出抗议的大使刚一开口，里宾特洛甫即粗暴地说“这不是现在要谈的问题”，随后提出一份辩解备忘录。其时，德国已将闪击苏联的“巴巴罗萨计划”付诸实施。

里宾特洛甫在战争时期的工作主要包括两个方面：促使轴心国伙伴意大利与日本按照德国的意图参战；负责指导德国的对外广播宣传。里宾特洛甫相当卖力却建树甚微，倒是在对外广播宣传方面不时与戈培尔发生冲突。戈林、戈培尔、希姆莱等人很想把里宾特洛甫赶下台，但希特勒仍视之为“俾斯麦第二”，予以留任。

1945年4月20日，里宾特洛甫在参加希特勒生日庆祝活动之后，预感到末日即将来临，遂悄然逃离柏林。因而在希特勒的“政治遗嘱”中，里宾特洛甫失去了在邓尼茨政府中继续任职的资格，1945年5月2日，施威林·冯·克罗西克继任德国外交部长。

战后，里宾特洛甫被英军抓获。1946年10月1日，纽伦堡国际军事法庭判处纳粹战犯里宾特洛甫绞刑。15天之后，里宾特洛甫被绞死。

54. 凯特尔

凯特尔（威廉·凯特尔 1882—1946），纳粹德国元帅，最高统帅部参谋长。

凯特尔 1902 年被任命为少尉，1908 年担任团部副官，1914 年 10 月大战爆发后晋升为上尉。凯特尔是个忠于职守，精力充沛但并不突出的军官，为人随和，贫嘴、嗜酒，喜爱狩猎、骑马和交际。

1909 年，凯特尔同利萨·方丹结婚。利萨是个很有个性的女人，不仅漂亮，而且聪明伶俐、野心勃勃。她是希特勒的崇拜者，对凯特尔以后的青云直上产生了很大影响。同听从父命从军一样，这次婚姻也是决定凯特尔后来命运的重要转折点。

凯特尔在大战时期提任炮兵指挥官和各种参谋职务，负过重伤。德国战败后，他继续在德国军队中任职，1923 年晋升为少校，1929 年成为中校，两年后升为上校。1929 年 10 月，凯特尔担任德国军队组织处处长，参与秘密扩充德国军队的活动。1931 年他同亚当将军、布劳希奇将军等德国军官访问苏联，苏联广阔的国土、纪律严明的军队以及计划管理的经济，给他留下了深刻的印象。

1933 年 1 月 30 日，希特勒登上德国权力的顶峰。同日，凯特尔的朋友布洛姆贝格成为国防部长，1933 年 7 月，凯特尔在巴特赖兴哈尔第一次见到希特勒，并投到他的麾下，担任第 3 步兵师副师长，1934 年 4 月晋升为少将。但是，是年春天，凯特尔因父亲去世而继承家产，萌生了解甲归田的念头。然而，凯特尔的老友、陆军总司令弗里契等人极力规劝他打消去职念头，并许诺准备任命他为即将组建的新师的师长，凯特尔接受规劝，不久便担任不来梅第22步兵师师长。1935年8月，布洛姆贝格任命他为国防部军队局局长，但凯特尔似乎怕卷入政治而不愿接受任命，直到9月9日，才在利萨的劝说之下就任该职。1936年1月晋升为中将，1937年8月成为炮兵上将，1938年2月，希特勒任命凯特尔为德国武装部队最高统帅部参谋长。凯特尔在最高统帅部内设有4个职能部门：武装部队作战参谋部、情报与反谍局、武装部队中央局和武装部队经济局。希特勒之所以选中凯特尔，是因为他是个唯唯诺诺的人，便于贯彻希特勒自己的意志。凯特尔担任此职直至1945年法西斯德国战败。从能力上说，凯特尔担任如此高的职位并不称职，事实上他自己也这么认为。但是，他是希特勒寻找的能盲目服从自己的人。对凯特尔来说，对希特勒本人或他的命令指出批评或异议，就是近乎背叛的不忠行为，希特勒的指令就是上帝的训条，必须绝对而迅速地执行。因此，第二次世界大战时期，凯特尔作为希特勒最亲近的军事顾问和希特勒意志的积极执行者，绝对支持希特勒争夺世界霸权的罪恶计划，并直接参与计划的制定和实施，犯下了不可饶恕的罪行。

1938年2月，凯特尔协助希特勒在贝希特斯加登制服奥地利总理库特·冯·舒士尼格，导致第三帝国兼并奥地利。1939年3月，在使捷克斯洛伐克总统埃米尔·哈查屈服，被迫签署使自己的国家置于纳粹“保护”之下的文件的过程中，凯特尔也扮演了类似的角色。1939年9月，凯特尔与希特勒一唱一和，号召消灭波兰的犹太人、知识分子、神甫和贵族，以便摧毁波兰人民的意志。凯特尔后来签署命令，协助党卫队和盖世太保实施该项政策。1940年6月在同战败的法国谈判中，凯特尔任德国代表团团长，迫使法国代表接受屈辱的贡比涅停战协定的条件。7月，凯特尔晋升为元帅。

1941年5月，凯特尔签署臭名昭著的《关于政治委员的命令》，授权德军战地指挥官处决被俘的共产党军官，而毋需经过任何军事法庭审判。有不少将军指责这是犯罪性命令，但凯特尔对这项命令没有任何异议，坚持绝对服从。1941年7月27日，凯特尔还签署命令，赋予党卫队头目希姆莱以绝对权力，在苏联实施上述计划。这导致在苏联沦陷区实施大规模恐怖行动，大肆屠杀战俘和平民。1942年9月，凯特尔建议任命曼斯坦因或保卢斯为德军总参谋长，但希特勒不予理睬而任命蔡茨勒。10月，希特勒开始大量指责陆军，诸如“我的元帅都是伟大的战术家，当然，他们的战术意味着撤退”，

"我的元帅的水平就马桶盖那么高"，凯特尔则一言不发。12 月 16 日，凯特尔向武装部队再次发布指令，声称："为了确保胜利而不受限制地使用任何方法，甚至是对付妇女与儿童的，都是合理的，并且是军队的义务。任何宽恕行为都是对德国人民的犯罪。"他还签署希特勒的《夜与雾命令》在被占领的国家特别是法国与低地国家，实行恐怖统治。许多有反纳粹嫌疑的人，消失于夜雾中，被盖世太保暗杀。凯特尔同意处决荷兰举行罢工的铁路工人，屠杀苏联的犹太人，杀戮各地有抵抗嫌疑的人士。凯特尔还鼓励德国平民杀害被俘的盟军飞行员，说："我反对法律程序，因为它毫无作用。"凯特尔下令把非军事行动地区或靠近战场的地方被俘的盟军飞机员当作间谍处死。凯特尔赞同将不执行命令的德国将军不经审判就逮捕或枪决。凯特尔甚至不顾外交部长里宾特洛甫的反对，主张在苏联战俘的臀部刺字，只是由于某集中营指挥官指出这样会使苏联人采取报复措施，如在德国战俘前额上刺字，他才取消这一念头。

凯特尔对希特勒的某些做法和政策亦曾提出异议，两人因而发生过冲突，但前者最后都屈从于后者，忠实地执行命令。1939 年 10 月，凯特尔赞同布劳希奇和哈尔德反对在冬季发动侵略战争的主张，希特勒大为恼火，指责凯特尔参加反对他的阴谋。凯特尔因而提出辞职的请求，但希特勒不接受，劝他留任。他私下向希特勒表示今后绝对服从命令，但 1940 年 8 月当希特勒宣布准备入侵苏联时，凯特尔亲手写了一份备忘录交给希特勒，表示反对。希特勒召见了凯特尔，把他臭骂一顿。凯特尔受到极大的伤害，再次请求辞去最高统帅部参谋长的职务，但希特勒向他咆哮道："你必须任职到元首不再需要你时为止。"此时凯特尔已看清楚自己是被囚禁在镀金的笼子当中，这是为自己青云直上和接受并不能胜任的职位而付出的代价。早在 1941 年 12 月，凯特尔在私下就说过，1942 年夏季进攻可能失败，但不敢向希特勒提出。当第 6 集团军被围困在斯大林格勒附近的时候，希特勒不许它突围。凯特尔支持希特勒驳回魏克斯、曼斯坦因、里希特雀芬和所有第 6 集团军指挥官的反对意见。凯特尔通过这样的举动保护自己的地位，尽管他也知道那样的决定是危险的。1943 年 1 月 31 日，保卢斯和他的第 6 集团军余部投降，德国损失了无法弥补的 23 万人。此后，凯特尔赞同希特勒发布的所有"不惜任何代价坚守阵地"的指令。希特勒在军事指挥上的一意孤行给德军带来了灾难性的后果：非洲集团军群在突尼斯被摧毁；

第17集团军在克里米亚被击溃；第1装甲集团军在加里西亚被包围；南方集团军群在乌克兰受重挫；中央集团军群在白俄罗斯被歼灭；B集团军群在诺曼底被粉碎并从而丢失法国，等等。促成上述失败的决策不是凯特尔制定的，但是他盲目服从希特勒，签署了这些决定。凯特尔实际上未能影响希特勒的任何战略决定。战时在谈及自己和希特勒的关系时他对奥尔布里希将军说道："我不知道，他（指希特勒）什么也不告诉我，他先向我发号施令。"因此，甚至那些属于晚辈的德国将军们都把他当作走狗和蠢驴。

当1944年7月20日施陶芬贝格的炸弹在元首的会议室爆炸时，凯特尔正在希特勒的背后。他用身体扶住受伤的希特勒，并把他送到医疗室。凯特尔坚决镇压这次未遂政变的参与者（或嫌疑犯），下令逮捕弗罗姆中将和维茨勒本元帅等人。凯特尔后来被希特勒任命为"军官荣誉法庭"庭长，该法庭决定将这次密谋参加者处以死刑。1944年10月，在迫使隆美尔元帅自杀的过程中，凯特尔也扮演了重要角色。

当盟军攻入德国境内时，凯特尔和希姆莱签署命令要求处于交通中心的城市要坚守到最后一个。在柏林战役中，凯特尔想同希特勒一道留在首都，但希特勒命令他撤离。凯特尔千方百计想解救柏林，声称"任何不尽一切力量挽救局势和元首的人，将为历史和德国人民所唾弃。"1945年5月8日，凯特尔代表纳粹德国在柏林签署无条件投降书。

作为主要的战犯，凯特尔在纽伦堡受到审讯。此时，凯特尔仍然忠于希特勒，说："就是在今天，我还是希特勒坚定的追随者。尽管我反对党的纲领中的某些条款。"同时极力为自己辩护，认为他不过是执行命令，从未被允许参加决策，元首把决策权完全掌握在自己手中。在审判期间，凯特尔写了回忆录（未写完），他写道："为什么那些称我为应声虫和不称职的唯唯诺诺者的将军们，未能使我下台呢？是因为很难吗？不是，真实的情况是，谁也不愿取代我，因他们知道不这样的话会遇到和我一样的下场。"他这样做虽然是为了给自己挽回面子，说的倒也是实话。纽伦堡军事法庭宣布他犯有反对和平与人类的战争罪行。法庭指出："令人触目惊心的、广泛的罪行是没有意识地、残忍地犯下的。执行上级的命令，即便是对一个士兵来说，也不能成为减轻其罪行的理由。"1946年10月16日，被判处死刑的凯特尔在纽伦堡上了绞刑架。

55. 罗森堡

罗森堡（阿尔弗雷德·罗森堡 1893—1946 年），德国纳粹党的反犹“理论”家，战时东方占领区事务部长。出生于波罗的海岸的雷维尔（今塔林），早年在里加工程学院获工程师证书。第一次世界大战期间，在莫斯科大学修读建筑系，俄国十月革命后返回雷维尔，1918 年底移居慕尼黑。他仇恨共产主义，具有疯狂的反犹思想。1919 年结识希特勒，并参加了纳粹党。1921 年，希特勒任命他为纳粹党机关报《人民观察家报》的编辑。1923 年参加啤酒店暴动，1926 年创办“德国人民出版社”，1929 年组织“德意志文化战斗同盟”，积极宣扬纳粹思想，发表反犹著作。1930 年出版的《二十世纪的神话》（又名《我们时代的精神——才智冲突的价值》），被视为纳粹主义的经典著作。1933 年纳粹党执政后，出任党的对外事务部首脑，主持对外的政治阴谋活动。1934 年负责纳粹党内的政训工作，1941 年 7 月出任东方占领区事务部长。战争期间，大肆掠夺东欧和苏联被占领区的财富，疯狂推行所谓“德意志化”，野蛮屠杀斯拉夫人和犹太人，强征大批劳工到德国从事奴隶劳动，战后被纽伦堡国际军事法庭判处绞刑。

56. 施特莱彻

施特莱彻（尤利乌斯·施特莱彻 1885—1946 年）德国纳粹分子、狂热的反犹主义者。出身中等阶层家庭，早年当小学教员，后当志愿兵，参加第一次世界大战，升至中尉。战后在纽伦堡组织反犹党派。1921 年加入纳粹党。1923 年，创办反犹周刊《冲锋队员》，参加希特勒发动的啤酒店暴动。是个道德败坏的虐待狂，凶残的反犹主义者。1929 年任纳粹党弗朗科尼亚地区领袖。希特勒上台后，成为纳粹党国会议员和一个反犹委员会首脑，积极煽动排犹运动。1934 年获党卫队地区总队长（中将）衔。第二次世界大战爆发后，号召灭绝东部占领区的犹太人，成为鼓吹和筹划“最后解决”（即灭绝犹太人）的罪魁祸首之一。战后被纽伦堡国际军事法庭判处死刑。

57. 艾希曼

艾希曼（阿道夫·艾希曼，1906—1962），德国纳粹党党卫队上校。早年随父母移居奥地利，当过矿工和商人。后来回德国，参加了纳粹党卫队，当三级小队长（下士）。1933 年调到党卫队第二处犹太事务科任职。1937 年曾化名潜往巴勒斯坦从事反犹活动。1938 年晋升党卫队三级突击队中队长（少尉），被派赴维也纳任保安警察兼保安处督察员犹太问题助理。组建了犹太移民总处，掠夺、迫害和残杀犹太移民。由于反犹有功，晋升党卫队一级突击队中队长（中尉）。1939 年调到德国中央保安局第四处（即秘密警察处），掌管反犹事务。在整个战争期间，主持制定和执行纳粹党灭绝犹太人（即所谓“最后解决”）的计划，升至党卫队区队长（上校）。战后潜逃南美。1960 年被以色列特工人员捕获，两年后在耶路撒冷被处死。

58. 吉斯林

吉斯林（维德孔·亚伯拉罕·劳里茨·吉斯林 1857—1945 年），挪威国家统一党元首，第二次世界大战期间曾任挪威首相。因与纳粹德国积极“合作”，“吉斯林”已成为“卖国贼”或“叛国者”的代名词。

1905 年 9 月，吉斯林考入挪威军事学院。3 年之后，以第 1 名的成绩从军事学院毕业，前往野战炮兵部队任中尉。1909 年，考入挪威高级军事学院深造。1911 年，吉斯林以最佳成绩毕业，因而单独受到国王的召见，来到总参谋部任职。1917 年 10 月，吉斯林调任野战炮兵总监的参谋。同年改任炮兵指挥军官，晋升为上尉。野心勃勃的吉斯林对此并不满足。他的沉默寡言在同事中间是有名的，往往是坐 1 个小时却不说一句话。此外，他没有放弃对学习的爱好，仍抓紧学习历史，数学和哲学，注意研究俄国问题。吉斯林因其百科全书式的知识而被同事称为“教授”。1918 年 5 月，吉斯林出任挪威驻俄国公使馆武官，在此期间结识后来对其政治生涯影响很大的商务参赞弗雷德里克·普里兹。同年 12 月，吉斯林返回总参谋部。1919 年夏，吉斯林前往赫尔辛基的芬兰公使馆，先任秘书，后改任武官。1921 年 6 月奉召回国。

吉斯林的知识和经历引起了弗里特约夫·南森的注意。南森是著名的北极探险家、动物学家、外交家和挪威人道主义领袖人物，当时正在国际红十字会的主持下领导国际俄国救济委员会的工作。南森在苏俄设有莫斯科和哈尔科夫两个办事处，他决定起用吉斯林从事救济工作。1922 年 1 月，吉斯林获得国防部的批准，前往苏俄的乌克兰就任哈尔科夫办事处主任。吉斯林后来无耻地夸大自己的作用，说南森只是领导者，而作实际工作的则是他吉斯林。大约在1923年9月，吉斯林被挪威总参谋部解除职务，办事处主任职务亦被取消。应当时出任国际联盟难民事务高级专员的南森的邀请，从1923年底到1925年，吉斯林先后在巴尔干半岛和苏联处理难民事务。南森对吉斯林的工作给予高度评价。1927年6月起，吉斯林奉命以挪威驻苏联公使馆秘书的身份为英国代管其在苏联的利益，直至1929年12月。吉斯林因此获得英国政府授予的帝国勋章。

因大萧条的影响，吉斯林未能找到理想的工作，遂决定投身政治。1930年南森逝世后，吉斯林连忙发表文章，宣称自己是南森的政治继承人，扩大自己的社会影响。1931年5月，吉斯林被组阁的挪威农民党任命为国防大臣。吉斯林任内对防务毫无建树，却卖力地反对工党和工会。1933年3月，任期届满。

此时，挪威的经济危机加剧，阶级矛盾日益突出。吉斯林开始转向法西斯主义，决心模仿希特勒在德国的所作所为，在挪威建立独裁统治。1933年5月，吉斯林抄袭德国纳粹党的理论和策略，在普里茨等人的支持下，创建挪威国家统一党，自任党的元首，并组织冲锋队。但是，纳粹主义在挪威土地上影响不大。在1933年和1936年的两次议会选举中，古斯林的国家统一党所得票数都不足选民总数的20%，根本未能得到议席。此后，吉斯林决心投靠纳粹德国，借用希特勒的武力夺取挪威政权。

吉斯林于1939年夏开始与德国纳粹党对外关系部部长、纳粹理论家阿尔弗雷德·罗森堡建立联系。但此时大战尚未爆发，纳粹德国还未充分意识到挪威的战略地位，因此对吉斯林的暗送秋波并未给予足够的重视和回报。

1939年11月，苏芬战争爆发，北欧的战略地位受到交战各国的高度重视。德国海军总司令雷德尔获悉盟军要在挪威登陆的情报，感到北欧形势危急，遂将情报报告希特勒，并提出“必须占领挪威”的建议。这样，挪威就在德国的全部战略中提高到重要地位，也就为吉斯林寻求德国的支持提供了相当重要的条件，同年12月吉斯林来到柏林，很快就与罗森堡和雷德尔会晤。吉斯林对罗森堡和雷德尔声言，挪威政府内存在亲英反德的势力，挪威政府与英国已达成一项秘密协议，准备允许英国使用挪威的海岸作为军事基地，以阻挡德国的攻势。吉斯林建议由他的国家统一党发动一场政变，推翻现政府而成立以他为首的新政府。吉斯林还说，他在挪威已经得到相当一批军官的支持，其中包括内尔维克港的驻军司令孙德洛上校，并断言，只要有德国的支持，政变就一定能成功。吉斯林提出，挪威可以“把必要的基地交由德国武装部队自由处理”，并希望“能召集会议讨论有关联合行动和把部队运到奥斯陆去等问题”。吉斯林的计划和对德国的殷情“深深地打动了”雷德尔。希特勒听了雷德尔的介绍，对吉斯林亦产生浓厚的兴趣。

1939 年 12 月 14 日，希特勒接见吉斯林。吉斯林极力讨好这个纳粹头子，当场提出希望德国迅速出兵挪威，表示自己甘愿当“第五纵队”。希特勒对此次会见印象极好，答应给予吉斯林活动经费，并保证研究给予军事援助问题。当天晚上，希特勒又命令最高统帅部与吉斯林会商，草拟进攻挪威和丹麦的计划，此后于 12 月 16 日和 18 日，希特勒又连续两次接见吉斯林，不仅决定尽快制定进攻挪威的计划，还拨给吉斯林一笔经费以加强其亲德活动。1940 年 1 月，吉斯林从德国领取 20 万马克的活动经费，德国方面还答应从 3 月 15 日开始每月给吉斯林 1 万英镑，连续给 3 个月。吉斯林对柏林之行取得如此收获“甚为满意”。此后便穿梭般往来于德国和挪威之间，更加卖力地提供情报，协助德国策划入侵挪威。

1940 年 1 月末，希特勒亲自监督对北欧作战计划的制订，在最高统帅部成立了由海、陆、空三军代表组成的工作小组，最后制定代号为“威塞演习”的作战计划。3 月 1 日，希特勒正式下达执行“威塞演习”的指令。4 月 2 日，希特勒最后决定“威塞演习”在 4 月 9 日上午 5 时 15 分开始，任命尼古拉斯·冯·法尔肯霍斯特为挪威方向德军司令。希特勒要求吉斯林向德军提供挪威防务的详细情况。

1940 年 4 月 9 日凌晨，纳粹德国对挪威不宣而战，以 50 余艘舰艇约 1 万名官兵向挪威南起首都奥斯陆，北至纳尔维克的主要港口，同时发起突然袭击，受到吉斯林派出人员的迎接。同时，德国驻挪威公使布罗伊尔向挪威政府递交最后通牒，要求毫不反抗地接受“德国的保护”。虽然吉斯林无耻地引狼入室，但挪威政府和人民却决心抵抗。

在德军的进攻面前，只有纳尔维克港驻军司令孙德洛遵从吉斯林的旨意，一枪不发便向德军投降，而该港的海军指挥官却率舰抵抗，300 名挪威水兵全部阵亡。在其他几个港口，挪威军均进行抵抗。这些抵抗虽然效果不彰，但使得在首都的挪威王室、政府、议会以及 20 辆卡车的挪威银行储备黄金和外交部机密文件得以安全转移，挫败了希特勒企图截获国王、政府和黄金的计划。

4月9日晚，首都奥斯陆沦陷。吉斯林通过电台发表公告，宣布挪威前政府已被推翻，由他本人任首相的政府业已成立；宣布抵抗德军是应予处死的犯罪行为；取消前政府颁发的总动员令。吉斯林的无耻卖国行为激起挪威人民无比的愤慨，人民由最初的惧怕转变为英勇的抵抗。挪威国王和议会也坚决否定吉斯林的所谓政府。4月10日，德国驻挪威公使赶到北方，会见挪威国王哈康七世，要求国王批准吉斯林政府，并返回奥斯陆，国王断然拒绝公使的要求。4月11日，吉斯林派出密使到北部劝说国王返回首都，也遭强硬拒绝。

吉斯林引狼入室，卖国求荣，恶名远扬，遭到挪威人的唾弃。德国人也感到吉斯林在挪威的名声太臭，于他们的利益不利，决意将他抛弃。这样，4月15日，离吉斯林自封为首相仅6天，德国人就另行组织在德国占领当局控制下的由6人组成的行政委员会，负责处理外交和国防以外的行政事务。但是吉斯林极力钻营，得以在行政委员会中留任复员专员，实际上是负责瓦解挪威人民抵抗运动的军事力量。4月24日，约瑟夫·特波文奉命出任德国驻挪威专员，成为挪威的实际统治者。9月25日，吉斯林的支持者组成的临时内阁代替行政委员会。1942年2月，吉斯林重新出任挪威首相，组成完全由吉斯林分子组成的傀儡政府。

吉斯林当政期间，对外迎合纳粹德国，为占领挪威的德军服务；对内推行纳粹化政策，镇压人民的爱国抗德活动，把大量的挪威青年送往德军前线充当炮灰。吉斯林宣布国家统一党为挪威唯一合法的政党，解散其他一切政党和党派组织。吉斯林仿效纳粹成立国家统一党党卫军，肆意使用暴力殴打和镇压反对派。吉斯林严厉限制人民的自由，甚至规定在挪威沿海各地，除国家统一党党员外的挪威居民都不得私自拥有收音机。吉斯林不仅严格控制挪威的各级国家机关，而且企图把教会、工会、学校、青年组织乃至体育团体都控制起来，纳入法西斯轨道。吉斯林的丑恶表演激起挪威人民的强烈反对，规模宏大的抵抗运动在挪威各地展开。吉斯林对此进行了严厉的镇压，逮捕并监禁大批的爱国人士。

卖国贼和独裁者终究没有好下场。1945年5月，随着德国的战败，吉斯林在挪威的统治土崩瓦解，吉斯林本人也被捕。1945年8月至9月，挪威法庭对吉斯林进行审判，判决他犯有叛国、煽动叛乱和残杀爱国人士等严重罪行，处以死刑，于10月24日执行。

59. 赖伐尔

赖伐尔（皮埃尔·赖伐尔 1883—1945），在法兰西第三共和国和维希政府中三次出任总理，民族叛徒。

1883 年 6 月 28 日，赖伐尔出生于法国多姆山省的夏特尔东。第二次世界大战期间与纳粹德国合作的卖国贼。赖伐尔青少年时期性情暴烈，因与人斗殴而留下了终生的伤疤。赖伐尔靠自学成为中学的辅导教师，继而攻读法学课程，获学士学位。从 1907 年起，赖伐尔在巴黎开业当律师。

赖伐尔开始从政就表现出强烈的机会主义倾向。20 世纪初法国工人运动高涨，社会党领导工人进行经济和政治斗争，在工人中和社会上赢得了声誉。赖伐尔便在 1903 年加入法国社会党，并因曾为工会和左派人士辩护获胜而一举成名。1914—1919 年担任众议员。1920 年因选举失败而退出社会党。1924 年以独立社会党人的身份再度当选为众议员，1927 年成为参议员。赖伐尔混迹于官场，虽不善辞令，却擅长玩弄手腕，因而能在政界左右逢源，曾任公共工程部长（1925 年）、司法部长（1926 年）和劳工部长（1930 年）。赖伐尔于 1931 年第一次出任总理。1932 年被击败后，改任殖民部长。1934 年以后在杜梅格和弗朗丹两届内阁中任外交部长。1935 年再次出任总理兼外交部长。1936 年，在人民阵线获胜前不久，赖伐尔内阁倒台。此后 4 年，赖伐尔都没有在政府任职。

1940 年 5—6 月，法国溃败。雷诺政府起先迁到都兰，以后又一个城堡一个城堡地转移，最后停留在波尔多，再也无法前进了。政府必须进行讨论并作出决定，是继续战斗还是停战求和。在贝当元帅成为主和派的领袖时，既不是政府成员又从未参加过雷诺政府的工作的赖伐尔，却坐镇波尔多市，对议员们施加影响，在议会里给那批追随贝当元帅的部长们以支持。在雷诺辞职而贝当组阁时，赖伐尔便进入贝当政府任国务部长。赖伐尔劝说政府留在法国本土，接受停战。6月21日，赖伐尔在波尔多粗暴野蛮地阻止了勒布伦总统的出走。22日，法德停战协定正式签字。从此，赖伐尔在维希政府中开始坚定地推行亲德卖国政策。

赖伐尔亲德亲法西斯的政治倾向由来已久。在第一次世界大战期间，当战局处于僵持状态时，赖伐尔两次建议与德国进行和平谈判。赖伐尔在第一次出任政府首脑时，即奉行亲德的外交政策，并于1931年9月出访德国。赖伐尔还怂恿意大利法西斯对阿比西尼亚（今埃塞俄比亚）进行侵略。1934年赖伐尔担任外交部长时，在就萨尔地区的归属而举行全民投票的问题上对德国作出重大让步，从而赢得德国法西斯的欢心。30年代中期，赖伐尔支持法国的法西斯力量，从政府的特别基金中给法西斯分子发放津贴。第二次世界大战之前，法国存在着一股主张对法西斯的崛起采取不抵抗政策和不惜任何代价寻求同德国协调一致的倾向，赖伐尔就是这个新倾向的化身。事实上，从一开始，赖伐尔就是法德“忠实合作”的鼓吹者。

作为维希政府的一名要员，赖伐尔劝说国民议会自行解散，从而使第三共和国于1940年7月10日寿终正寝。同时，由于他的坚决支持，古怪而反动的制宪法令得以通过，确立了维希政权的某种“合法”地位。1940年10月，赖伐尔和希特勒私下会晤，使希特勒相信一个愿意“合作”的法国对德国大有好处。几天以后，他又安排贝当与希特勒会晤，以便使他亲德卖国的新政策得到认可。赖伐尔擅权专断，不顾廉耻，引起内阁中其他部长们的不满，也为仍想保持某种中立和自治的贝当所不容，因而在1940年12月被贝当解职。不久，德国占领当局的阿贝兹亲临维希，指令解放赖伐尔并把他带到巴黎。赖伐尔参加了德国在法国组建的法西斯组织“巴黎中心”。1941年8月27日，赖伐尔参加“法国志愿军团”典礼时遇刺受伤，遂进一步得到纳粹德国的信任和垂青。1942年4月，由于德国人出面干涉，贝当被迫重新召回赖伐尔任政府总理，因为他比达尔朗等人更能让德国法西斯称心如意。一项新的制宪法令把内外政策的实际领导权全部给了赖伐尔，贝当终于成为“傀儡元首”，这本是赖伐尔早在1940年6月就已经想做到的事，赖伐尔改组政府，那些由贝当元帅早先任命的部长们不是被迫自动辞职，就是被撤职。赖伐尔任命了两个坚定地同德国“合作”的人，博纳尔和比歇隆，他们一个“控制”法国青年，另一个则用最能使德国人满意的方式来管理法国经济。而赖伐尔自己则大权独揽，兼任外交部长、内政部长和情报部长。

1942年6月22日，赖伐尔发表臭名昭著的声明：“我衷心祝愿德军胜利，因为如果没有这个胜利，明天布尔什维主义就会到处泛滥。”贝当元帅的“合作主义”已经很难被接受了，赖伐尔关于德军胜利的祝词更不会为正义的法国人民所饶恕。而赖伐尔却一意孤行，开始收获他那罪恶的果实了。首先，赖伐尔进一步纵容了纳粹德国当局对法国人民的凌辱。许多法国人被作为人质遭到肆意屠杀，成千上万的犹太人则不分男女老幼，统统塞进毫无卫生设备的车厢里，送交德国人。仅1942年4月20日至5月24日，德国人枪毙的法国人质即达210名。1942年7月之后的两个月中，维希当局把10410名犹太人（大多数是来自德国的难民）送到纳粹手中。其次，赖伐尔充分利用维希的情报和宣传部门，引诱法国人志愿到德国去，替德国人补充因战争造成的劳动力不足。赖伐尔还想出这样一个主意，即由青年工人去“更替”上了年纪的犯人。正当志愿者的来源开始枯竭时，维希政府于1943年颁布“强制劳动制”法令，规定凡20岁至22岁的青年均应去德国服劳役，并设立了强制劳动局。同时，赖伐尔把“法国志愿军团”改为“三色旗军团”，使它有了正式地位。到1944年7月，共有65万法国劳动力遣送到德国。再次，赖伐尔动用法国的经济力量支持德国法西斯的侵略战争。法国生产的工业产品中12%的飞机、10%的蒸汽机车、20%的卡车等都交给德国使用。他还破坏和镇压法兰西民族抵抗运动。赖伐尔命令警察跟踪法国南部的抵抗运动者，特别是跟踪那些以为不会遭到德国人袭击的向英国秘密发出电报的人。

随着战争主动权的转移，德国法西斯军队的溃败，抵抗运动的发展，加上法奸中的极端分子如德阿特等人的攻击，赖伐尔对维希政府的控制每况愈下。1944年6月，盟军在诺曼底登陆。1944年8月，法西斯德国的失败已成定局，赖伐尔仍企图以各种方式改变维希政府的性质，打算召开早已解散的议会，成立一个能为英美所接受的临时过渡政府，使戴高乐在他的政府还未得到法律上的承认之前，就面临着在首都已有一个掌握实权的政府这一既成事实。但是这一企图未能实现。

1944年8月下旬，德国占领当局命令贝当、赖伐尔等人动身前往贝尔福。1945年5月，赖伐尔逃往西班牙，在那里准备为自己辩护。西班牙政府把赖伐尔交给了盟军。1945年8月1日，赖伐尔被引渡给法国政府。同年10月9日，巴黎高等法院以叛国罪判处赖伐尔死刑。赖伐尔在法庭上极力狡辩，为自己开脱，但仍然无济于事。赖伐尔服毒自杀未遂，于10月15日被处决于弗雷内监狱的围墙边，结束了他可耻的一生。

60. 赛斯·英夸特

赛斯·英夸特（1892—1946），奥地利纳粹头目。在希特勒的支持下，1938年2月攫取内政和安全部的大权，制造国内骚乱，煽动“德奥合并”的情绪，向下令举行公民投票的舒士尼格总理施加压力。3月11日，接替辞职的舒士尼格任总理。当晚，德国军队在奥地利军队奉命不予抵抗的情况下入侵。3月14日，奥地利正式被并为德国的一个省，赛斯·英夸特出任省长。1939年10月，被任命为波兰（德占区）副总督。1940—1945年为纳粹德国驻荷兰高级专员，对荷兰进行法西斯残酷统治，疯狂掠夺那里的艺术珍品、人力和物力资源，迫害犹太人，把600万荷兰人押送到德国充当炮灰和苦力。1945年6月被加拿大军队逮捕。纳粹德国覆灭后，作为战犯在纽伦堡国际军事法庭受审，并被处以死刑。

61. 贝 当

贝当（亨利·菲利普·贝当 1856—1951），法国元帅，维希政府的首脑，二战时期法兰西民族的罪人。

1888 年，贝当进入法国军事学院深造。从 1900 年起，到国家射击学校任教官，后来又在军事学院担任步兵战术学助教。第一次世界大战前夕，贝当任步兵团上校团长。

1914 年，第一次世界大战爆发。贝当在马恩河战役中脱颖而出，很快晋升为将军，先后担任第 6 师师长、第 33 军军长和第 2 集团军司令。1916 年，贝当因凡尔登战役的胜利而名噪一时。1917 年 5 月，贝当取代尼韦尔将军担任法军总司令。针对士兵中日益增长的反战情绪和层出不穷的逃亡哗变事件，贝当采取镇压和怀柔的两面手法进行整顿。1918 年 11 月，贝当晋升元帅。战后，贝当先后担任最高军事委员会副主席、陆军总监和防空总监等职。

1934 年 2 月，贝当出任杜梅格内阁的陆军部长，涉足政界。任职期间，贝当没有把握时机有效地提高法军的作战能力。1939—1940 年，贝当出任法国驻西班牙大使。

1940 年 5 月，德军开始进攻法军，作为永久性防御工事的马其诺防线不攻自破。先后由莫里斯·甘末林和马克西姆·魏刚指挥的法军节节败退，国内政局混乱。保罗·罗诺总理为控制局势，建立最广泛的民族团结，罗致了国内的各种力量，贝当也应召回国出任内阁副总理。结果，在继续作战还是通过求和结束战争这个问题上，法国政府内部分为两派，一派以雷诺总理为首，另一派以贝当元帅为首。在6月13日至16日为期4天的戏剧性讨论之中，贝当公开而毫无保留地出来当了主和派的领袖。贝当向内阁宣读了一份备忘录，排除了在法国本土以外继续战斗的任何想法，而在本土以内他又坚信法国业已战败，剩下的只有设法缔结一项体面的和约。贝当以一种无可奈何的口吻说，法国的复兴不可能通过军事上的胜利来取得，而应是“祖国及其子孙承受苦难”的结果；停战并不是对战败的惩罚，而是一个新的开端，即“保证不朽的法兰西永世长存的一个必要的条件”。16日晚，在迫不得已情况下，雷诺辞去总理职务，阿尔贝·勒布伦总统任命贝当组阁。贝当发表广播演说：“我把本人献给法国，来减轻它的痛苦。”当天夜间，贝当请求西班牙政府充当法国与德国谈判的中间人。第二天，贝当下令法军停火，这就等于承认放弃战斗，从而使法国在同德国谈判停战与议和条件时处于极为不利的地位，在很大程度上限制了法国政府拒绝或商讨敌方所提条件的任何可能性。6月21日，希特勒亲自来到1918年法国人接受德国投降的贡比涅森林接见法国谈判代表团。22日，经贝当同意，法德停战协定在当年的“停战车厢”里正式签字，法国被迫接受十分苛刻的停战条件：法国分为两部分，包括巴黎在内的3/5的国土（主要是北方工业区）归德军占领，占领军的费用由法国负担；南部和西部（主要是农业区）为自由区；法国的空军、陆军裁到10万人；最重要的是，贝当政府要在政治、经济、外交等各个领域同德国“合作”。

1940年7月1日，贝当政府迁到维希。10日，国民议会以569票赞成80票反对通过决议，授予贝当制订新宪法的全权。新宪法以“法兰西国家”代替了“法兰西共和国”，以“劳动、家庭、祖国”代替了自1789年继承下来的“自由、平等、博爱”；贝当被授予“国家元首”的称号并兼任总理，拥有召开国民议会、制定行政立法、指挥军队、任命或撤换部长等多种权力，几乎比路易十四的权力还要大。当时在政府公报上发表的许多条例都是以君主政体的格式开始的：“本人，菲利普·贝当，以法国元帅、国家元首名义宣布，云云。”这位80多岁的老人由于往昔的声名显赫，一时得到了许多法国人的支持。其实在政治经验方面，贝当是初出茅庐，很不成熟。贝当不是一个政治家，只得请皮埃尔·赖伐尔作代理人。维希政权的第一时期从1940年7月10日至12月13日，可称为贝当——赖伐尔时期。1940年10月24日，贝当和希特勒在都兰的蒙都瓦的列车车厢里进行会谈，会后，贝当声称，为了法国的“荣誉和尊严”，法国必须寻求对德合作政策。从此，“合作”两字就像标签一样，烙在贝当的身上。应该指出，贝当碍于体面，和德国人的合作多少有些羞羞答答，不时使出他惯用的两面手法。当他和赖伐尔赤裸裸的亲德卖国行为发生严重的意见分歧时，贝当于1940年12月13日下令拘留他的“皇太子”（制宪法令规定，在贝当元帅去世后，由赖伐尔继任），并且派一支可靠的队伍把赖伐尔护送到他的私人住所里去。于是，从1940年12月13日至1942年4月18日开始了维希政权的第二时期，称为贝当——达尔朗时期。贝当企图在外交上采取中立和拖延政策，并曾与佛朗哥会晤，劝他拒绝德军经西班牙开往北非。但赖伐尔在德国人的支持下于1942年4月19日重新执政，开始了维希政权的第三时期。这时又颁布了新的制宪法令：“法国对内和对外政策的实际领导权全部授予政府首脑（即赖伐尔），政府首脑由国家元首任命，并直接对国家元首负责。”实际上把贝当变成壁炉台上的一件小摆设。1942年11月8日，盟军在北非登陆，贝当命令在阿尔及利亚的达尔朗与盟军配合作战，同时又发布电文抗议盟军登陆。法国人在阿尔及尔的抵抗纳粹是象征性的，事实上已经向盟军打开了北非大门。德国人因此认为停战条款已经不起作用，因此于11月11日出兵占领法国南部地区，维希也变成德国人公开当家作主的地方了。

尽管如此，贝当的投降主义和合作主义，对法国丧失民族主权独立，蒙受德国侵略者的欺凌和蹂躏，负有不可推卸的重大责任。贝当政治上的软弱无能使他不能阻止赖伐尔之流彻底的卖国行为，有意无意地扮演着“合作”的主角；他镇压统治区内的任何反德活动；为德国提供原料、商品并支付德国的占领费用，从3亿到5亿，1944年7月又增加到7亿；贝当在广播中号召为德国招收劳工，设立强制劳动局。在德国出兵占领法国南方时，许多法国人希望贝当离开维希，但是他没有，他仍然忠于一个过于简单的政策概念：在祖国受难的时候，不应该抛弃本国的土地和自己的同胞，这是贝当个人的悲剧。

贝当在完全成为傀儡之后，仍然执迷不悟。1943 年 12 月 18 日，贝当还写信给希特勒表示："今后占领当局有权改变法国的一切法律。"1944 年 6 月，盟军在诺曼底登陆之时，贝当还在广播中号召法国人民遵守秩序与纪律，服从德军在作战地区的任何指示。8 月，戴高乐解放巴黎，贝当才悄悄烧毁自己的私人文件。派特使前往联络，准备和平移交权力，但遭到了戴高乐的拒绝。8 月 20 日，贝当等人被德国人从维希带到洛克马林根的霍恩佐伦。

1945 年 4 月，贝当回国自首，因叛国罪被判处死刑，经戴高乐将军特赦才改判无期徒刑，被囚禁在大西洋比斯开湾的耶岛。1951 年 7 月 31 日，贝当死于耶岛。

62. 凯塞林

凯塞林（阿尔贝特·凯塞林 1885—1960年），纳粹德国空军元帅。第二次世界大战时期历任第 1 航空队司令、第 2 航空队司令、南线德军总司令、C 集团军群总司令和西线德军总司令等职。

1885 年 11 月 20 日，凯塞林出生于德国马克斯泰特的教师家庭。少年时代就立志从军，凯塞林说服父母而于 1904 年应征入伍，在巴伐利亚第 2 炮兵团服役。凯塞林专心致志地学习军事知识，很快掌握了炮兵基本战术。上司看他有培养前途，便送他到慕尼黑炮兵与工程学校深造。此举为其后来的军事生涯奠定了基础。1907 年，凯塞林晋升为少尉。第一次世界大战爆发后，凯塞林已是上尉军官，先后在野战部队和总参谋部任职。

大战结束后，凯塞林在巴伐利亚第 3 军司令部任职，主要负责后备役部队编成和训练。后晋升为少校并调到陆军总司令部。1930 年，晋升为中校，调德累斯顿第 4 炮兵团任营长。

希特勒上台后，于 1933 年 10 月建立空军，在陆军中征召优秀人才到空军服役。已晋升为上校的凯塞林转入空军，任新成立的航空部行政管理局局长。凯塞林在 48 岁时开始热心学习飞行，为纳粹德国空军的建立和发展做了大量努力。

纳粹空军建立之始，困难很大，其中尤以资金短缺、技术力量不足为甚。凯塞林积极执行“空军发展计划”，与财政局、技术局紧密配合，在很短的时间内就筹措了大量资金，建立了飞机工业的基础。1934 年 1 月，德国每月生产飞机72架，到1935年7月，月均生产飞机达到293架。空军的机场、营房以及其它不动产军事设施的建筑更是由他计划和组织实施的。1933年1月，飞机工业的雇员还不到4000人。凯塞林接手后，1934年竟增至110800人，这个数字还不包括飞行装备供给和修理部门的雇员。凯塞林于1935年晋升为少将，次年晋升为中将。1936年6月3日，纳粹德国空军首任参谋长韦弗在德累斯顿因飞机失事丧生。深受戈林厚爱的凯塞林继任空军参谋长，负责空军组织与训练以及飞行、高炮、通信和伞兵部队的使用等事宜。然而，凯塞林缺乏经验，处理问题显得力不从心，“使空军机关原来那种责任力下降，而机构却大为臃肿膨胀”，逐渐与空军部副部长米尔希发生分歧，因而很快被解除参谋长职务，调任驻德累斯顿的空军第3军区司令。1938年4月1日，凯塞林因空军实行改组而出任第1集团军（不久即改为第1航空队）司令。

1939年9月1日凌晨，德国进攻波兰，第二次世界大战全面爆发。凯塞林奉命率部担任北方集团军群的空中支援。他的航空队充分显示了强大火力突击作用，首先对波兰一线机场实施突然袭击，严重破坏了机场设施，给波兰空军战斗行动造成极大困难。紧接着，又派战斗机与波军空战，派侦察机搜寻波军驻扎机场，一旦发现目标，轰炸机立即实施突击。波兰空军在数天之内即告覆灭。夺取制空权后，凯塞林指挥其飞行部队密切协同地面部队打通波兰走廊，轰炸华沙，突击库特诺包围圈内的10余万波军，直至战役结束。空军的出色行动使得地面战役的突然性、快速性大为提高，希特勒的“闪击战”也成为现实。凯塞林因而获得铁十字骑士勋章。

入侵波兰后，希特勒准备立即实施进攻西欧的“黄色”计划。1940年2月，凯塞林调任西线的第2航空队司令。在西方攻势开始前一天，他命令空军在比利时和荷兰港口前布设100枚水雷，封锁盟军航道。5月10日5时35分，德军沿北自北海、南至卢森堡南部边界一线对西方发起进攻，第2航空队为B集团军群担任空中支援。在这次作战中，凯塞林的航空队首次使用伞降与机降部队迅速占领荷兰的莫尔狄克、鹿特丹，完整地夺取了马斯河和瓦尔河上最重要的桥梁，并坚守到机动部队从陆路到达，迫使荷兰政府投降。但是，就在荷兰与德军在鹿特丹进行投降谈判时，凯塞林还向第54战斗机联队发出轰炸该城的指令。荷兰败降后，第2航空队全力支援陆军行动，扫除了德军前进道路上的障碍，将数十万盟军压到狭窄的敦刻尔克地域。接着，凯塞林与第3航空队又把这些盟军作为捕杀对象。可是，英吉利海峡的恶劣天气和英国的喷火式战斗机终于使凯塞林第一次丧失了局部的空中优势，致使受困的大部分盟军撤至英国。7月19日，凯塞林越级晋升为空军元帅。

法国沦陷后，第2航空队司令部设在布鲁塞尔，准备实施对英作战。凯塞林认为作战初期皇家空军很可能为保存实力而采用规避战术，将战斗机主力配置在后方。而德国战斗机由于航程短，飞不到伦敦以远地区掩护轰炸机作战。这样，失去掩护的轰炸机也就无法实施大纵深攻击。为了避免出现这种情况，他提出攻击英国首都伦敦，认为英国为了保存伦敦，甚至会把最后一架战斗机也投进去。而一旦英国战斗机应战并因此受到削弱，德国空军轰炸机部队就能顺利地实施纵深攻击，后来战局的发展证明凯塞林判断颇有见识。但是，希特勒却拒绝采纳其作战方案，下令空军攻击英格兰南部和东南沿海附近的目标。1940年7月10日，第2航空队首次以强大兵力攻击英国南部的军事目标，8月13日，德国空军出动1485架次飞机在英国南部狂轰滥炸。许多德国飞行员把不列颠诸岛的地图画在机身上，并加上“伦敦—8月15日—完蛋”的字样，大有一举轰平英国之势，接连数天，整个英格兰南部上空充满了战斗的喧嚣。德国空军几乎倾巢出动，却未能取得预期的效果。英国空军不仅未受到致命打击，反倒击落德国367架飞机。这时，希特勒才想起凯塞林方案的价值，允许轰炸伦敦。8月24日，凯塞林命令轰炸机编队在战斗机的掩护下首次空袭伦敦。9月初，大规模闪电空袭伦敦达到高潮。按照戈林的命令，凯塞林每天都集中450架以上的远程轰炸机实施昼间袭击。在这场混沌的大破坏中，伦敦3个铁路终点站被摧毁，对外的铁路运输严重瘫痪。然而，英国军民终于顶住了德国空军的闪电攻击。到9月15日，凯塞林的轰炸机已丧失一半，其战斗机损失更惨，已无力担负空袭伦敦的任务，9月30日，凯塞林部最后一次大规模空袭伦敦。不列颠空战的失败使希特勒无限期推迟实施“海狮”计划。1941年6月，第2航空队被调到波兰和东普鲁士地区，准备进攻苏联。

1941年6月22日3时15分，凯塞林协同博克指挥的中央集团军群，由东普鲁士南部和总督辖区北部，向明斯克－斯摩棱斯克－莫斯科方向突击。第2航空队对苏联陆军和空军机场实施持续而猛烈的轰炸。中央集团军群在凯塞林的协同下，于明斯克、斯摩棱斯克两地围歼苏军60多万。9月26日，凯塞林奉命同中央集团军群实施进攻莫斯科的“台风”计划。从10月初起，第2航空队全力为地面部队扫平前进障碍，空袭莫斯科，攻击从布良斯克－维亚济马－勒热夫一线起通往东部的各条铁路线，阻碍苏军补给与增援部队，给苏军实施莫斯科防御造成极大困难。

1941年11月，英军在北非实施反攻，地中海的局势陡然变化，意大利请求希特勒紧急支援。为加强在北非的军事力量，凯塞林及其第2航空队被调往地中海地区。凯塞林被任命为南线德军总司令，负责向在北非作战的隆美尔部提供空中支援和阻止英军从马耳他岛进行袭扰。隆美尔与凯塞林是性格相异的统帅，前者孤傲狡黠，后者平和乐观。然而，凯塞林尽管比隆美尔的军衔高、军龄长，却抱着极为坦诚的态度与隆美尔研究战事，实现了较为成功的协同作战。随着隆美尔部的胜利，希特勒对凯塞林愈加器重，在1942年9月甚至想让凯塞林接替凯特尔任最高统帅部参谋长。

1942年秋，战局对德军日益不利，盟军在北非将隆美尔部打得焦头烂额，可是地中海的空中优势已经易手，凯塞林的航空队甚至连最基本的补给都难以运送。

1943年7月，盟军在西西里岛登陆。墨索里尼政权很快于9月倒台，意大利退出轴心国，凯塞林立即解除80万意军的武装，并将26万多人送到德国服苦役。他制定了防御计划：在罗马以南建立数道防御线（如萨莱诺－福贾线、加里利亚诺－卡希诺－亚得里亚线、古斯塔夫线），坚决阻击盟军进攻，使盟军丧失进入罗马和巴尔干的跳板。凯塞林的防御战术取得了成功，德军在意大利与盟军对峙了一年多。1943年11月，驻意大利的德军合编为C集团军群，凯塞林被任命为C集团军群总司令。1944年7月19日，凯塞林获得栎树叶钻石勋章。凯塞林率部与盟军在安齐奥滩头和努吐诺滩头激战之后，撤往台伯河以北，并在盟军进占罗马之前撤到亚平宁山区继续抵抗。

1945年3月10日，希特勒下令凯塞林接替伦德斯泰特任西线德军总司令，企图在西线重现意大利防线的奇迹。但是，这位曾自行驾机200多次巡视欧洲和北非战场的空军元帅，也无力回天。5月5日，凯塞林向艾森豪威尔请求允许派代表商定投降条件，遭到拒绝。5月7日，凯塞林率部就近向美国第101空降师投降。

1947年5月6日，设在威尼斯的英国军事法庭以战争罪判处凯塞林死刑，不久改判无期徒刑。凯塞林先后在威斯特伐里亚和沃尔监狱服刑。1960年7月16日死于心脏病。

63. 雷德尔

雷德尔（埃里希·雷德尔 1876—1960），德国海军总司令（1985—1943）。毕业于基尔海军学院。第一次世界大战初期，参加对英国海岸的布雷和袭击。1916 年参加日德兰海战。1917 年任巡洋舰舰长。战后继续在德国海军服役。1922 年获海军少将衔。曾任海军训练总监。1925 年晋升中将。1928 年任海军管理局首脑（即海军总司令），获上将衔。希特勒上台后，积极从事扩建海军，提倡着重建造巡洋舰与潜艇。1935 年正式成为海军总司令。1937 年接受纳粹党金质党徽。1939 年擢升海军元帅。战争爆发后，主张扩大海上袭击，支持无限制的潜艇战，但仍偏重于水面舰艇的作用。1943 年 1 月解职并退役。1946 年被纽伦堡国际军事法庭判处无期徒刑。

64. 赖歇瑙

赖歇瑙（瓦尔特·冯·赖歇瑙 1884—1942），又译莱希瑙，纳粹德国陆军元帅。出身贵族家庭，父亲为炮兵将军。1903 年入伍，在炮兵部队服役。第一次世界大战时在总参谋部任职。1930 年起，任第一军区（东普鲁士）参谋长。1933 年希特勒上台后，出任国防军部处长，积极从事扩军备战工作，成为狂热的纳粹分子。1935 年晋升少将，任第七军区（巴伐利亚）司令。1938 年参加吞并奥地利的行动。1939 年指挥第十集团军，参加入侵波兰的战争，擢升中将。1940 年指挥第六集团军进攻法国，被希特勒授予陆军元帅衔。1941 年率部闪击苏联，肆意残杀无辜。同年 12 月升任南方集团军群司令。

65. 海德里希

海德里希（莱因哈德·海德里希1904—1942），德国纳粹党党卫队保安处首脑，德国中央保安局局长（1939—1942）。父母是歌剧院演员。18 岁进入德国海军。1924 年在海军情报处政治科当见习士官生。1928 年升至中尉。1931 年被解职。同年加入纳粹党，得到希姆莱的赏识，受命组建党卫队保安处。1932 年任党卫队保安处首脑，获党卫队旗队长（上校）衔。希特勒上台后，协助希姆莱在巴伐利亚组建政治警察。1934 年任德国秘密警察处处长，成为希姆莱的副手。同年 6 月，参与策划和执行请洗罗姆等冲锋队头国的血腥行动。1936 年任保安警察总处处长。1939 年 9 月，成为新成立的德国中央保安局局长，在希姆莱领导下掌管整个德国的秘密警察与党卫队特务机构。1941 年 6 月，组织特别行动队，随德军入侵苏联，执行屠杀共产党人和灭绝犹太人的计划。同年 9 月兼任德国驻波希米亚和摩拉维亚摄政。由于残酷毒辣，被称为“刽于手海德里希”。1942 年 6 月在布拉格遭袭击毙命。

66. 博 克

博克（费多尔·冯·博克 1880—1945），德国元帅。

1880 年 12 月 3 日出生于勃兰登堡省库斯特林的军人世家。父亲曾晋升至少将，母亲也是军人家庭出身。博克从小就向往成为真正的军人，在军界大干一番。博克先后到格罗斯利希特菲尔德军校和波茨坦军校学习。人们注意到博克严肃、傲慢、固执、古板的性格与其年龄很不相称，但博克坚定的意志、顽强的进取精神及旺盛的精力，又很令人钦佩。1898 年，博克以优异成绩从军校毕业，获得少尉军衔。1905 年任营部副官。1907 年任团部副官。1908 年晋升为中尉，1910 年，博克调入总参谋部任职。1912 年，博克晋升为上尉。博克在陆军中获得“库斯特林的圣火”绰号。

第一次世界大战爆发后，博克仍在总参谋部工作。直到 1917 年才调任第 4 普鲁士禁卫步兵团营长，参加康布雷战役并获得德意志最高战争勋章。1918 年，晋升为少校。

大战结束后，博克受到陆军首脑泽克特的赏识，调任柏林第 2 军区参谋长。这时，德国为规避凡尔赛条约的限制，进行秘密扩军，组建“黑色国防军”。博克从工人中征募志愿者进行军事训练。不久，博克晋升为中校。1924 年，调任第 4 步兵团营长。1925 年，晋升为上校并调国防部任参谋。1928 年，晋升为少将并兼任第 1 骑兵师师长。1930 年，出任第 1 步兵师师长。次年，晋升为中将并调任什切青第 2 军区司令。希特勒上台后，德国开始组建集团军。1935 年，晋升为步兵上将并被任命为第 3 集团军司令。

博克是典型的具有普鲁士传统的军官，一直没有参加纳粹党，从不关心纳粹的内外政策，甚至对 1938 年希特勒在国防军的大清洗也无动于衷。但是，博克却竭诚拥护希特勒的各项军事政策，觉得这给他提供了大显身手的机会。博克对部下要求极端严格，近似冷酷，加上他那贵族式的傲慢作风，所以招致许多人的不满，但是希特勒却很器重博克。1938 年 3 月，希特勒授予博克上将军衔。3 月 12 日，博克率所部第 8 集团军（由第 3 集团军临时改编而成）越过边界，占领奥地利。此后，博克接替伦德斯泰特任第 1 集团军群（后称北方集团军群）司令。

1939 年 9 月 1 日 4 时 45 分，博克率北方集团军群（辖屈希勒尔的第 3 集团军和克卢格的第 4 集团军，兵力 63 万）从波莫瑞和东普鲁士参加突袭波兰的作战（“白色”计划），第二次世界大战全面爆发，德军攻势迅猛，博克都第 19 装甲军突破波兰走廊，很快将波兰博特诺夫斯基指挥的波莫瑞集团军合围并于 9 月 5 日全歼该部。接着，博克命右翼第 4 集团军向华沙挺进，令第 19 装甲军从第 3 集团军左翼向波军右翼实施大纵深迂回，企图将波军合围在华沙以北。9 月 17 日，博克占领布列斯特，在那里与南方集团军群装甲部队会合，随后在库特诺地域歼灭波军主力。9 月 27 日，占领华沙。博克因战功卓著被授予铁十字骑士勋章。

1939 年 10 月初，希特勒命令博克到西线任 B 集团军群司令，准备进攻西欧。按照陆军总司令部原来的作战计划，博克部将担负主攻任务，在列日以北地区实施突破，从比利时北部海岸向法国加来进攻，歼灭荷兰、比利时、法国和英国军队。其南翼则由 A 集团军群掩护。博克不同意这个计划，一是因为军队准备不足，二是因为主攻方向选在比利时不妥，很可能出现德军还未占领比利时，英军就已在安特卫普登陆的局势。

博克的意见在某种程度上促使希特勒慎重对待这个作战计划，并最后制定出以曼斯坦因方案为基础的作战计划。根据这一计划，在战役第一阶段，A 集团军群担负主攻任务，B 集团军群（辖赖歇瑙的第 6 集团军和屈希勒尔的第 18 集团军）则在机降和伞降部队的支持下尽可能迅速地占领荷兰，并尽可能多地牵制在比利时的敌军。通过发起猛攻，尽可能长时间地使敌军弄不清主攻方向，并阻止敌军攻击实施包围的德军之内侧。1940 年

5 月 10 日 5 时 35 分，德军发起大规模进攻西欧的作战（“黄色”计划）。博克令第 9 装甲师以最快速度向荷兰东部进攻，支援已在鹿特丹、莫尔狄克等市实施机降、伞降的德军，尽快占领荷兰。5 月 15 日，占领鹿特丹，荷兰宣布投降。两天后，又占领布鲁塞尔。博克的迅猛进攻果然使盟军上当，将主力调到比利时阻止 B 集团军群的攻势。这就为 A 集团军群从阿登山区向英吉利海峡实施决定性的突进创造了良好的契机。6 月 4 日，博克的第 18 集团军又占领敦刻尔克，俘虏 4 万法军。战役第二阶段，博克指挥第 4 集团军、第 6 集团军、第 9 集团军、第 18 集团军和克莱斯特装甲集群、霍特装甲集群，突破法军仓促设置的“魏刚防线”，6 月 14 日，第 18 集团军的第 87 步兵师占领巴黎。6 月 22 日，法国签字投降。7 月 19 日，博克晋升为元帅，负责警戒从布雷斯特到西班牙边界的大西洋海岸线。9 月 20 日，博克调任东线德军总司令。10 月博克出任新编成的 B 集团军群司令。此后曾因胃溃疡而离职休养。

1941 年 6 月 22 日，苏德战争爆发。博克指挥中央集团军群（51 个师）从比亚威斯托克突出部以北和以南实施大规模的钳形攻势。他命令第 3 装甲集群和第 9 集团军在北面从东普鲁士的苏伐乌基出发突向敌纵深，第 2 装甲集群和第 4 集团军在南面从布列斯特—里托夫斯克地区出发，沿着普里皮亚特沼泽地的北缘向前推进。这两支装甲集群像铁钳的两臂迅速伸向苏军深远后方，6 月 27 日，在苏联境内纵深 250 英里的明斯克收拢钳口，将苏联西方方面军一部合围。7 月 9 日，全歼包围圈内的苏军 32 万余人。7 月 16 日，这两支大钳占领斯摩棱斯克，完成对奥尔沙与斯摩棱斯克之间苏军的合围。斯大林之子雅科夫·斯大林被俘。8 月 5 日，斯摩棱斯克包围圈内的苏军停止最后的抵抗，31 万人被俘。8 月 8 日，又在罗斯拉夫尔围歼苏联第 28 集团军。至 8 月末，中央集团军群完成预定任务，业已向前推进 500 英里，距莫斯科仅 250 英里。这时，博克与希特勒在下一步作战目标上发生分歧。希特勒为尽快夺取盛产粮食的乌克兰、工业发达的顿涅茨盆地和经济繁荣的克里米亚半岛，并尽快攻占列宁格勒，与仆从国芬兰军队会合，命令博克就地转入防御，并从中央集团军群抽走装甲集群加强给北方集团军群和南方集团军群。博克坚决反对这个计划，认为分散力量无异于坐等失败。希特勒拒绝改变自己的计划，讽刺博克等不懂战争经济学。博克听后很恼火，直截了当地问希特勒，德军到苏联的直接目标，到底是军事征服还是经济开发？希特勒回答两者皆是战争的目的，同等重要，不分先后，仍坚持分兵作战。博克只得服从命令，率部在斯摩棱斯克以东47英里处地域实施防御。事实征明，博克的建议是正确的。苏军利用这个机会，在莫斯科正面集结了150--200万的兵力抵御德军后来的进攻。一直延迟到10月2日，博克才被批准实施进攻莫斯科的“台风”计划。10月17日，中央集团军群在维亚济马——布良斯克包围圈内，歼灭苏军7个多集团军。

11月中旬，随着道路泥泞状况的好转和首次冰冻的出现，博克开始莫斯科战役的第二阶段，命令第4装甲集群以南、北两翼，分别于15、17日向莫斯科实施攻击。至12月初，中央集团军群北翼超过克林向伏尔加河挺进，进至距莫斯科西北不到20英里的亚赫罗马、克留科沃，其先头部队已抵近莫斯科近郊，看到克里姆林宫尖顶；南翼向土拉实施猛攻，企图从南面迂回莫斯科，战斗达到白热化程度；中路已在纳罗福明斯克突破苏军防御。但是，德军在苏军顽强抵抗下，伤亡惨重，士气急剧下降，加上气候恶劣，补给不足，博克向希特勒报告：“部队精疲力竭的时刻已经临近”。12月5日，苏军在莫斯科附近转入反攻，博克急忙下令撤退，以免遭更大损失。希特勒坚决反对后撤，并派他的副官施蒙特到博克的司令部调查。博克坚持道；“元首必须从两者之中选择其一。如果敢冒使自己部队彻底崩溃的风险，那么就重新进攻莫斯科，否则就实施防御。”同时以健康原因提出辞职。12月19日，希特勒批准他的请求，由克卢格元帅接替博克的职务。

1942年1月17日，德国南方集团军群新任司令赖歇瑙突然中风死去，希特勒遂起用博克接替赖歇瑙的职务。博克上任后迅速采取措施，阻止苏军在苏德战场南线发起的冬季攻势。5月，希特勒命令博克先从南线发起攻势。5月18日，德国第11集团军在克里米亚、歼灭苏军17万人，7月4日，该部夺占黑海重要港口塞瓦斯托波尔，歼灭苏军9万。5月29日，第6集团军和第1装甲集团军在伊久姆突出部歼灭苏军24万。6月，德军调整部署，南方集团军群分为A、B两个集团军群，博克担任B集团军群司令。6月28日2

时 15 分，博克指挥所部实施夏季攻势，从库尔斯克和顿河突进。7 月 6 日，攻占沃罗涅日。

1945 年 5 月 5 日，德国军队正在石勒苏益格——荷尔斯泰因的基尔公路上行进。突然，一批英国空军的战斗轰炸机群飞来实施低空攻击。其中一架轰炸机紧盯住一辆敞篷汽车连续扫射，车上的 3 名妇女和司机当即被打死，唯一的军官则身受重伤，这位军官就是博克。

67. 布劳希奇

布劳希奇（沃尔特·冯·布劳希奇 1881—1948），德国陆军总司令，炮兵上将。

布劳希奇天资聪慧，反应敏捷，头脑冷静，凡是与布劳希奇有过深交的人，都对他表示钦佩。1906 年，布劳希奇成为炮兵营副官。1909 年 4 月，担任第 3 禁卫野战炮兵团副官，6 个月后晋升为中尉。1910 年 12 月，正在军事学院学习的布劳希奇与贵族出身的伊丽莎白·冯·卡斯特德结婚。1912 年，布劳希奇从军事学院毕业，被分配到德军总参谋部工作，次年晋升为上尉。1914 年，第一次世界大战爆发，作为德军总参谋部参谋军官的布劳希奇，整个战争期间一直在西线尽职。1918 年德国战败后，布劳希奇晋升为少校，获得霍亨索伦勋章，理所当然地为拥有 10 万之众的德国陆军所接受。

魏玛共和国时期，布劳希奇的提升并不显著但还算平稳。布劳希奇先在第 1 军区任参谋，后被调至第 2 炮兵司令部任职。1921—1922 年任第 2 野战炮兵团连长，接着改任参谋职务达 3 年。1925—1927 年任第 6 炮兵团营长，随后出任明斯特第 6 军区参谋长。此后，出任德国陆军训练局局长（1930—1932 年）和炮兵总监（1932—1933 年）。在希特勒出任德国总理时，布劳希奇正准备赴任驻柯尼斯堡的第 1 军区司令之职。布劳希奇的军衔晋升也很有规律：1925 年为中校，1928 年为上校，1930 年为少将，1933 年为中将。1935 年，布劳希奇出任第 1 军军长。1936 年，晋升为炮兵上将。

布劳希奇对纳粹的态度似乎先是冷眼相看，敬而远之，而后是公然敌视，因此得罪了某些狂热的纳粹党徒，戈培尔就曾对他的私生活散布谣言。但布劳希奇却受到他的同僚们的推崇，被认为是“普鲁士贵族传统的杰出代表”，当时的陆军总司令弗里奇称之为“最好的马”，于 1937 年任命布劳希奇为驻莱比锡的第 4 集团军司令。此时的布劳希奇控制着第 14 军、第 15 军和第 16 军，囊括了德国所有的装甲师、机械化师和摩托化师，是整个第三帝国的快速打击力量。此乃责任重大的任职，预示着他的前途未可限量。

布劳希奇却不以为然，正在计划与分居 4 年之久的妻子离婚。布劳希奇认为她冷酷、缺乏温情和女人味，是个毫无魅力的“霸道”女人。到 1938 年初，布劳希奇决定与西里西亚某法官的女儿结婚，这个名叫夏洛蒂·卢弗的女人离过婚，长得漂亮而性感。但布劳希奇的妻子不同意他按月从薪金中付给她大部分钱作为她的生活费用的离婚条件，要求一次付清大笔安置费。看来双方协议很难达成，丑闻曝光不可避免，随之而来的将是布劳希奇“远大前程”的结束和极不光彩的退役。然而出乎其意料之外，布劳希奇发现自己不仅极为顺利地离了婚，而且经济上也有了很好的保证，最终也未出现丑闻。不仅如此，布劳希奇还晋升为上将，被任命为德国陆军总司令。人们不禁要问，这一切是怎样发生的呢？

1938 年初，德国国防部长布隆姆贝格因与被认为曾经是妓女的女人结婚而被解职，陆军总司令弗里奇因敌视纳粹、与希特勒的政策意见相左而被清洗。1938 年 1 月 28 日，希特勒决定亲自出任德国武装力量最高统帅部最高统帅，并任命凯特尔为最高统帅部参谋长。谁来接替弗里奇呢？在讨论多种人选之后，凯特尔提及布劳希奇，赞扬他是不问政治的军人、组织与训练事务的权威、能力也已证明的指挥官。希特勒可能想起关于布劳希奇在东普鲁士有反纳粹表现的报告，直到最后才同意召见第 4 集团军司令来形成自已的看法。1 月 29 日，布劳希奇晋见希特勒。布劳希奇事先从凯特尔那里得知要获得该项职务还有服从纳粹的附加条件，就已表示“愿意接受任何条件”。

本来希特勒有意把这一职务委任给纳粹党徒赖歇瑙，可能是担心对赖歇瑙的任命会遭到陆军的激烈反对，又基于布劳希奇的保证及其在陆军中的声望，经过几天的谈判，希特勒于 1938 年 2 月 4 日任命布劳希奇为德国陆军总司令，晋升为上将。与此同时，凯特尔为他解决了离婚问题，希特勒则从纳粹金库中拨出大量马克解决其经济问题。

布劳希奇毫无异议地接受纳粹军队的新的领导体制，许诺要使陆军更加密切地信奉国家社会主义，同意在陆军高层将领中进行大量的人事变动。正因为如此，希特勒在1938年2月4日向全国宣告：“从现在起，整个国防军的指挥权都直接掌握在本人手中了！”

1939年9月，布劳希奇直接指挥德军入侵波兰，第二次世界大战全面爆发。德军在36天之内便征服波兰，取得首次“闪击战”的胜利，而这些战役是希特勒没有直接干预的。布劳希奇表现了他出色的领导和指挥才干，尽管他有些零碎地使用其装甲部队，而且使用过于谨慎。

布劳希奇似乎是反对与西方盟国进行战争的，但当希特勒于1939年9月17日对他的将军们作长篇讲话后，这位陆军总司令于10月7日向希特勒提出进攻西方盟国的“黄色计划”。这被认为是19世纪的施利芬计划的翻版，希特勒对此并不欣赏。11月5日下午，布劳希奇晋见希特勒，这次会见给布劳希奇的前途留下了致命的创伤。希特勒要求把进攻法国的日期定在1939年11月12日，布劳希奇对此提出比较正确的意见，如陆军没有作好准备，潮湿的冬季气候将妨碍装甲部队的前进并限制空军的作战行动等，但同时作出了某些相当愚蠢的评论，称步兵在波兰缺乏进攻精神，某些部队存在“兵变”以及前线的无组织无纪律现象，甚至还拿1939年的陆军状况同1918年第二帝国崩溃时的陆军状况相比较。希特勒听毕勃然大怒，大声叫嚷“陆军总司令竟如此给陆军抹黑简直不可思议！”最后，希特勒怒气冲冲地走出房门，啪地一声把门关上，留下脸色苍白而浑身发抖的布劳希奇。第二天，布劳希奇回到措森仍不能连贯地说出话来。

1940年1月底，布劳希奇在希特勒眼中的价值降得更低了。希特勒的军事副官施蒙特从西线视察归来，随身带回曼斯坦因提出的进攻计划。该项计划与希特勒曾提出过的计划本质上不谋而合，因而深得希特勒的赏识。而布劳希奇曾压制过曼斯坦因的意见，拒绝将其备忘录提交给总理府，这一事实无疑又在希特勒的印象中留下了阴影。从此，希特勒再也没有认真听取过作为陆军总司令的布劳希奇的意见。

德军对西欧的进攻于1940年5月10日开始，6月27日，德国与战败的法国在贡比涅签署停战协定。布劳希奇与另外11位将军一起晋升为元帅，尽管希特勒可能更愿意在此之前撤换布劳希奇，但元首却不可能在没有晋升陆军总司令时晋升他人。

早在1940年7月2日，布劳希奇就曾明确指示总参谋长哈尔德考察进攻苏联的可能性。因而，当7月21日被希特勒召至上萨尔茨堡受领征服苏联的指示时，布劳希奇并不感到惊奇。次日，布劳希奇指示哈尔德制订详细作战计划。8月5日，布劳希奇将总参谋部拟制的马克斯计划呈交给希特勒，该项计划将作战的主要目标确定为莫斯科。尽管希特勒并不认为占领莫斯科特别重要，而且认为占领作为共产主义象征的列宁格勒是首要目标，但该项计划仍是德军战略的主要基础。

布劳希奇从不敢对希特勒入侵苏联的决心提出疑问，尽管入侵苏联将导致可怕的两线战争。三位集团军群司令在受领任务后曾就此问题向布劳希奇提出抗议，布劳希奇的答复是他同他们一样持有这种恐惧心理，但也无能为力。当希特勒指示陆军进行“无情的种族战争”、要求就地枪决苏军政治干部时，曾有几位军官要求布劳希奇提出抗议，布劳希奇则拒绝去冒激怒元首的风险。

入侵苏联从1941年6月22日开始。德军在战争初期取得了“闪击战”的胜利，但在关于未来作战进程的战略问题上元首与将领产生了分歧。布劳希奇、哈尔德、博克等主张中央集团军群继续进攻，目标直指莫斯科，但希特勒固执己见，严厉指责布劳希奇太容易受其部属影响。与此同时，中央集团军群滞留长达3个星期，错过了良好的夏季作战气候。8月24日，希特勒硬是从中央集团军群抽调第3装甲集群向北进攻列宁格勒，抽调第2装甲集群向南进攻基辅，导致中央集团军群兵力严重分散削弱。在此期间，苏军乘机加紧组织保卫莫斯科的中央防线。

到9月15日，希特勒才决定派遣中央集团军群去攻打莫斯科，但为时已晚。进攻开始还算顺利，但从10月中旬开始，雨季造成道路泥泞，部队的进攻和补给严重困难。随后，气候日渐恶劣，德军缺乏冬季作战准备，处境艰危。由于苏联军民的顽强抵抗，莫斯科攻而未克，1941年12月5日，德军被迫停止进攻。也许布劳希奇意识到自己将成为德军首次重大失败的替罪羊，加之11月10日恶性心脏病发作，布劳希奇于12月6日提出辞职，但未获希特勒的批准。

1941 年 12 月 6 日，苏军发动大规模冬季反攻，希特勒发布不惜一切代价坚守的命令。12 月 16 日，希特勒得知布劳希奇与博克等人秘密讨论了有限撤退的问题并把建立冬季防线的安排也决定完毕，遂马上下令取消该项计划。12 月 19 日，布劳希奇辞去陆军总司令职务，从此赋闲在家。希特勒亲自兼任陆军总司令，并把 1941 年与 1942 年之交的冬季失败完全归咎于布劳希奇。

布劳希奇于 1945 年 5 月初为英军所逮捕，按计划当在 1949 年作为战犯在英国军事法庭接受审判。但是，布劳希奇于 1948 年 10 月 18 日因心脏病发作而死去。

68. 施佩尔

施佩尔（阿尔贝特·施佩尔 1905—1981 年），先后担任希特勒的私人建筑师、德国建筑总监、军备与战时生产部部长，推动德国的战争机器高速运转。

1905 年 3 月 19 日，施佩尔降生于德国曼海姆市名门望族之一的大资产阶级家庭，他的父亲是当地颇为走红的建筑师。

中学毕业时，施佩尔的数学和作文获得全年级最佳成绩。他决定学习建筑，今后成为他父亲那样的建筑师。毕业后，他先后进入卡尔斯鲁赫高等专科学校和柏林－夏洛腾堡高等专科学校。1928 年毕业，成为学校最年轻的助教。

1931 年 1 月，施佩尔在听了希特勒的一次演说后，遂申请参加纳粹党。他自己认为，他不是要选择纳粹党，而是要归附希特勒，虽然他丝毫也不了解希特勒的纲领，加入纳粹党后，他曾担任联络柏林市区的网点的信使，因为他有一辆小车，1932 年，施佩尔由于主持装修戈培尔的官邸和制定纳粹党第一次代表大会会场设计而引起希特勒的注意，成为希特勒的私人建筑师。此后，凡是希特勒要去的地方，施佩尔都是首席装饰师。

施佩尔为了使建筑物成为希特勒所要求的具有历代丰碑伟殿所具有的鼓舞人心的精神，成为沟通子孙后代的“传统桥梁”，自命不凡地创造了“废墟价值论”。施佩尔认为，历来的研究者都忽视了他这方面的成就。

施佩尔和希特勒都不谋而合地赞赏以大为标准，使建筑物在体积方面战胜历史上杰出的建筑物，以此来恢复德国人的自豪感，体现纳粹的时代精神。

施佩尔搞的柏林城市模型设计，包括世界上最大的火车站，长 170 米、高 117 米、进深 119 米的凯旋门，能容 15 万人的圆顶大会堂，能容 40 万人的运动场，有 1 万 5 千个床位的大宾馆以及各类巨型建筑。他的设计，经常使希特勒激动不已。希特勒还经常带领他的亲信来参观，向客人作详细讲解。而施佩尔的父亲看过模型后，只是耸耸肩说："你们完全疯了。"1937 年 1 月，施佩尔被希特勒授予国务秘书及振兴德国首都总监头衔。

德国发动对法战争后，施佩尔开始承担空军的营建任务，1941 年，他被任命为军备建筑的负责人。苏德战争爆发后，施佩尔组织"施佩尔建筑班子"，主持南俄铁道的修复工作。

1942 年初，施佩尔被任命为第三帝国军备部长，同时负责所有的航道、河流和土壤改良以及所有的发电厂，主管军需工作。并被戈林委任为"四年计划范围内负责军备生产的全权总代表"。

在指导军备生产过程中，施佩尔创立了全面的"工业自行负责制"，使军备生产出人意料地飞速发展。他按不同的武器系统设立了 13 个"指导委员会"和与之相联系的"企业联合组织"，把战争初期军备生产的手工业方式变成了装配线型的工业化过程。施佩尔任军备部长半年后，军备生产的总产量就增加了 60%。到 1944 年 7 月，在劳动力只增加 30% 的条件下，劳动生产率提高了一倍。他信任工业界的负责人，使他们积极主动，自觉负责，敢拿主意，在工作中，他喜欢令人不舒服的共事者，而不喜欢百依百顺的工具。

侵苏战争开始后，由于大批工人参军，德国生产部门缺少 100 万工人。为了解决劳工问题，施佩尔一再催促以强迫的方式把外国工人征集到德国从事生产，还提出从德国妇女中招募工人。由于戈林认为在工厂劳动有使德国妇女伤风败俗的危险，希特勒没有同意招募德国妇女，而责成施佩尔从东方占领区挑选 40—50 万身强体壮的姑娘到德国参加生产。

为了加强军备生产的计划性，施佩尔提议建立了中央计划局，负责指导武器和物资生产的各种计划、方案，安排生产的轻重缓急，成为德国战时经济中最重要的机构。他上任后不久，就把消费品的生产缩减了 12%，提出实行总体经济战的打算，以发挥军备生产的最大潜力，最后因希特勒犹豫不决而告吹。

1942 年夏，希特勒任命施佩尔和米尔希暂时担任运输总监，解决战时运输问题。施佩尔发现关键在于机车不足，于是废弃陈旧的生产方式，改用装配线方法，使产量立刻提高好几倍。

施佩尔的成功，使他在第三帝国的要人中大出风头。戈培尔开动宣传机器，报纸、电台和纪录影片连续报道军备生产的消息，使施佩尔马上成为全国最知名的人士之一。

1943 年，德国的侵略战争已经失去最初捷报频传的势头，德军在北非和苏德战场上不断受挫，丧失大批武器装备。为了弥补损失，施佩尔开始努力争取把德国大型消费品生产工厂转变为军备工厂。这样就可以为德国的军备生产增加大批设备、管理人员和 50 万工人。为了克服纳粹党大区区长的反对，希特勒任命施佩尔为军备与战时生产部部长。施佩尔从此总揽战时经济的大权。

施佩尔积极支持新型虎式与豹式坦克、喷气式战斗机、原子武器、新型潜艇、火箭和飞弹的研究、试验和生产，以夺取侵略战争的胜利。在此过程中，他同德军高级将领邓尼茨、米尔希、古德里安、蔡茨勒、弗罗姆等人建立起较深的友谊，获得了他们的信任。希特勒也曾评价他是继戈林之后新升起的太阳。

就在这一年，盟军开始大规模轰炸德国。施佩尔向希特勒提出轰炸英国超负荷使用的港口、煤炭工业，苏联的大型发电厂以改变战争形势的建议，但施佩尔无力影响空军，希特勒则迟疑不决。

1943 年 9 月，希特勒把意大利地区内的军备和生产问题的管理权交给施佩尔。在他的组织下，德国的军备生产一直呈上升趋势。这年秋天，盟国对德国进行的大规模轰炸给军备和民用生产造成了困难。于是，施佩尔提出并实施让法国、比利时、荷兰等国大批生产衣服、鞋、纺织品、家具等民用商品，而把德国的同类工厂转为军用。这样就避免了因强迫征调外国工人到德国，引起工人逃离所在工厂而影响生产的弊病，使德国军备生产的潜力得到最大的发挥。

由于德国城市被炸，重建工作被提上议事日程。施佩尔受权负责被炸城市未来的建筑计划，阻止了各大区区长要拆除被炸后的历代宫殿和教堂的企图，他们认为这些建筑是反动派的堡垒。他还提供材料和工人，保护遭破坏的历史性建筑。

1944年1月，施佩尔因病住院。施佩尔就这样离开了希特勒的权力中心，感到自己被希特勒一笔勾销了。此后，他也不再把自己当作希特勒宠爱的部长及有可能的继承人了。住院期间，戈林、鲍尔曼、希姆莱等人都乘虚而入，动摇了他的部长地位。两个半月后，施佩尔病愈，第一次感到希特勒面目可憎，说明在思想上已经同希特勒有了距离。

此后，施佩尔不再屈从于希特勒的个人影响，于是在受过希特勒多年青眼相加、特别恩宠之后，开始受到辱骂和谴责。他反对希特勒集中一切力量搞地下大型设施，以便把军备工业转移到山洞或地下生产的决定，并且表示不接受意见，就请求辞职。最后双方达成妥协，延长病假，留在部长任上。施佩尔开始从颠峰滑向波谷。经过一番波折之后，他还是摆脱不了醉心掌权而获得的刺激，最终又回到希特勒的小圈子中。

1944年中期，美国空军连续轰炸德国的许多燃料工厂和罗马尼亚普洛耶什蒂油田的主要炼油厂，使德国飞机燃料的生产减少了一半，迫使希特勒命令戈林将空军军备生产也移交给施佩尔。7月，98%的飞机燃料生产都停止了。施佩尔立即组织35万熟练工人进行抢修，到11月，日产量就上升到原产量的28%。因此盟国舆论认为，对于德国作战实力来说，他比希特勒本人更重要。

7月20日暗杀希特勒事件失败后，施佩尔受到审查，因为政变的组织者在未来政府的名单中，给他留下了军备部长的位置。

盟军诺曼底登陆，施佩尔认为局势已经毫无希望了。1945年初，德国国内工业生产已基本停顿。1月30日是希特勒掌权12周年，他向希特勒提交一份备忘录，宣称在重工业和军备方面的战争已经结束，应把粮食、电力、生活放在优先于坦克、飞机的地位予以考虑。他提出，盟国在物质方面的优势已不可能再用德国士兵的勇敢去弥补了。

2月中旬，第三帝国败局已定，希特勒下达“焦土命令”。施佩尔曾计划用毒气除掉希特勒，后因希特勒下令修改了地下室的通风管道，而未能实现。

但施佩尔仍决心阻止命令的执行。他说服大区区长们把彻底破坏工厂的命令改成使工厂临时瘫痪的命令。他还设法说服莫德尔元帅，使他下令不准破坏工厂，尽可能在工业区以外作战。他认为，他这样做的目的是尽可能维持战后德国人民群众生存的基础。

希特勒自杀前几天，施佩尔冒着苏军的炮火，飞抵被围困的柏林，和希特勒作了最后告别。

5 月 13 日，施佩尔在英占区被捕，纽伦堡审判中，施佩尔因违反人道罪和战争罪被判处 20 年监禁。

69. 曼斯坦因

曼斯坦因（弗里茨·埃里希·冯·曼斯坦因 1887—1973），德国陆军元帅。生父爱德华·冯·莱温斯基炮兵上将曾任军长。弗里茨因过继给姨父曼斯坦因中将而改姓曼斯坦因。兴登堡元帅是其伯父。

曼斯坦因先在斯特拉斯堡接受普通教育，后在数所军校受训。1906 年赴第 3 普鲁士近卫步兵团服役，次年获少尉军衔。1913—1914 年在军事学院深造。第一次世界大战爆发之时，任第 2 近卫预备团中尉副官。战争时期先后在比利时、东普鲁士和波兰作战，担任过副官、参谋、骑兵师作战科长和步兵师作战科长，获得一级铁十字勋章和霍亨索伦王室勋章。战后，在受到凡尔赛条约限制的国防军中担任过 3 年连长、1 年营长以及多种参谋职务。

1933 年，曼斯坦因晋升为上校。次年，出任柏林第 3 军区司令部参谋长。1935 年，就任德军总参谋部作战部部长。1936 年 10 月，晋升为少将并被任命为德军总参谋部副总参谋长。

受普鲁士军事传统影响的曼斯坦因曾经对纳粹党干预军队事务表示不满，后来在 1938 年 2 月初受“弗里奇事件”牵连而被免去副总参谋长职务，调任莱比锡第 18 步兵师师长。1938 年 9 月，在德军侵占捷克斯洛伐克过程中出任莱布指挥的第 12 集团军的参谋长。1939 年 4 月，晋升为中将，出任伦德斯泰特的参谋长，主持制订入侵波兰南部和进攻华沙的计划。

1939 年 9 月，德国实施“白色计划”，闪击波兰。曼斯坦因在波兰战争中担任德国南方集团军群（司令为伦德斯泰特）司令部参谋长。10 月，曼斯坦因调任西线新编组的A集团军群（司令为伦德斯泰特）司令部参谋长。

波兰战争结束之后，希特勒就开始策划进攻西欧诸国。1939年10月19日和29日，陆军总司令部根据10月9日的希特勒指令而制订颁发的“黄色计划”要点包括：B集团军群从北翼担任主攻，经过荷兰进入比利时北部，歼灭预期遭遇的盟军；A集团军群从南翼担任助攻，保障B集团军群的翼侧安全；C集团军群则防守从卢森堡边界至瑞士一线的齐格菲防线。

曼斯坦因在深入研究黄色计划的内容和全面分析作战双方的情况之后，认为黄色计划有模仿“施利芬计划”之嫌，难以出奇制胜，故而主张西线攻势的目标应该是在陆地寻求决战，攻击的重点应该放在A集团军群方面而不应放在B集团军群方面。A集团军群应从地形复杂却能出奇不意的阿登地区实施主攻，挥师直指索姆河下游，这样才能全歼比利时的盟军右翼，并为在法国境内赢得最后胜利奠定基础。A集团军群的兵力应由2个集团军增到3个集团军，此外还需增加强大的装甲部队。此即著名的“曼斯坦因计划”的要旨。曼斯坦因的主张得到A集团军群司令伦德斯泰特的赞同，从1939年10月到1940年1月，A集团军群司令部先后以备忘录的形式6次向陆军总司令部提出上述建议，仍未得到同意。

也许是陆军总司令部对曼斯坦因一再要求改变作战计划感到厌烦，1940年1月27日，曼斯坦因奉命离开集团军群司令部，出任新组建的第38军军长。然而幸运的是，在希特勒的副官施蒙特的帮助下，曼斯坦因于2月17日“得以当面向希特勒陈述我们的意见”并得到希特勒的完全同意。2月20日，陆军总司令部颁发曼斯坦因建议的作战计划。结果，德军在战争发起后的6个星期内横扫西欧诸国，大败盟军。

1940年5月10日，“旁观者”曼斯坦因从广播电台得知德军发动西线攻势的消息，对未能参战颇感不满。直到5月27日，曼斯坦因部才奉命接防，扼守2个桥头阵地。自6月5日起，曼斯坦因率部发起进攻，快速渡过索姆河和塞纳河，直抵卢瓦尔河。如此快速的进攻，连德军装甲部队亦感到惊奇。6月，曼斯坦因晋升为步兵上将。7月，获得骑士十字勋章。

西线战争之后，曼斯坦因奉命驻防法国加来地区，准备实施进攻英国的

"海狮计划"，内定出任"海狮"登陆部队指挥官。9 月，"海狮"作战行动取消，第 38 军即转入正常训练。

1941 年 3 月，曼斯坦因调任第 56 装甲军军长。侵苏战争之前，曼斯坦因得知所部编入北方集团军群第 4 装甲集群。

1941 年 6 月 22 日，纳粹德国发动侵苏战争。北方集团军群的任务是先向东普鲁士前进以歼灭波罗的海地区的苏军，然后再向列宁格勒前进。战争伊始，莱布的北方集团军群就突破了苏联西北方面军的防线。曼斯坦因部奉命从梅梅尔以北和提尔斯特以东的森林地区向东突破以达到德温斯克的大路，于 6 月 26 日攻占德维纳河上的公路桥和铁路桥，致使苏军损失 70 辆坦克和许多火炮。曼斯坦因对此颇为得意。

9 月 12 日，曼斯坦因被调往南方集团军群，出任第 11 集团军司令并兼管罗马尼亚第 3 集团军。曼斯坦因的任务是向两个不同的方向进攻：一方面，沿亚速海北岸大致向罗斯托夫方面前进，以继续追击东撤的苏军；另一方面，考虑攻占克里米亚，以积极影响土耳其并解除罗马尼亚油田可能遭受的空中威胁。但是，因为兵力有限和地形复杂，曼斯坦因认为同时完成上述两项任务是不可能的，于是他决定首先集中力量攻占克里米亚。在经过彼列科普地峡和亚速海两个方向的作战之后，德国最高统帅部似乎也认识到仅凭 1 个集团军无法同时在两个方向作战，遂命令曼斯坦因专门担负征服克里米亚的任务。

10 月 31 日，曼斯坦因攻战阿尔马，被分为两段的苏军分别撤往刻赤半岛和塞瓦斯托波尔要塞。曼斯坦因于 11 月 16 日占领刻赤半岛，12 月 17 日开始进攻塞瓦斯托波尔。由于苏军的顽强抵抗，德军攻而未克，损失惨重。12 月 26 日，苏军在该地区发动反攻，在刻赤半岛登陆作战，迫使守岛德军撤离刻赤。1942 年元旦，曼斯坦因晋升为上将。1 月 15 日，曼斯坦因集中 3 个半师的兵力再次攻占刻赤半岛的菲奥多亚港。苏军随后发动数次反攻，均被曼斯坦因击退。4 月中旬，曼斯坦因晋见希特勒，将他拟定的先攻占刻赤，再攻克塞瓦斯托波尔，然后横渡刻赤海峡，进入库班，截击从顿河下游退往高加索的苏军的计划呈报给希特勒，并得到认可。5 月 3 日，曼斯坦因在德国空军的火力支援下，以 6 个德国师和 3 个罗马尼亚师的兵力突破苏联克里米亚方面军的刻赤防线。5 月 15 日，曼斯坦因以伤亡 7500 人的代价攻入刻赤，俘虏苏军 17 万人。6 月 7 日，曼斯坦因再次发起对塞瓦斯托波尔要塞的进攻。7 月 4 日，德军在损失 2 万余人后俘虏苏军 9 万人。德军在克里米亚半岛的重大胜利，使曼斯坦因名噪一时，被希特勒晋升为元帅。

1942 年 8 月，希特勒改变第 11 集团军进入库班截击苏军的计划，命令曼斯坦因率缺编的集团军执行攻占列宁格勒的任务。曼斯坦因虽然对此有不同见解仍前往列宁格勒前线拟制攻城计划。9 月 4 日，曼斯坦因奉希特勒的电话命令率部前往拉多加湖地区制止苏军的突破。他先设法顶住苏军的攻势，然后夹击实施突破的苏军。10 月 22 日，此役结束，据称苏军损失 7 个步兵师、6 个步兵旅和 4 个坦克营，而德军亦损失惨重，无力发动对列宁格勒的攻势。稍后，第 11 集团军被希特勒调往据称苏军可能发动大规模攻势的维特布斯克。

1942 年 11 月 20 日，曼斯坦因奉命组建顿河集团军群并出任司令，指挥斯大林格勒地区的霍特战役集群（包括 1 个空军野战师和罗马尼亚第 4 集团军）、霍利德特战役集群和被围困在斯大林格勒的第 6 集团军。11 月 28 日，曼斯坦因制定“冬季风暴”作战计划，提出在所有部队集结完毕之前即应发动救援作战，打通从科捷利尼科夫斯基到斯大林格勒的陆上走廊，使被围的第 6 集团军在获得燃料与弹药补给并恢复机动能力后突围。但是，由于部队集结的困难，曼斯坦因迟至 12 月 12 日才发起进攻。12 月 28 日，第 57 装甲军进抵梅什科瓦河，与被围的第 6 集团军相距不到 40 公里，曼斯坦因似乎成功在望。然而，苏军的强大反攻击破了曼斯坦因和希特勒的美梦。12 月 29 日，苏军收复科捷利尼科夫斯基，将顿河集团军群击退到离斯大林格勒 200 公里的集莫夫尼基地域。1943 年 1 月，德国第 6 集团军司令保卢斯元帅被迫向苏军投降。斯大林格勒战役的惨败，标志着德军开始丧失苏德战场的战略主动权。

1943 年 2 月 2 日，曼斯坦因晋见希特勒，使其同意放弃东顿涅茨以腾出第 4 装甲集团军准备反攻的计划。就在 2 月，曼斯坦因出任南方集团军群（由 A 集团军群和顿河集团军群各一部编成）司令。2 月 19 日，曼斯坦因开始反攻。2 月 22 日，第 48 装甲军和第 57 装甲军向巴甫洛沃格勒挺进，与第 2

党卫装甲军会师后直逼哈尔科夫。3 月 18 日，曼斯坦因夺回哈尔科夫和别耳戈罗德，据称歼灭了苏联第 3 坦克集团军及其支援部队，恢复了以前的战线，曼斯坦因为此获得栎树叶骑士十字勋章。

此时，希特勒又计划在库尔斯克地区发起攻势。曼斯坦因主张在 5 月开始作战，但希特勒拖延到 7 月。希特勒计划以克卢格的中央集团军群和曼斯坦因的南方集团军群分别向库尔斯克南北实施突击，围歼苏军重兵集团。曼斯坦因则主张待苏军发起进攻并深入到特定区域之后再集中装甲部队围歼，但未获采纳，结果，这场有史以来最大的坦克会战，以德军的惨败而告终。从此，等待曼斯坦因及其所部德军的就都是下坡路了。

德苏战争期间，曼斯坦因至少有 3 次规劝希特勒在最高统帅部作某种改革。希特勒名义上仍担任最高统帅，但事实上则将军事行动的指导权交给总参谋长执行，并且设东线德军总司令。因为希特勒知道当时在陆军中有很多人希望曼斯坦因出任拥有实权的总参谋长或东线德军总司令，故而曼斯坦因处于窘迫而微妙的境地，希特勒没有也不可能准其所请。

1944 年 1 月 4 日，曼斯坦因飞往拉斯腾堡，在要求允许其南翼部队后撤而遭到希特勒拒绝之后，开始批评希特勒对东线战争的指导。希特勒双眼紧盯着他，而曼斯坦因就象训斥少尉一样继续数落。最后，曼斯坦因再次要求任命东线德军总司令（当然，这无异于要求任命他本人），亦遭到断然拒绝。1 月 27 日，根据元首副官施蒙特的建议，东线德军高级指挥官们被集中到波森，听戈培尔、罗森贝格等人作为期两天的演讲，“以重新振作他们对战争和国家社会主义的信念与激情”。随后，这些人又到拉斯腾堡听希特勒发表演讲。在希特勒演讲过程中，曼斯坦因大声插话，引起希特勒的强烈不满，被告诫以后再也不要打断他的演讲。

1944 年 3 月 19 日，曼斯坦因再次前往上萨尔茨堡要求机动作战的自由，依然遭到希特勒的拒绝。4 天之后，曼斯坦因所辖的第 1 装甲集团军在布格河地区被苏军包围。希特勒为此再次发布不得撤退的命令，遭到曼斯坦因的抗议。25 日，经过一系列电话争吵之后，希特勒将曼斯坦因召往贝格霍夫商讨。在后者的辞职威胁下，希特勒才同意该部突围。4 月 6 日，第 1 装甲集团军有 10 个师突围得救。

1944 年 3 月 30 日，希特勒将曼斯坦因和克莱斯特召往上萨尔茨堡，授予他们栎树叶宝剑骑士十字勋章并解除其指挥职务，而南方集团军群则被改名为北乌克兰集团军群。

战争结束之时，曼斯坦因被英军俘获，并于 1949 年 12 月在汉堡被英国军事法庭判处 18 年徒刑。1953 年 5 月因健康状况而被释放。1973 年 6 月 12 日，曼斯坦因死于巴伐利亚的艾申豪森。

70. 邓尼茨

邓尼茨（卡尔·邓尼茨 1891—1980），法西斯战犯，纳粹德国海军元帅。

1910 年 4 月，邓尼茨高中毕业后参加德国海军。先在“赫尔塔号”巡洋舰接受舰上训练，后考入弗伦断堰莫威克海军学校。1912 年毕业后，分配到“布雷斯特号”巡洋舰任后补军官。是年冬，巴尔干战争爆发，邓尼茨随舰到地中海参加封锁黑山港，向俄国支持的塞尔维亚耀武扬威。次年 5 月，参加西方列强在阿尔巴尼亚的登陆行动，阻止塞尔维亚人在亚得里亚海边定居。

1914 年 8 月，德国对协约国宣战。“布雷斯特号”巡洋舰在阿尔及利亚安纳巴港外出其不意地攻击了正在港内上舰的法国登陆部队。不久，“布雷斯特号”与“格本号”战列舰冲出英国舰队的包围，平安抵达君士坦丁堡港，挂上土耳其的旗帜，帮助土耳其训练海军，在此期间，邓尼茨曾随舰袭击俄国诺沃罗西石油港和商船队，击沉俄国“罗斯特洛夫号”巡洋舰。后来，“布雷斯特号”巡洋舰在土耳其大修，邓尼茨被派往加里波利航空大队担任观察员和机场导航员。1916 年 9 月，邓尼茨奉命回国到潜艇部队服役，从此他的名字与潜艇紧紧相连。那时，潜艇攻击战术只是单艇作战，一旦被敌舰发现，往往被击沉。1918 年 10 月，邓尼茨因潜艇被击沉而被英军俘虏。邓尼茨从那次经历中，意识到潜艇战要取胜，就必须集中多艘潜艇协同作战。

大战结束后，邓尼茨回国仍在海军服役。由于凡尔赛条约禁止德军拥有潜艇部队，他曾任鱼雷艇上尉艇长，后在波罗的海海军军区、海军总司令部任参谋，1928 年晋升海军少校后，出任第 4 潜艇队司令。1933 年晋升为海军中校，调任“埃姆登号”训练巡洋舰舰长，负责保障海军院校学员的训练。

希特勒上台后即开始重整军备活动，邓尼茨极为赞成，成为纳粹党的狂热拥护者。1935 年 6 月，英德签订海军协定，德国立即公开组建潜艇部队。10 月，邓尼茨担任“韦迪根”潜艇队司令，晋升为海军上校，邓尼茨认为，德国欲重新崛起，迟早要与英国发生冲突，而欲战胜英国，则海军的强大是最重要的因素；英国面对着德国的港湾，恰好在德国进入大西洋的航路附近，如同一条栅栏，既能控制德国舰队的出海，也可控制大西洋的战线，加上德国海军在大西洋无基地，一旦军舰被击中，无法就近修复，所以海军发展的重点不是水面舰艇，而应是能够克服上述不利条件的潜艇；英国是个岛国，许多重要的工业原料和战争物资都必须通过大西洋输入国内，德国可以用潜艇对英国商船实施袭击战和吨位战，切断其海上运输线，迫使英国屈服。因此，潜艇是实现德国海军战略的最有效的作战武器。

邓尼茨总结第一次世界大战潜艇作战的经验教训，采纳德国王牌潜艇艇长克雷契马的建议，在海上开始演练“狼群战术”，主要内容为：1. 事先将若干潜艇组成“狼群”在敌船队的航道上垂直展开。由经验丰富的潜艇艇长担任群长，负责具体指挥“狼群”的协同作战。2. “狼群”平行搜索敌船队，艇与艇间隔 15 ~ 20 海里。“狼群”正面搜索宽度 300—400 海里。3. 任何一艘潜艇发现敌船队后，立即报告岸上指挥所，并命令艇群迅速航行至船队前方，白天在视距以外跟踪，夜间以水上状态逐次实施鱼雷攻击，对掉队的单艘舰船也可进行炮击。4. 天明前停止攻击，脱离船队至视距以外，日落后再次接近攻击。

邓尼茨据此又提出潜艇建造方案，要求建造 500 吨左右的潜艇。这种潜艇前后均有鱼雷发射管，能同时携 12 ~ 14 枚鱼雷；下潜时间只需 30 秒，水下和水面操纵都很方便；时速可达 16 节，作战最大半径为 8700 海里。

1936 年邓尼茨晋升为潜艇司令部司令后，从军官的选拔到训练计划的拟定，从组织战术演习到研究具体技术问题，都亲自过问，并同下级官兵保持密切的联系，逐步形成自己的威望。

1939 年 1 月，海军总司令雷德尔向希特勒提出扩大海军的“Z”计划，要求建造大型水面舰艇。邓尼茨坚决反对，根据在大西洋上进行的多次潜艇集群行动的演习得出结论：德国必须拥有 300 艘潜艇，其中 100 艘在基地检修或休整，100 艘在海上航渡，100 艘在作战海区执行任务，才能取得攻击英国海上运输线的胜利。可是目前德军仅有 57 艘潜艇，远远不能满足需要，因此，邓尼茨要求扩增潜艇数量。在邓尼茨的力争下，希特勒终于废止“Z”计划，而在 1939 年 12 月批准“限定海军造船计划”，规定在 1941 年底以前，建造 392 艘潜艇，

第二次世界大战初期，因潜艇数量不足，邓尼茨只得实施“小群战术”，由 3～5 艘潜艇组成的编队在某一艇长的直接指挥下作战。由于当时盟军使用的声纳装置效能很低，德国潜艇可以接近到离目标 3～15 链处发射鱼雷，所以仍取得很大战果。9 月 3 日，邓尼茨下令“U30 号”潜艇在赫布里底群岛以西 100 多海里处突然击沉英国“雅典娜号”邮船，1400 名乘客几乎全部丧生，其中有不少是美国人。出于政治上的原因，希特勒对外矢口否认此乃德军所为，对内严令销毁证据。根据希特勒的指示，邓尼茨把“U30 号”潜艇官兵调往“U100 号”潜艇，然后有意制造了沉没事件。9 月 17 日，“U29 号”潜艇击沉英国“无畏号”航空母舰。10 月 14 日，“U47 号”潜艇潜入斯卡帕弗洛英国海军基地，击沉“皇家橡树号”战列舰。在此阶段，德军共击沉盟军运输船只近 400 艘。1939 年 10 月，邓尼茨晋升为海军少将。1940 年，晋升为海军中将。

1941 年春，盟军加强护航和反潜措施（如反潜舰、装有定向器的飞机），使德国的攻击受挫。邓尼茨及时调整部署、改变战术。一方面，坚决要求空军支援潜艇作战，首次提出航空兵与潜艇的“战役与战术协同动作是极为重要的”。经过有力交涉，希特勒命令驻波尔多的第 40 飞行大队在进行远距离侦察方面隶属潜艇司令部。另一方面，开始全面实施战前制定的“狼群战术”，即把 30～40 艘潜艇编成一个“狼群”，再分为侦察和突击两个艇幕。侦察幕各艇间隔 30～40 海里，突击幕各艇间隔 15—20 海里。两幕的战役纵深保持在 50～100 海里之间。稍后，邓尼茨又修正战术，将两幕分为侦察、预备进攻和突击三幕。修正后的“狼群战术”使潜艇不再躲避盟军的护航警戒舰艇和飞机，一发现目标，所有潜艇都浮出水面，全速接近目标，用高炮射

击护航飞机，用鱼雷攻击护航舰和运输船。

由于指挥得当，邓尼茨的潜艇给盟军大西洋海上交通线带来浩劫。1941年4月到12月，共击沉盟军325艘运输船，总吨位约158万吨。美国参战后，德国潜艇的活动范围又扩展到美国海岸及加勒比海一带。1942年，德国潜艇每月击沉盟军商船近97艘，总吨位达52万多吨。整个战争期间，德国潜艇部队共击沉盟军运输船、商船2828艘，总吨位达1468.7万吨，击沉击伤盟军军舰115艘，给同盟国特别是英国造成极大的困难。英国海军惊恐地认为，“邓尼茨炸沉我们的商船是在慢慢地绞死我们，……他是自荷兰勒伊特以来，英国最危险的敌人”。

1943年1月，海军元帅雷德尔因在作战问题上与希特勒发生严重分歧而辞职，邓尼茨继任海军总司令，并晋升为海军元帅。

然而从1943年4月起，德军在大西洋的潜艇战开始走下坡路，击沉商船和运输船的吨位逐月下降。尽管针对盟军反潜力量的加强而相应改变了战术，但是德军再也不能把握主动权了。1943年5月24日，邓尼茨停止在北大西洋对盟军护航运输船队的作战。

1944年7月21日1时，邓尼茨在柏林发表广播讲话，强烈谴责刚发生过的暗杀希特勒行动，表示海军一如既往效忠元首。1945年4月20日，希特勒将德军尚占据的德国领土分为南北两个地域，任命邓尼茨为北部地域德军总司令。次日，邓尼茨用飞机把1个海军营运入柏林，保护希特勒的安全。这时，纳粹德国内部分崩离析，连戈林、希姆莱都在考虑退路，第三帝国要员中只有邓尼茨和戈培尔仍然真心效忠希特勒。因此，4月30日，希特勒在自杀前指定邓尼茨继任德国总统和武装部队最高统帅，戈培尔为帝国总理。戈培尔自杀后，邓尼茨又兼任总理职务。邓尼茨在昔伦接到上述任命的电报和希特勒自杀的消息后，立即通过汉堡广播电台向全国发表文告，号召德国军民继续在东线同苏军战斗到底，暗地里却指示西线的德军向盟军投降，以使战后德国有更多的人口领土能继续保留在资本主义世界里。5月2日，邓尼茨将大本营移至弗伦斯堡。5月5日，邓尼茨派海军总司令弗里德堡去兰斯求见盟军最高司令艾森豪威尔，次日又派约德尔去兰斯，再次恳请盟军接受德军投降。5 月 8 日，邓尼茨向全国发表投降的广播文告，次日派最高统帅部参谋长凯特尔元帅签字投降。德国潜艇部队则根据邓尼茨从前制定的“彩虹计划”，将 224 艘已上浮的潜艇全部凿沉。

1945 年 5 月 23 日，邓尼茨被盟军逮捕。1946 年 10 月，邓尼茨坡纽伦堡国际军事法庭以战争罪、违反人道罪判处 10 年有期徒刑。1956 年 10 月，邓尼茨从施潘道监狱刑满获释后，定居在奥尔，但仍为顽固不化的纳粹分子。1980 年 10 月 24 日，邓尼茨病死。

71. 古德里安

古德里安（海因茨·威廉·古德里安 1888—1954），纳粹德国装甲兵的创始人之一，德军上将。

1888 年 6 月 17 日，古德里安生于普鲁士维斯杜拉河边的库尔姆，其父是一个职业军官，古德里安自幼受普鲁士军国主义精神的熏陶。1901 年 4 月进入卡尔希鲁赫斯军校，1903 年转入柏林附近的格罗斯利希特费尔德高级军校学习。1907 年毕业后被分配到驻洛林的第 10 汉诺威轻步兵营当见习军官。第二年被任命为少尉军官。从此，古德里安成为一名职业军人。1913 年，他在这里与玛格丽特·科尔妮结婚。然而，古德里安新婚后的幸福生活，很快就被第一次世界大战的战火化为两地离愁。第一次世界大战期间，古德里安先后在通信兵、步兵、骑兵等部队任低级军官。整整 4 年，他仅回家度过一次极短的假期。1920 年，他又回到第 10 步兵营当连长。1922 年 4 月，古德里安被选调到运输兵总监部负责研究摩托化运输问题。1927 年 2 月，古德里安晋升为少校。

古德里安在摩托化运输部队的演习中受到启发，提出将普通摩托化运输车辆改为装甲战斗车辆，把装甲兵由支援（勤务）兵种变成主要战斗兵种，建立独立的装甲部队，在未来战争中大量集中装甲部队，对敌实施快速、突然、不停顿的进攻（即闪击战）的理论。古德里安早在 1929 年就确信：“坦克单独行动或与步兵协同行动都不能取得决定性的成果”，“根据我对军事历史的研究，英国举行的有关演习和我们的模拟演练经验，我认识到只有在支援坦克的其他武器具有与坦克相同的行驶速度和越野能力时，坦克才能充分发挥其威力。在此诸兵种合成编组中，坦克应起主导作用，其他武器则从属于坦克的需要”，“不要把坦克编在步兵师内，而要建立包括各兵种的装甲师，以使坦克能更好地发挥作用”。“装甲兵的未来发展，其指向必定是使它们变成一种在战略上具有决定性的武器。因此，他们必须先组成装甲师，而后组成装甲军。”古德里安的理论遭到了当时一些守旧军事要人的否定，他们认为“胜利的皇后”只能是传统的步兵和骑兵，装甲车“只配用于装运面粉”，装甲兵充其量只能算是一种新型有效的勤务兵种。但是，古德里安的闪击战理论得到了希特勒的赏识。

1931 年 2 月，古德里安晋升为中校，调任摩托化兵总监部参谋长。他主持改进、试制和生产出“虎”式、“豹”式坦克。1933 年 4 月，古德里安晋升为上校。1934 年，古德里安当上了新成立的德国装甲兵司令部参谋长，致力于装甲兵建设。1935 年，德国正式建立起 3 个装甲师，古德里安任第 2 装甲师师长。1936 年 8 月，古德里安晋升为少将。

1938 年 3 月，德国兼并奥地利。古德里安按照希特勒的旨意，率领装甲部队向维也纳进军，48 小时长驱直入近 600 英里，德国装甲兵初露锋芒。1938 年 11 月，古德里安调任机动部队司令，晋升为装甲兵上将。1939 年 9 月，德军进攻波兰。当时，古德里安任第 19 军军长（下辖 1 个装甲师、2 个摩托化师），他坐在装甲指挥车里，指挥所部首先突入波兰防线。波兰骑兵奋起抵抗，但战马敌不过坦克，马刀斗不赢坦克炮。德军从波美拉尼亚快速前进，直抵维斯杜拉河，切断波军退路。尔后成功地进行了“波兰走廊”之战。9 月 16 日，波兰政府流亡国外，德国法西斯吞并波兰。德军利用装甲部队，猛冲猛打，只用了半个月的时间，就结束了波兰战役，这是闪击战的第一次实地表演，也使古德里安和他的装甲兵声威人震。1939 年 10 月 27 日，希特勒授予古德里安铁十字骑士勋章。

1940 年 5 月 10 日，希特勒调集 136 个师，3000 余辆坦克，4500 余架飞机，组成 A、B、C 三个集团军群，分三路向荷兰、比利时、卢森堡、法国进攻。古德里安的第 19 军隶属于担任主攻的 A 集团军群，冲在陆军的最前面，第一天即越过卢森堡、比利时，与法国军队接上了火。12 日渡过西蒙斯河，占领历史名城色当，14 日渡过马斯河，18 日到达圣昆丁，20 日占领亚眠城，其先头部队推进到英吉利海峡后即奉希特勒之命停止前进，致使英法联军 30

多万人实施著名的敦刻尔克大撤退。1940 年 6 月 1 日，古德里安因功晋升装甲集群司令。14 日古德里安率部渡过马恩河，15 日到达南格里斯，17 日赶到瑞士边境的潘塔里，尔后兵分两路合围马奇诺防线上的法军。21 日法军全线崩溃，22 日法国政府被迫同德国签署停战协定。古德里安的行动如此神速，希特勒感到怀疑，他通过电报询问古德里安有没有把地址弄错？古德里安得意地回答："一点都没有错，我本人现在就在瑞士边境上的潘塔里城里面。"德军战果辉煌，古德里安成为"闪击英雄"。11 月，古德里安调任第 2 装甲集群司令。

1941 年 6 月 22 日，德军动用北方集团军群、南方集团军群和中央集团军群突袭苏联，矛头直指列宁格勒、基辅和莫斯科。古德里安的第 2 装甲集群隶属于中央集团军群，其任务是在进攻发起的第一天从布列斯特——立托夫斯克的两边渡过布格河，在突破苏军阵地后，向斯摩棱斯克扩张战果。德军在进攻苏联的最初几个星期内进展顺利，但到 1941 年 8 月斯摩棱斯克会战结束后，德军在主要方向上受到苏军的阻滞，希特勒决定改变原来从南、北、中三线同时并进的战略方针，停止对莫斯科的正面进攻，采取从南北两翼包围莫斯科的作战方针。8 月初，中央集团军群召开军事会议。古德里安提出莫斯科是苏联的工业中心，军火生产的重要基地，交通运输枢纽，具有巨大的心理价值。因此，不能分兵进攻苏联南北两翼，而应集中全力进攻莫斯科。但是，这次他的意见没有被希特勒接受。8 月 23 日，古德里安到集团军群司令部见到希特勒时，再次力陈快速进攻莫斯科的意义。然而，希特勒的决心已定，不为所动。因此，斯摩棱斯克会战之后，古德里安的第 2 装甲集群奉命向基辅方向挺进，并于 9 月 19 日进占该城。9 月 30 日，德军又向莫斯科发起攻击。但是遇到了苏军的顽强抵抗，加上秋雨连绵，道路泥泞和随后而来的天寒地冻，德军被苏军阻挡在莫斯科城下。12 月 5 日，苏军开始反攻，德军进攻莫斯科的计划彻底破产，拿破仑大军在莫斯科全军覆没的阴影在德军阵营中萦绕。古德里安情急之下跑到统帅部对希特勒说："从最高统帅部诸位先生的反应看来，我似乎可以得出这样的结论，即他们对于我们的情况的报告没有正确的理解，因而他们也没有向您作适当的解释。因此，我认为似乎有必要把有前线作战经验的军官调到最高统帅部和陆军总司令部充当参谋"，"自战争开始以来，这两个总部的军官远离战争，也就是说两年多来甚至没有见过战场。这场战争与第一次世界大战极为不同，因而在那场大战中的作战经历无助于理解这场战争。”希特勒听后怒气冲冲，于12月26日将古德里安解职。

斯大林格勒战役后，苏德战争出现重大转折，德军被迫转入战略防御和退却。这时，希特勒想起闪击西欧时德国装甲兵的雄风，想到“闪击英雄”古德里安，立即任命他为装甲兵总监。古德里安于1943年7月5日，集中17个装甲师和3个摩托化师（还有18个步兵师）分南北两路进攻库尔斯克，这是战争史上最大规模的一次坦克大会战。结果德军失败，损失坦克1500辆。至此，德国装甲兵的元气已经消耗得差不多了。苏联科涅夫元帅认为库尔斯克战役的枪声是“德国坦克兵这只天鹅临终时的丧歌”。

1944年6月，苏军展开强大的夏秋季攻势，盟军发起诺曼底战役。德国统治集团内部危机加剧，7月20日，发生谋杀希特勒的事件。希特勒在一时无人可用的情况下，于7月22日任命古德里安为德军总参谋长。古德里安接受任命，“宣誓”永远效忠，表现出法西斯分子的顽固本质。柏林战役前夕，希特勒就某一战斗的责任问题与古德里安争吵起来。1945年3月28日，希特勒以“古德里安上将的健康问题需要6个星期的病假”为名，再次将古德里安免职。5月10日，德国宣布无条件投降后，古德里安成为美军的俘虏，1951年在柏林病逝。

在第二次世界大战中，法西斯德国失败了，横行一时德国装甲兵覆灭了。但是，古德里安关于装甲兵在现代战争中的作用和他的闪击战术，在现代军事史特别是德国军事史上占有重要的地位，他的著作至今仍为世人研读。

72. 伦德斯泰特

伦德斯泰特（格尔德·冯·伦德斯泰特 1875—1953 年），德国陆军元帅。

中学毕业后伦德斯泰特入军校学习。1892 年他进入第 83 步兵团，一年见习期满后即晋升为少尉。1903 年进入军事学院深造，4 年后毕业，调总参谋部工作。参加过第一次世界大战，曾任军参谋长。大战结束后，伦德斯泰特历任师长和军区司令等职，1932 年 10 月就任驻柏林的第 1 集团军司令。1938 年 2 月 4 日，希特勒借“弗立契案”对军队进行整肃，建立武装部队最高统帅部，亲自接掌武装部队的指挥权。为了扫除障碍，希特勒下令解除包括伦德斯泰特在内的 16 名高级将领的指挥权，当时他已位居上将。

1939 年夏，希特勒重新起用伦德斯泰特，任命他为南方集团军群司令。同年 9 月 1 日，希特勒发动对波兰的入侵，伦德斯泰特指挥的南方集团军群承担主要攻击任务。8 日，伦德斯泰特麾下的赖歇瑙集团军飞速攻到华沙近郊。当时德国最高统帅部误认为大部分波军残部已经逃过维斯杜拉河，直接命令赖歇瑙集团军在华沙与散多梅希之间越过维斯杜拉河，以拦阻波军向东南部撤退。但是伦德斯泰特确信大部分波军仍在维斯杜拉河以西，经过争论，他的意见占了上风。于是赖歇瑙集团军掉头北上，在华沙以西布祖腊河一带建立阻击线，结果绝大部分波军残部还没有来得及撤过维斯杜拉河就陷入重围，被德军消灭或俘虏。德国占领波兰后，伦德斯泰特因指挥有方而获铁十字骑士勋章。

1939 年 10 月，伦德斯泰特调任德国 A 集团军群司令。希特勒最初部署的进攻西欧的计划中，规定由博克指挥的 B 集团军群担任在比利时中部发动的主攻任务，而由伦德斯泰特指挥的 A 集团军群担任左翼穿过阿登山脉的山林地带的助攻任务。伦德斯泰特的参谋长曼斯坦因认为这一计划只不过是第一次世界大战前史里芬计划的翻版，同盟国对此已经作好迎击的准备。因此他提出把主攻方向转到阿登山脉的出奇制胜的计划，获得伦德斯泰特的支持。伦德斯泰特在数次向希特勒推荐把主攻方向转到阿登山脉的计划之后，终于获得主攻任务。

1940 年 5 月 10 日，德军在西线发动攻势。伦德斯泰特指挥 A 集团军群的机械化先头部队经卢森堡和比利时，迅速越过 79 英里长的一段阿登山脉森林地带，打垮了一些微弱的抵抗，进入法国边境，第 4 天清晨就到达马斯河边。此后，A 集团军群势如破竹，英法军队溃不成军。5 月 23 日，伦德斯泰特指挥古德里安装甲军前进到离英国远征军最后剩下的逃生港口敦刻尔克仅 10 英里，赖因哈特装甲军也进到运河一线，却突然接到希特勒停止前进的命令，坐失歼灭约 33 万英法联军的大好战机。

此后，伦德斯泰特受命把北面合围的任务转交给博克，自己率军南进。6 月 9 日，他率军在香巴尼突破口发动攻势，很快前进到马恩河畔的夏隆，然后掉头向东，越过朗格勒高原，到达贝藏松和瑞士国境，一举切断马奇诺防线全部法军的后路。6 月 22 日，法国被迫败降。7 月 19 日，伦德斯泰特被希特勒授予元帅军衔。

法国投降后，希特勒很快制定出入侵英国的“海狮计划”，计划中规定由伦德斯泰特指挥的 A 集团军群担任登陆作战的主攻任务。伦德斯泰特认为没有足够的海空力量，入侵英国完全是胡来，同时他还认为希特勒从来没有真正打算入侵英国。因此，伦德斯泰特始终把这个计划当作虚张声势。

1941 年 6 月 22 日清晨，德国不宣而战，北方集团军群、中央集团军群、南方集团军群在波罗的海至喀尔巴阡山脉之间，齐头并进，向苏联发起全线进攻。伦德斯泰特指挥的南方集团军群（辖第 6 集团军、第 11 集团军、第 17 集团军和第 1 装甲集群），由第 4 航空队协同，以第聂伯河和基辅为目标，向苏军在喀尔巴阡山脉附近的加利西亚的利沃夫突出阵地发动突击。与伦德斯泰特对阵的是由苏军西南方向总司令布琼尼元帅指挥的西南方面军（辖第 5 集团军、第 6 集团军、第 12 集团军和第 26 集团军）。

伦德斯泰特充分利用其有限的兵力，以主力在左翼布格河一带发动主攻，这条进攻路线恰好位于苏军利沃夫突出阵地侧后方。在突然打击下，德军轻易突破苏军阵地，而苏军则无法展开反击，伦德斯泰特的部队只需向前不断推进，就能对喀尔巴阡山脉的附近所有苏军的交通线形成威胁。但是，伦德斯泰特的部队虽然起步很快，仍然受到苏军不断的顽强阻击。7 月 19 日，希特勒指派古德里安装甲集群掉头向南，帮助伦德斯泰特击败阻击他的苏军。8 月 21 日，希特勒的指令称陆军在冬天到来之前，头等重要的大事不是攻克莫斯科，而是占领克里米亚半岛、顿涅茨河流域的工业和煤矿区，切断来自高加索油田的供应线，为扫清通往南方这些目标的道路，博克集团军群分派兵力，协助伦德斯泰特围歼在基辅抵抗的苏军。于是，在中央集团军群的协助下，伦德斯泰特围歼防守基辅的苏军。据称一举俘虏苏军 60 多万，取得侵苏战争的空前胜利。

基辅合围战役之后，伦德斯泰特又指挥占领下克里米亚半岛和顿涅茨河流域，但由于缺少坦克部队，他向高加索发动的夺取油田的战略进攻连连受挫。他的部队虽经反复争夺，占领了重镇罗斯托夫，但已成强弩之末。在苏军的反击下，只坚守了 5 天，又被迫退出罗斯托夫。罗斯托夫的撤退是苏德战场上德军遭受到的第一次重大挫折，古德里安后来评论说那是危机迫近的预兆。11 月底，俄罗斯严冬降临，气候恶劣，道路都成了泥潭，日益增加的困难使伦德斯泰特向希特勒提出停止南下进攻高加索，将部队后撤到较为有利的米乌斯河畔冬季防线，被希特勒断然拒绝。此后，伦德斯泰特再次申诉必须后撤、保存实力的理由，得到的只是希特勒“留驻原地，勿再后撤”的一纸电令。伦德斯泰特顽强地坚持自己的意见，表示不能服从这种命令，再次复电希特勒请求收回成命，否则务请另派他人接替指挥。希特勒立刻同意所请，将南方集团军群的指挥权交给赖歇瑙，并把伦德斯泰特编入预备役。不久，德军的战线就被苏军攻破，被迫退守米乌斯河畔冬季防线，希特勒只得承认有后撤到有利防线的必要。

1942 年 3 月，希特勒又重新起用伦德斯泰特，任命他为西线德军总司令。伦德斯泰特上任后，实施“安东计划”，占领了法国尚未被德国控制的地区。

1943 年以后，伦德斯泰特认为同盟国开辟欧洲第二战场的迹象已经非常明显。由于缺乏来自英国的可靠情报，从传统的战略方针出发，伦德斯泰特判断英美军队可能从英伦海峡较狭窄的加来和迪厄普之间发动登陆作战。他采取的战略是等盟军登陆后，再发动强大的反击加以歼灭。但实际负责指挥英伦海峡沿岸部队的隆美尔对他的判断不以为然，隆美尔认为盟军可能性最大的是在冈城和瑟堡之间登陆，由于盟军掌握了制空权，可以有效地推迟和瓦解德军为反击而进行的集中，因此最好的办法就是盟军上岸以前，在海滩上把他们击溃。

就在德方忙于争论时，1944 年 6 月 6 日，盟军发动了大规模的诺曼底登陆作战。清晨 2 时，伦德斯泰特接到报告，但他认为这不是一场大规模行动，而是盟军声东击西的伎俩。4 时，伦德斯泰特改变主意，向德国最高统帅部紧急要求调驻扎在巴黎附近的第 1 党卫装甲军反击登陆部队，但这一要求被拒绝。直至下午 4 时，希特勒才同意他调用后备部队的要求，但已丧失反击的最好战机。

由于无法阻挡盟军桥头堡的扩大，伦德斯泰特很快明白，要固守战线很长的西部防线已经毫无希望。绝望之余，伦德斯泰特认为已经到了把真相告诉希特勒的时候，故而恳请希特勒到法国来面谈。6 月 17 日，伦德斯泰特到苏瓦松面见希特勒，力图使他了解形势的危急，主张将军队撤至盟军舰炮射程之外，但遭到希特勒的坚决反对，只好勉强执行命令。6 月 29 日，伦德斯泰特再次吁请希特勒面对东西两线作战的现实，趁还有相当部分军队存在，设法结束战争。此后，盟军的桥头堡不断扩大，希特勒的最高统帅部向他征询今后的行动计划，伦德斯泰特直截了当地说："除了结束战争，还能做什么？"希特勒认为伦德斯泰特已经失去获胜的自信，遂于 7 月初解除他的指挥权，并令其退休。

七·二〇事件（谋杀希特勒事件）失败后，希特勒又任命伦德斯泰特为军事荣誉法庭执行法官，把有参与七·二〇事件嫌疑的军官全部革除军职，让他们成为平民移交给人民法庭处以极刑。

1944 年 8 月底，西线德军已损失 50 万人和几乎全部坦克、重炮、载重汽车，齐格菲防线实际已无人防守。9 月 4 日，希特勒万般无奈，又重新起用伦德斯泰特为西线德军总司令。

为了夺回西线德军主动权，希特勒提出发动阿登攻势，夺取艾森豪威尔主要供应基地，压迫英加军队沿比利时荷兰边界撤退，免除西部边界的威胁。

伦德斯泰特认为要执行这个计划，现有的兵力兵器都实在太少了。于是他提出一个替代计划，一方面满足希特勒坚持进攻的愿望，同时缩小进攻规模，把攻势局限于美军在亚琛的突出地带，但他不能改变希特勒孤注一掷的决心。

12 月 15 日，西线德军在亚琛以前 70 英里战线上的阿登地区发动突然进攻，使盟军局部地区陷入混乱。但到 24 日晚，德军的攻势就被有效地遏制住了。

伦德斯泰特由于不同意这次反攻，因此只让他的部下尽力而为，而他的司令部只不过是传达希特勒指示的通讯站而已。攻势受阻之后，伦德斯泰特提出及时将德军从突出阵地撤出，被希特勒拒绝。不久，德军损兵折将 12 万人，被迫回到发动攻击的地点。

1945 年 2 月，盟军开始进逼莱茵河，伦德斯泰特为了保存实力，提出将军队撤退到江面辽阔、水流湍急、难以强渡的乘茵河右岸，被希特勒拒绝。在盟军的攻击下，德军莱茵河守军死伤及被俘共 35 万，使西线德军事实上失去了防卫能力。德军的一再失败，使希特勒大发雷霆，他采取惯用于法，把责任全部推到伦德斯泰特身上。3 月 10 日，希特勒第 4 次，也是最后一次将伦德斯泰特撤职。

纳粹德国投降后，伦德斯泰特在休养地被英国占领军抓获，继而遭到囚禁。1953 年，伦德斯泰特因心脏病而死。

73. 鲍尔曼

鲍尔曼（马丁·鲍尔曼 1900—?），又译博尔曼。德国纳粹党核心成员之一、希特勒政治遗嘱执行人。早年任希特勒的私人秘书，纳粹党掌权后任元首代表办公室负责人。1941 年赫斯飞英后，取代赫斯成为纳粹党副领袖。1943 年 4 月兼任元首秘书。在整个战争期间，尤其是最后两年，参与策划纳粹政权种种屠杀、破坏、灭绝种族等法西斯罪行，并同戈林等纳粹党头目争权夺利、勾心斗角。1945 年 4 月 29 日，苏军攻克柏林前夕，希特勒指定他为其政治遗嘱执行人。希特勒自杀后，于 6 月 1 日晚潜离总理府地下室，下落不明。

74. 保卢斯

保卢斯（弗雷德里克·威廉·保卢斯 1890—1957 年），第二次世界大战时期历任德国第 10 集团军参谋长、德军副总参谋长和第 6 集团军司令。

第一次世界大战时期，保卢斯历任第 3 巴登步兵团营副官、第 2 普鲁士步兵团（1915 年）参谋和阿尔卑斯军作战参谋。先后在东线、西线和罗马尼亚参战。1915 年晋升为上尉。

尽管凡尔赛条约对战败国德国的军队规模实行限制，但保卢斯仍保留了军职。先任第 14 步兵团副官，后于 1922 年在柏林接受参谋训练。1924—1927 年，保卢斯到驻斯图加特的第 5 军区任参谋，1928—1929 年任第 13 步兵团连长。至此，保卢斯业已基本形成自己的军事指挥风格，即从容冷静、深思熟虑、忠于上级，但缺乏果敢和决断。这些风格在斯大林格勒战役中得到集中体现。

1930 年，保卢斯成为第 5 步兵师的战术教官，并很快就晋升为少校。1934 年，作为中校的保卢斯担任第 3 摩托化运输营营长。1935 年 6 月晋升为上校，同年 9 月前往柏林，接替古德里安出任机械化部队司令鲁茨的参谋长。或许就是从此开始，保卢斯引起了陆军部武装部队局的沃尔特·冯·赖歇瑙的注意，后者对保卢斯的军事生涯有着重要影响。保卢斯在第二次世界大战前的最后任职是第 16 摩托化军参谋长，负责指导德国的 4 个基本轻装师的训练与扩充。此时的保卢斯已被公认为摩托战专家和相当能干的参谋军官。1939 年，保卢斯晋升为少将。

1939 年 8 月 26 日，保卢斯被任命为赖歇瑙指挥的第 10 集团军的参谋长。

该集团军是德军实施波兰战役的主要突击力量。保卢斯充分发挥沉着冷静、善于思考和讲究策略的长处，与精力充沛、勇猛果敢而厌恶图上作业的赖歇瑙合作得相当默契。因此，第10集团军（攻占华沙后改称第6集团军）在对波兰、比利时和法国的战争中起了重要作用。攻克法国后，保卢斯晋升为中将。

1940年9月，保卢斯出任德军副总参谋长，负责所有德国陆军的组织和训练。他曾到北非会见隆美尔，亦曾与匈牙利领导人商讨入侵南斯拉夫等问题，但是，保卢斯的主要任务是指导制订入侵苏联的战略计划。保卢斯认为，为了打败苏联，德国决不能允许苏联军事力量撤到内地，要选择战略要地对苏军进行分割包围，夺取莫斯科尤为重要。保卢斯还强调必须绝对保证后勤补给和预备队的支援。

1941年12月3日，被任命为德国南方集团军群总司令的赖歇瑙元帅迅即向希特勒推荐保卢斯接替其第6集团军司令之职。长期渴望得到野战指挥职务的保卢斯对此项新的任命甚感荣幸。1942年元旦，保卢斯晋升为装甲兵上将，4天后接任新职。

保卢斯尽管具有出色的参谋才能，但他实际上并不适合担任高级指挥职务。因为在此之前，他担任的部队最高指挥职务只是摩托化营营长。他过分拘泥于细节，缺乏果断坚决的气魄。最重要的是，他坚持认为希特勒是无与伦比的军事天才。保卢斯或许可以根据赖歇瑙的命令而违背元首的旨意，但他决不会自作主张地如此行事。

不过，保卢斯担任第6集团军司令后与苏军的第一次大较量却获得成功，1942年5月，保卢斯在哈尔科夫一带包围20万苏军。到5月28日，据称俘虏苏军24万人，击毁和缴获坦克2026辆、大炮1249门，保卢斯因此而获得骑士十字勋章。

1942年7月，希特勒将南方集团军群划分为A、B两个集团军群。他命令利斯特率A集团军群往南突向高加索，魏克斯率包括保卢斯第6集团军在内的B集团军群朝斯大林格勒突进。但是，希特勒将补给的优先权给了向高加索进军的A集团军群。

保卢斯于1942年8月率第6集团军（辖第4军、第8军、第11军、第51军和第14装甲军）25万人马在德国第8航空军和第4装甲集团军一部的协同下向斯大林格勒进军。由于缺乏足够的燃料，速度比较缓慢。8 月 11 日，第 6 集团军与苏联第 1 坦克军和第 62 军交战。经过激战，歼灭和俘虏苏军 5 万人。8 月 18 日，保卢斯前进到距斯大林格勒只有 35 公里的地方。但此时该部的燃料又出现危机，直到 8 月 21 日，保卢斯才率部进到斯大林格勒城下。此时，苏军已在斯大林格勒投入强大的兵力，而且不断得到兵力和补给方面的加强。形势表明，德苏两军在斯大林格勒将有一场恶战。

8 月 23 日，保卢斯的第 6 集团军攻抵斯大林格勒以北的伏尔加河，给斯大林格勒造成严重的威胁。26 日，第 6 集团军突破斯大林格勒西北防线，当晚突向伏尔加河西岸。但第 6 集团军也遭到了苏联守城部队的顽强抵抗。9 月 13 日至 15 日，保卢斯命令再度向市区发动猛攻，一支先头部队冲进城区西北部的工业区。22 日，第 6 集团军经过反复争夺，终于抵达中心码头区的伏尔加河西岸。苏军与德军展开激烈的巷战。

10 月中旬，斯大林格勒战役达到空前激烈的程度。第 6 集团军不断地向市区发动进攻，每次都遭到苏联军民的坚决反击。这时整个战役开始发生微妙的变化。斯大林格勒气温下降，初雪降临，严冬将至，这使德军的处境特别是冬天的供给开始出现困难。为了迅速结束战役，11 月 11 日，保卢斯集结重兵发动最后一次严厉攻势。苏军在被分割的困难条件下继续坚持战斗。这时，德军虽已占领斯大林格勒大部分市区，但在苏军不断打击下，已经精疲力竭，只得逐步转入防御。保卢斯的第 6 集团军屯兵坚城之下欲进不能，欲退不得，陷于困境。

正在此时，苏联最高统帅部根据斯大林的指示，在认真分析战役进程的基础上，由朱可夫和华西列夫斯基主持制订出详尽周密的反攻计划。随即，苏军迅速调遣 100 万兵力在顿河中游和斯大林格勒四周集结待命。11 月 19 日，苏军按照最高统帅部的作战计划开始反攻。各路苏军相互配合，频频得手。22 日，苏军对顿河和伏尔加河之间的保卢斯部实施钳形包围。保卢斯在司令部召开紧急会议以研究对策。会议决定第 6 集团军坚持固守并呈请希特勒迅速加强空中补给。然而日益严重的局势迫使保卢斯及其将军们考虑突围。于是，保卢斯电呈希特勒，陈述突围理由，希望希特勒批准。但希特勒仍旧命令固守。保卢斯不敢违抗希特勒的旨意，只好再次征求下属的意见。大多数将军坚持认为突围势在必行，纵使违背希特勒的严令，也必须突围。但保卢斯根据希特勒关于固守的命令表示，军人在任何情况下都必须服从命令，而且他相信希特勒关于空中补给的许诺。

以后的情况表明，纳粹德国空军根本就无法对保卢斯部实施补给。几周之后，空运补给的行动几乎完全停止，饥饿和寒冷严重威胁着德军被围部队。

德国最高统帅部为了挽回德军在南方的败局，加紧组建顿河集团军群。第6集团军划归顿河集团军群序列。顿河集团军群司令曼斯坦因计划打开一条通道，帮助保卢斯部死里逃生。12月12日。曼斯坦因指挥的救援行动开始实施。23日，德军竟推进到离斯大林格勒仅40公里的地区。

苏军顽强地顶住增援德军的进攻，迫使曼斯坦因不得不放弃解救第6集团军的计划，第6集团军渴望解围的梦想完全破灭。显然，第6集团军的前景是灾难性的。但是，迷信希特勒并坚持军人以服从命令为天职的保卢斯既不敢自作主张地突围，也不愿向苏军投降，唯一能做的就是要求补给和增援。而保卢斯所盼来的，只是希特勒授予的上将军衔。

1943年1月8日，苏军正式向第6集团军劝降。保卢斯不敢自作主张，请示希特勒却遭到严词拒绝。就这样，保卢斯及其第6集团军的最后机会失去了，等待他们的是彻底灭亡的命运。10月10日，苏军发起最后的攻击。德军的防线立即土崩瓦解，被苏军分割成两个包围圈。1月26日，保卢斯急电陆军总司令部要求投降，希特勒再次拒绝，并命令坚守阵地直至最后一人一弹。1月31日，保卢斯接到希特勒晋升他为元帅的命令，只是平静地叹息道："元首真是慷慨。"此时保卢斯的部下开始陆续投降。保卢斯终于下定决心向苏军投降。1943年2月2日，斯大林格勒战役正式结束。在这次战役中，苏军俘虏9万多名德军官兵，其中包括以保卢斯为首的24名将军。保卢斯本人成为第二次世界大战中第一位被俘的德军元帅。

1946年，保卢斯奉召前往纽伦堡国际军事法庭作证。1957年2月1日，保卢斯因长期患病而去世。

主要参考书目

中国人民解放军军事科学院编译:《苏联军事百科全书中译本》（第1—8卷），中国人民解放军战士出版社，1981年12月出版。

威廉·夏伊勒著、董乐山等译:《第三帝国的兴亡》（共3册），世界知识出版社，1979年8月出版。

戴维·贝尔加米尼著、华幼中等译:《日本天皇的阴谋》（上下册），商务印书馆，1986年9月出版。

胡德坤著:《中日战争史》（1931—1945），武汉大学出版社，1988年7月出版。

解力夫著:《抗日战争实录》（上下集），河北人民出版社，1992年3月出版。

彭树智主编:《世界十大阴谋家》，三秦出版社，1998年9月出版。

杨海捷著:《横霸天下》（法西斯十名将帅），长城出版社，1995年9月出版。

解力夫:《盗世奸雄希特勒》，世界知识出版社，1985年4月出版。

解力夫:《专制魔王墨索里尼》，世界知识出版社，1985年10月出版。

解力夫:《战争狂人东条英机》，世界知识出版社，1985年8月出版。

爱德华·贝尔著、刘汉全译:《天皇裕仁传》，黑龙江人民出版社，1992年9月出版。

阿川弘之著，朱金、王凤芝译:《山本五十六》，解放军出版社，1987年11月出版。

郑励新、方十可、马合秋:《中外名将录》（上下册），解放军出版社，

1984 年 1 月出版。

军事科学院军事历史研究部著：《第二次世界大战大事纪要》，解放军出版社，1990 年出版。

马塞尔 · 博多等主编：《第二次世界大战历史百科全书》，解放军出版社，1985 年出版。

后　记

本书虽只有20多万字，却是填补了第二次世界大战首要战犯纪实作品空白的新作，值得一读。

吾于2003年退休，在上有90岁的老岳母，下有3岁的小孙女，又照顾儿子与媳妇繁重的家务劳动下，争分夺秒，见缝插针，读书写书。战友们问我为何？我笑曰：一不跳舞，二不赌博，三不沾花惹草，四不混吃混喝，只把宣传爱国当己任，挑灯夜读，奋笔疾书，著书立说。而且下定了决心："小车不倒，尽管推"，活到老，学到老，写到西天就拉倒。

现在是出书难，出一本好书更难。本书能顺利出版，首先要感谢台海出版社的大力支持，还要感谢张福兴、肖石忠、马骏、冀伯祥、肖鸿恩、徐永汉、刘新、张福杰、陈志瑞、纪胜利、周定湘、张晓林、张小明、曾小华、孙艳魁、王斯德等诸多作者的文字成果及历史照片，请见书后与我们联系，好付转载稿酬。

高士振

2010年4月20日于武汉水果湖斗室书房